老子学集刊

第一辑

Collected Papers of Laozi Studies

王中江◎主编

本期主题

道家和道教的生活之道

中国社会科学出版社

图书在版编目（CIP）数据

老子学集刊．第一辑／王中江主编．—北京：中国社会科学出版社，2018．1

ISBN 978－7－5203－2381－9

Ⅰ．①老…　Ⅱ．①王…　Ⅲ．①老子—哲学思想—文集
Ⅳ．①B223．15－53

中国版本图书馆 CIP 数据核字（2018）第 075612 号

出 版 人　赵剑英
责任编辑　徐沐熙
责任校对　柳　玄
责任印制　戴　宽

出　　版　中国社会科学出版社
社　　址　北京鼓楼西大街甲 158 号
邮　　编　100720
网　　址　http://www.csspw.cn
发 行 部　010－84083685
门 市 部　010－84029450
经　　销　新华书店及其他书店

印刷装订　北京君升印刷有限公司
版　　次　2018 年 1 月第 1 版
印　　次　2018 年 1 月第 1 次印刷

开　　本　710×1000　1/16
印　　张　19
插　　页　2
字　　数　302 千字
定　　价　88.00 元

《老子学集刊》编辑委员会

目　录

德性·幸福·逍遥

《老子学集刊》发刊辞

在迅速转变的当代中国，我们正经历着各种变化，这些变化的突出表现之一，是中国古典文化和多元传统得到了空前的认同和复兴，中国新文化创造的意志变得愈来愈坚定。在这种认同和复兴中，儒家及其文化在整体上占据了十分显要的位置，而老子、道家和道教文化的研究和发展还远远没有达到其应有的地位。

老子、道家和道教既有深刻和高明的宇宙观和世界观，又有质朴而切实的社会观和人生观。它玄远而深契造化之源，它切实而独得浑然本真。有人一再强调，中国人的精神和生活如果缺少了道家和道教，它就失去了许多情趣。我们赞成这一看法。中国文化的认同和复兴，也需要充分体现老子、道家和道教的思想世界；在中国文化的创新中，老子、道家和道教的智慧也应该发挥出重要的源头活水的作用。

当代世界哲学的一个转向和趋势是，哲学不再安逸于单纯地教导人们如何认识和解释这个世界，人们也不是单纯地接受这个世界的知识和信息。哲学必须在改变人的生活方面发挥作用，也必须在转变自我和心灵中发挥作用，简言之，它必须在促成人们过上一种好的生活上发挥作用。老子、道家和道教的哲理和智慧同样如此。

人们都想过一种好的生活，在这一点上大家应该没有分歧，不同之处主要在于什么是好的生活。人们不必将好的生活定义得太高、太单纯。好的生活是朴实的，也是多样的。它包括一些基本的和重要的方面，有经济生活上的好，有艺术审美上的好，有哲学理性上的好，当然也有信仰和伦理上的好。对我们来说，好的生活至少是一种理性的生活，而理性生活在根本上也是合理的生活。

好的生活，在老子、道家和道教那里的基本意义，就是按照理性生活，按照道和德的原则生活。理性的生活，合乎道和德的生活，对老子来说，既是善于选择，也是善于养生。老子在一个地方一连串用了 7 个“善于”表达了什么叫作好的选择：居住要善于选择地方，心灵要善于保持虚静，交往要善于体现好的爱心，说话要善于守信用，从事政治要善于治理，做事要善于发挥出自己的能力，活动要善于选择时机（“居善地，心善渊，与善仁，言善信，正善治，事善能，动善时”——《老子》第八章）。这是大家熟知的。

老子在另一个地方，用具体的场景描述了什么叫作善于养生（“善摄生”）。善于养生的人，他在路上行走绝不会遇到凶猛的犀牛和老虎，在战场上他绝不会遇到锋利的杀人兵器。这不是因为犀牛和老虎害怕他，也不是因为锋利的兵器避开了他，而是因为按照理性原则生活的人，他根本就不会进入危险的境地（“盖闻善摄生者，陆行不遇兕虎，入军不被甲兵；兕无所投其角，虎无所用其爪，兵无所容其刃。夫何故？以其无死地”——《老子》第五十章）。这也是大家熟知的。《老子》的第一位注释家韩非子对老子的“善摄生”的解释就非常契合老子的宗旨。

为了过一种好的生活，道教发展出了复杂的操练身体的方法和技巧。《庄子・刻意》篇提到了“导引”的概念；《庄子・外物》篇提出了具体的保健和美容的方法，说安静可以治愈人的疾病，眼部按摩可以使人变得年轻，安宁可以控制人的急躁（“静然可以补病，眦搣可以休老，宁可以止遽”）。但庄子真正注重的是过一种合理的生活，过一种由理性和高级原则引导的生活。庄子在《养生主》中教诲说，一个人只要遵循了不好名、不过度和中道的理性原则（“为善无近名，为恶无近刑，缘督以为经”），他就可以养护好自己的身体，健全自己的生命，保持心灵的愉悦，享有天年之乐（“可以保身，可以全生，可以养亲，可以尽年”）。

《庄子・秋水》篇塑造了河伯向北海若探求大道的故事，最后河伯追问大道的可贵究竟是指什么。北海若告诉他：彻悟了大道的人，他一定通达事理；通达事理的人，他一定明白权变；明白权变的人，他一定不会让外物来伤害自己。具有理性美德的人，烈火不能烧伤他，大水不能淹溺他，寒暑不能伤害他，禽兽不能触犯他。这不是因为他的身体有什么超常的能力，而是因为他能够避开它们，能够辨别安宁和危险，能够坦然地面对幸福和祸害，能够谨慎地选择自己的去就和取舍。（“知道者必达于理，达于理者必明于权，明于权者不以物害己。至德者，火弗能热，水弗能溺，寒暑弗能害，禽兽弗能贼。非谓其薄之也，言察乎安危，宁于祸福，谨于去就，莫之能害也。”）从“道”到“理”和“权变”，从“察”“宁”到“谨”，这些都是理性的原则和尺度。这同样也是大家熟知的。

道家的道看似高远，但又非常朴实和切实；看似无用，但又确实很有用。借用《管子·白心》的说法：“道者，一人用之，不闻有余。天下行之，不闻不足，此谓道矣。小取焉，则小得福，大取焉，则大得福。”司马谈说“道家使人精神专一”，它使人保持的专一是一贯的道德的专一，是理性的专一。

成立华夏老子学研究联合会并创办《老子学集刊》，不限于老子学和老子文化的研究和传播，它是以老子为象征来贯通道家和道教的世界。作为道家创始人的老子，作为诸子百家之一的道家和作为宗教的道教，它们有诸多的不同，我们可以分别研究它们，但三者在整体上又有一定的统一性和一贯性，我们同样要加以研究。不管在什么意义上，我们都需要一种联合。事实上，现在我们已经初步实现了这种联合。从老子的故乡鹿邑周口，到老子的主要活动地洛阳和老君山，从中国道协和地方道协，从大学到研究所，从学界到商界和政界，研究和传播老子学、老子文化及道家和道教的各种力量逐步凝聚了起来。对于光大老子学及道家和道教思想，对于促成老子及道家、道教的学说、智慧和精神在当代中国文化发展中发挥出建设性的作用，这种联合意义深远。

华夏老子学研究联合会是一个新的共同体，《老子学集刊》是一个新的论说空间，我们希望大家通过不同的方式，发挥出各自的作用，由此形成一种整体上的合力。孔、老两位伟大的哲人和圣者，具有特殊的关系，儒道两家是真正的诤友，通过华夏老子学研究联合会，我们也希望在孔、老之间展开对话，在儒道之间建立起思想包容性发展的桥梁。

王中江

2017 年 12 月

从"生活道教"看古代中国人的宗教信仰

李　刚

一

宗教是俘获人群数量最多的乌托邦，其无限的美妙宏愿带给信徒无穷无尽的希望，且用神话调节了信徒生活中的困境。道教同样是如此。马克斯·韦伯指出："一种宗教一旦定了型，也总会对截然不同的阶层的生活方式产生相当深远的影响。"① 可以说，道教也是这样的，对中国古代社会的帝王将相、门阀士族、普通老百姓这些"截然不同的阶层"的生活方式都有不同程度的影响力，使其各取所需，从中找到满足自己生活需要和乐趣的内容。诚如某些日本学者所说："道教是适应中国社会各阶层，特别是庶民阶层要求的宗教。官僚统治阶层在个人私生活中也信仰道教。"② 道教神仙信仰和修炼方术，并不只针对某个特定阶层的日常生活，并不属于权贵或修炼之士的专享权利，而是向整个社会开放，成为社会各阶层日常生活的一部分。

"生活世界"的理论是胡塞尔晚年的定论，其中内容之一即"当下的生命体验的意义来自一个普遍的境域，这个境域就是生活世界。它是一切经验的历史基础，先于科学给我们描述的自然世界或科学世界"③。人

---

① ［德］马克斯·韦伯：《儒教与道教》，王容芬译，商务印书馆 1995 年版，第 8 页。

② ［日］福井康顺、山琦宏、木村英一、酒井忠夫监修《道教》第 1 卷，酒井忠夫、福井文雅撰《什么是道教》，朱越利译，上海古籍出版社 1990 年版，第 4 页。

③ 张汝伦：《二十世纪德国哲学》，人民出版社 2008 年版，第 161 页。

们常说，古人的风俗习惯中充满迷信。那么，这些迷信是怎么来的呢？其实就来自古人的“生活世界”，是当时生活危机四伏的表现，是古人在“生命体验”中对自然与社会灾难不明白、不理解的结果。当今科学“给我们描述的自然世界或科学世界”，建立在当今“生活世界”的基础上，古人的迷信世界则建立在他们那个时代“生活世界”的基础上。不解决古人“生活世界”的问题，道教研究就缺乏“历史基础”。故把道教与中国古代的日常生活和风俗习惯结合起来研究，是非常重要、非常有意义的课题，值得我们付出心血。

在古人看来，所谓风俗是指：“风者，气也；俗者，习也。土地水泉，气有缓急，声有高下，谓之风焉。人居此地，习以成性，谓之俗焉。风有薄厚，俗有淳浇。”自然地理环境之“气”形成“风”，使居住此地的人们习惯成“性”，化为俗。一方水土养一方人，地气不同，便使人们的习俗有了差异。“明王之化”的目标，就是要“移风使之雅，易俗使之正”。因为“先王伤风俗之不善”，所以才“立礼教以革其弊，制礼乐以和其性，风移俗易而天下正矣”。因此，“上之化下，亦为之风焉；民习而行，亦为之俗焉”。[①] 移风易俗从而使风俗既“雅”且“正”，这是古代“王化”政治生活的大事，风俗经由“上化下”贯穿在老百姓的日常生活中。故东方朔高度赞美汉文帝：“以道德为丽，以仁义为准。于是天下望风成俗，昭然化之。”把“美风俗”作为“帝王所由昌”的前提条件之一。[②] 张衡《西京赋》也称：“帝者因天地以致化，兆人承上教以成俗。化俗之本，有与推移。”[③] 道教不仅与时俱进，还“有与推移”地承担起为“王化”“上教”“美风俗”的责任，而且在古代中国人的日常生活中以神学面貌担负起服务的任务，而这种具有神秘色彩的服务，正是古代中国人在日常生活中所迫切需要的。在古代社会战云密布，颠沛流离，“人生无常”，生活的意义究竟何在？这也是道教需要向当时的人们予以说明的，需要用其信仰和方术来解决人们生活意义的问题。

许地山《道教史》指出：“从我国人日常生活的习惯和宗教的信仰看

① 《汉魏丛书·刘子新论》卷9《风俗》，吉林大学出版社1992年版，第685页。
② （汉）班固：《汉书》，第9册，中华书局1962年版，第2858、2871页。
③ 《文选》卷2，中华书局1977年版，第37页。

来，道的成分比儒的多。我们简直可以说支配中国一般人的理想与生活的乃是道教的思想；儒不过是占伦理的一小部分而已。”① 可以这样说，道教的神仙信仰是古代中国人日常生活的“习惯和宗教的信仰”之一，代表了中国文化一个很重要的方面，反映了古代中国人“理想与生活”的一个非常实在的内容。日本学者窪德忠也说：“道教是产生于生活本身，因而与生活有着千丝万缕联系的宗教。”② 在这个意义上，我们把道教称为“生活道教”。“生活道教”不仅仅是种信仰体系和宗教仪式，它还提供了日常生活的指南，也是古代中国人精神生活的方式之一，使古代中国人过着最普通但却有信仰支撑的生活。国内外一些学者认为，西方一神教讲究信仰，而中国人是没有宗教信仰的民族，只有儒家的伦理、道德来指导现实生活。显然，按照西方一神教的信仰标准来观察道教，自然而然就会得出中国没有宗教，中国人没有宗教信仰的荒诞结论。其实，只要我们把研究的目光投向“生活道教”，像许地山先生那样去观察思考古代中国人“日常生活的习惯和宗教的信仰”，就会克服这一偏见。

道教给人的希望是什么？神仙世界给人提供了终极关怀，不死的神仙当然是人们所企求的，但除了坚信不疑的信徒，理性的人会认定这是根本不可能的，一般老百姓会感到这是无法达到的高度。能不能成仙，这是信徒的事，一般人对此并不抱奢望，只关心当下的生活难关如何能够渡过。所以，道教更多的是运用神秘的力量和法术，以之解决人们日常生活中的难题。道教关注今生今世的问题，关注现实的生活问题，包括疾病、灾难、命运，等等。道教以其对人性的洞察，帮助人们克服对于未来不可知的恐惧感，提高人们对未来的信心。对古代中国人来说，道教更重要的是给他们提供解决生活难题的方案，如怎样遇难呈祥，如何改变命运，如何生活得更加幸福等。道教想方设法为古代中国人提供渡过日常生活难关的神秘力量，这是道教保持其生命活力的最重要原因。

从“生活道教”的角度去观察思考，古代中国人宗教信仰的特征如下。

---

① 许地山：《道教史》，华东师范大学出版社 1996 年版，第 177 页。

② ［日］窪德忠：《道教诸神》，萧坤华译，四川人民出版社 1989 年版，第 29 页。

一是多神性。万物有灵，“举头三尺有神明”，神无处不在，举凡天文地理、植物动物以及居住空间、人体自身，都有神的踪影。自秦汉大一统进入帝制时代直到清朝，政府容纳不同地域和不同族群的神祇进行祭祀，这种宽容的政策成为传统，也有利于中国宗教多神崇拜的形成发展。由于中国人的宗教信仰富于功利主义色彩，便不断强化了多神崇拜，随着时代流变，陆陆续续有新神加入“神”的队伍，“神”越来越多，接受人们顶礼膜拜。中国宗教是所谓“功能性神灵的大杂烩”，形形色色的神都有作用。譬如，门神的作用是保护家宅和家庭成员安全，驱鬼避邪。土地神保护一个社区的平安。送子观音是生育神的象征。牛郎、织女扮演婚姻神的角色。风神、雷神是有关天气的神。龙王、河神是控制水利的神。这种多神信仰的结果，使我们进入寺观后，看到令人眼花缭乱的神，数不胜数，说不清楚其扮演的角色功能究竟是什么。日本学者石井昌子提醒人们：“这里不可忘记的重要一点是，中国民众对待神，不考虑它是道教的神，还是包含着很多佛教内容的神。……‘只是困难时候的神’，才是最高的，必需的。不存在区别三教的问题，也不会去考虑区别它们。这一点是理解民众道教的根本。”① 在中国，“只是困难时候的神”，将使多神教永远不会趋向于一神教，而只能是神越来越多。因为社会越发展，社会生活中需要承担的功能或者说面临的困难也就越多，譬如，开汽车由谁来保佑免遭车祸？乘飞机由谁来保证空中飞行的安全？诸如此类从前农业社会没有的新东西、新困难，需要有新的保护神，因此我们完全可以预料，将会有层出不穷的适应新需求、新困难的功能神被制造出来。由此也表明，信奉多神并不意味着就是低级宗教，信仰一神并不代表着就是高级宗教，西方宗教学理论指指点点的由多神向一神发展即由低级走向高级的必由之路，在中国是行不通的，是注定要落空的。自古以来中国人就善于造神，历朝历代都有人造的神，形成“江山代有神才出，各领风骚数百年”的局面，这个惯性恐怕还不会就此打住。但不管这些人造的“神”如何花样翻新，万变皆不离其宗——必须灵验、有用。

---

① 参见［日］福井康顺、山崎宏、木村英一、酒井忠夫监修《道教》第1卷，石井昌子撰《道教的神》，朱越利译，上海古籍出版社1990年版，第101页。

二是极强的功利性。中国人信仰宗教是“有病乱投医”“有事乱求神”，遇到生活中的各种问题，管他儒家祖宗、道教神仙、佛教菩萨，见庙就烧香，见神就磕头，只要解决问题就好，只要有求必应、满足要求就行。对待“神”，可以说“有奶就是娘”。这种功利主义，与世俗社会中求人办事完全一样，使中国宗教从其一产生，世俗性就远超神圣性。包括帝王将相及达官贵人，只求带来实惠，信仰成为人们祈福避祸的工具。中国的俗语“无事不登三宝殿”“平时不烧香，临时抱佛脚”等，也表现出中国人信仰宗教的功利主义特征。平时“无事不登三宝殿”，有事了“临时抱佛脚”。从许愿与还愿中，也可以观察到中国人宗教信仰的功利性特征。许愿就是在神灵面前表达愿望祈求帮助，如果愿望实现了，许愿者就会来还愿。还愿是愿望实现后向神表达感恩之情，无论是病愈之后，还是家财兴旺，或是生育男孩等，人们不会食言，一定来还愿。①中国人信仰宗教的功利特征不仅表现为个体行为，而且还表现为群体行为。我们看《水浒传·楔子》：宋仁宗时瘟疫盛行，天子命在京宫观寺庙做仪式禳灾，不料瘟疫转盛，范仲淹奏称：“要禳此灾，可宣嗣汉天师星夜临朝，就京禁院，修设三千六百分罗天大醮，奏闻上帝，可以禳保民间瘟疫。”于是派洪太尉前去龙虎山迎请“虚靖天师”，在东京禁院做了七昼夜法事，普施符箓，禳救灾病，终于使“瘟疫尽消，军民安泰”。②从民间到政府，整个社会群体对待宗教都是功利化的，将其作为解决社会人生问题和应对灾难的工具使用。所以我们说，中国人信仰宗教具有强烈的功利主义特征和实用主义态度，非常实在，有灵验则信，有用处就信，这是中国人实用理性的具体展示。功利性自然会导致现世性，先秦诸子百家就没有一家宣讲来世，目光都放在现世人生，或朝后看，赞美古代，但目标最终在于当下实际生活。中国人尤其是汉族的信仰，重点关心的是“现世”生命，把超越生死的终极关怀放在来世，对他们来说始终放不下心。道教追求现世成仙，正是这一心态的真实生动反映。中国人带着功利心走进神的殿堂，带着世俗目的求神帮助，从纯粹信仰的角度看，可

---

① 参见［美］杨庆堃《中国社会中的宗教》，范丽珠等译，上海人民出版社 2007 年版，第 92 页。

② 《水浒传·楔子》，上海古籍出版社 1991 年版，第 2、7 页。

谓“动机不纯”。功利性使中国人对待神的态度是看其灵不灵验，灵验的神则饱享祭祀、香火旺盛，不灵验的神则遭受冷落，甚至被游街示众，挨鞭打。面对实用主义，神的能力决定其存在，只有神通广大的神，换句话说“有求必应”十分灵验的神，才可以生存得长久，生存得好。

三是怀疑性。既然万物有灵，神通广大，能够给人带来福利，也能制造祸患，具有正反两重性。所崇拜的神本身各有其独特的功能，拜神的人也怀揣各自的事功目的，关键在于所求之神是灵验还是不灵验。某个神越灵验则香火越旺，若不灵验则会令人生疑。产生怀疑是因为求了神不给人办事，功利目的达不到时所引起的。我们看《祝福》当中祥林嫂的“疑惑”，她反复追问：“一个人死了之后，究竟有没有魂灵的?”[①]可以说代表了中国人对于灵魂是否存在、是否有地狱的疑惑与“说不清”。尽管怀疑主义存在，但绝大多数老百姓还是不会放弃对神灵的信仰和崇拜，因为在他们看来，“信者不生亏”，信总比不信好，不会吃亏。不怕一万，就怕万一真有神灵存在，别人都在祈求神办事，自己不去拜，那岂不是亏了吗？这仍是一种功利心态。

四是包容性。正是这种功利主义，多神信仰，决定了对各路神灵的兼容并包。多个朋友多条路，多个青蛙多四两力，多个神灵也就多一份力量，神不嫌多，多多益善。外来的“洋神”，只要能解决人生的种种问题，很灵验，拍巴掌欢迎光临，欢迎加入中国宗教的神灵队伍里来。从宗教接受的视点看，无论什么神，只要它使信徒的现实生活有利可图，信徒都可以接受，都可以包容。功利使绝大多数中国人都本能地接受了宗教多样性，不归属特定的宗教，在信仰上有宽容精神，宗教情感富含包容性，海纳百神，三教共奉。对于统治者，这是种有原则的宽容，即在纲常名教基础上的社会政治秩序得到加强。功利主义、实用主义的信仰特征和宽容精神提供了中国人人生追求的宽松环境，以道养生，以佛理心，以儒修身治国平天下，各有各的妙用。

五是地域性。自古即有“百里不同风，千里不同俗”[②]之说，风俗习惯是如此，与其共生的宗教信仰尤其是民间信仰同样如此。特有的经济

① 《鲁迅全集》第1卷，新疆人民出版社1995年版，第326页。
② 《风俗通义序》，上海古籍出版社1990年版，第3页。

和地理因素，使得中国人的宗教信仰呈现地区差异，各具地方特色。如长江以北的虫神崇拜，与那些地方的蝗虫灾害危及人们生活有关。许多山区的树神崇拜，是因为林业为山区的重要产业，所谓靠山吃山。沿海和沿江地带的水神崇拜，同样如此，靠水吃水。明清以来的碧霞元君（泰山奶奶）信仰流行于北方，而沿海和沿江地区则是妈祖的地盘。财神信仰尽管是全国性的，也可以看到不同地方所供奉的财神是不一样的。

六是行业性。各行各业都有自己所信仰崇拜的神灵对象，有本行业的保护神。如建筑行业的鲁班，医药行业的华佗、孙思邈，航运业的天后，梨园行的唐明皇。行业神除了加强人们对具有危险性的职业的信心外，还起到了整合有组织的职业团体的作用。宗教仪式和行会团结之间的关系是非常紧密的，因为违规者是要被带到神像前罚香火钱的。宗教特性是行会的重要性质，祖师成为行会的集体象征。如果不是有宗教纽带，行会不会维持这么久。每年最有趣的活动是各个行会的宗教游行，其守护神像及其他神像被抬出来游街，其作用是增强行会组织的凝聚力，强调自身的存在，从而增强成员对团体的忠诚度和自豪感。在寺观中，除了要供奉的主神以外，有影响的寺观还经常把其他信仰的神灵吸纳进来，通常是司掌不同行业的保护神，这就使信仰不同和行业相异的人都可以把该寺观看作一个共同崇拜的中心。①

七是阶层性。中国人宗教信仰的阶层差别是一个基本事实，不同的职业群体之间的宗教差别尤其明显，商人与农民崇尚的神有区别，前者更敬财神，后者更看重龙王。受过教育的知识分子比未受过教育的普通老百姓显然更少受迷信思想的束缚，但在涉及考试成败的问题上，他们又极度迷信文昌神。社会上每一个职业群体都有自己的保护神，这些神帮助其成员结成一个共同体组织。这些宗教组织可以用来鉴别社会地位，如一贯道主要由商人组成。也有一些政客和其他行业人员，它特别排斥剃头匠与戏子、妓女等社会人群。而文昌庙的聚会和孔庙的祭祀活动则是有功名的儒生这一阶层的特权，没有功名者不得参与。儒家群体与大多数中国人持有同样的宗教生活模式，只是由于他们社会经济地位不同，

---

① 参见［美］杨庆堃《中国社会中的宗教》，范丽珠等译，上海人民出版社 2007 年版，第 77—81、87 页。

他们的宗教行为和活动与普通老百姓有一些相对差别。[①]

八是有条件的自由性。古代中国政府允许信仰或不信仰宗教，没有强迫人民改变其宗教信仰，出家与还俗都很自由，形成了宗教信仰自由的传统。自古以来，中国之所以能形成信仰自由的传统，与中国人信仰的功利主义、实用主义等特征有关。从显贵到一般百姓，往往不问是哪种宗教的神灵，只要能得到福应，有好报，于是见神就拜；除了极虔诚的儒教徒、佛教徒、道教徒，一般人是儒、佛、道三教兼信共奉，换言之，绝大多数人都自觉接受了宗教的多样性，因此在信仰问题上富有宽容精神。这样的多神信仰特征，自然有利于信仰自由传统的形成。另外，从传统的“神道设教”观点出发，无论三教甚至于民间宗教中的哪个宗教，只要有助于社会治理与社会和谐，不危及既得利益集团的利益，不破坏政府制定的游戏规则，政府都可以允许其存在，并加以提倡实行。这就是统治者听凭老百姓宗教信仰自由、从来不横加干涉的原因之一；而统治集团本身有很多人也皆出入于儒、佛、道三教之间。

九是神圣性弱化。在多神崇拜的信仰中，尽管信徒对所有的神都怀有一种敬畏之心，但是，这种敬畏之心建立在“神”是否“灵验”的基础上。当选择某种神达不到目的时，便会选择其他的神来试效果。往往同一个神在不同的寺观中，其“有求必应”的效果不同，于是如果该神在某个寺观中特别灵验，那么这个寺观的香火就会特别旺盛。中国宗教所谓“有求必应”，所谓“灵验”，就是测试神的功能性强不强大的指标，在这样的指标面前，神的神圣性便被弱化了。也就是说，无所谓神圣不神圣，只看你这个神有没有用，能否满足信众“有求必应”的现实需要，这才是关键所在。正因为这些数也数不清的功能神弱化了中国人信仰宗教的神圣性，使中国宗教从一产生就有世俗性。神能否存在及其地位的高低，乃根据它是否满足了人的需要和在多大程度上满足人的需求来决定的，所以中国宗教常有“江山代有神才出，各领风骚数百年”的现象。功利性与怀疑主义大大削弱了中国宗教的神圣性，使宗教在中国社会不具备神圣不可侵犯的地位。另外，人居然能够“功德成神”，这就使人与

---

① 参见［美］杨庆堃《中国社会中的宗教》，范丽珠等译，上海人民出版社 2007 年版，第 251—253 页。

神合二为一，神的超越性、至高无上的权威性也就大打折扣了。

不论如何，从上述可见，古代中国人是有宗教信仰的，这些信仰就隐含在日常生活中，与古代中国人的日常生活密不可分。如果我们仅仅把基督教、伊斯兰教等一神教的信仰特征作为宗教信仰的标准来讨论中国人是否有宗教信仰的问题，那就很难得出实事求是的结论。可以说，所谓“生活道教”，有助于我们更深刻地认识古代中国人的宗教信仰问题。

二

道教在古代中国人的日常生活中有广泛运用，“生活道教”融化在民情风俗中，与民间信仰情同手足，但“百姓日用而不知”。如同“润物细无声”的春雨，这就是道教对古代中国人日常生活潜移默化的影响。正因为道教已经彻头彻尾地融入古代中国人的日常生活中去了，与民间信仰融会贯通，水乳交融在一起，所以人们常常和它打交道，却并不知道它的存在。譬如说，中国老百姓追求平安快乐似神仙的幸福生活就是如此，当他们说日子快活得像神仙一样时，普通老百姓绝不会想到这就是道教的信仰理念。以人们的日常生活为纽带，道教与民间信仰始终处于一种紧密的互动关系之中，很难将二者截然分开来。经由道教神仙信仰与民间信仰的互动关系这一路径，我们亦可更具体地考察古代中国草根社会令人眼花缭乱的生活现象，更具体地考察古代中国人宗教信仰的某些特征。

在道教眼中，宇宙间处处都有“道”的存在，但“道体窈冥，形声斯绝”①，既无形象又无声音，所以从表面上看起来“道”的存在是“所在皆无”的。一般百姓每天都要接触和运用“道”，但因为“淳朴之道，其自细微”，虽然“能开化阴阳，亭毒群品”，却使人们“日用而不知”。② 对于道教来说，“皆无”“不知”并不能表明道不存在，恰好显示

① （唐）成玄英：《老子注》卷2，第17页。（严灵峰辑校本，见《无求备斋老子集成初编》（3），台湾艺文印书馆1965年版。以下引成玄英《老子注》只注卷数、页数。）

② （唐）成玄英：《老子注》卷3，第1页。

出道之存在与众不同。它的存在非人类感官眼睛、耳朵所能察觉，“不可以眼识求”，“绝视绝听”，① 只能用心去直觉体悟道的“无所不在”。在古代中国人日常生活中表现出来的民间信仰，时时处处都潜伏着“道”，都有“道”在民间信仰这棵大树的“根柢”部运用，但人们却“日用而不知”。道教与民间信仰在古代中国人日常生活中表现出来的这种关系，对我们当代人说来，仍然是如此。

有学者揭示：“儒学脱离百姓日用，也使儒者的实践经常缺乏再生产能力。”② 与此恰好相反，道教与老百姓的日用密不可分，是切切实实扎根于老百姓生活世界中的宗教，因此其实践也就经常充满“再生产能力”，其生命之树也就常青，具有可持续发展的活力。道教能够做到这一点，很大程度上与其不断关注并整合民间信仰分不开，有这样一股清新的活水源头，使道教总能历尽艰辛而青春常在。民间信仰来源于老百姓的日常生活，是为了解决生活中各种各样的问题和困境而形成的，譬如，为了在大江大海航行的安全有保障，于是有了妈祖的信仰。民间信仰是在对幸福生活的追求和向往中产生的，譬如，基于人们对于财富的渴望，于是有财神信仰的发生；人们对长寿的祈求，于是有对寿星老人的崇拜。生活之树常青，各种不同类型的民间信仰伴随着生活在时间跨度和空间范围的流动，也就源源不断地成长，成为社会生态系统中不可分割的组成部分。只要人们的生活还在进行，民间信仰就一定会萌发，要想把民间信仰给铲除掉，除非把生活本身灭绝了，但这却是根本不可能的事！因此，道教的大智慧就在于，清醒地认识到民间信仰是不可逆转、不可消灭的，永远存在于人们的生活方式当中，于是以此作为一个切入点，把民间信仰整合进自己的信仰体系，与老百姓建立起亲密关系，对百姓日常生活的影响力和作用便超过了儒佛二家。道教也由此而成为中国传统社会中扎根基层社会组织、为一般民众提供所需精神食粮的宗教。因此，我们说道教在下层民众中具有广泛的受众性，广大受众的精神生活离不开道教。

“道教是一个多神崇拜的宗教，典型反映了以巫教观念为根基的中国

---

① （唐）成玄英：《老子注》卷3，第7—8页。

② 皮介行：《儒学复兴的试验地在农村》，《社会科学报》2010年1月14日，第5版。

人的神灵观。道教成立后，吸收了古代巫教的一些神灵，还自创了许多纯属道教的神和仙。在发展过程中，又不断采纳民间信仰的神灵，使道教成为民间信仰的上层架构。"① 道教中的神仙有很多都是吸取民间信仰的神而来的，道教恰似有一个"吸神大法"，一切神都被它吸收进去了，而且是与时俱进的。道教神灵系统由此与民间的俗神崇拜难分难舍，融为了一体。正如牟钟鉴教授所指出的："东岳大帝、四海龙王、城隍土地、门神灶神，最初都是民间信仰的神灵，后转而成为道俗共祭的偶像。道教对民间信仰中神灵的吸收改造，不仅在早期，在后来的发展过程中也没有间断，致使这两类神灵混杂交错，很难分得清楚。"② 一方面，大量民间俗神写进道教神谱，进一步使道教信仰与老百姓的日常生活发生密不可分的联系，道教神仙的世俗化和民间化，对民间信仰的影响也就不可避免。旧时民间普遍信奉的俗神，如财神、城隍神、东岳大帝、关圣帝君等都转化为道教信奉的神。另一方面，道教构造的神仙如太上老君、玉皇大帝、八仙等也在民间广为流传，成为人们生活的一部分。道教的某些禁忌法术与风水术，某些斋醮仪式，在民间尤其是在农村社会具有广泛影响力，成为民间信仰和民间禁忌的组成部分。道教与中国民间信仰的结合是多方面的，比较主要的表现，就在于岁时节令、法术仪式和神灵崇拜上。在中国人吃喝拉撒睡的日常生活中，随处可以看见道教与民间信仰的影子。美国学者佩顿《阐释神圣——多视角的宗教研究》认为，从社会文化阐释法看来，"宗教的每一个方面都系统地表明它是集体生活的一种表达"。③ 可不可以这样讲，从社会文化的角度看，道教与民间信仰的方方面面就是古代中国人"集体生活的一种表达"，体现了古代中国人对于日常生活的诉求？这是完全可以的。

---

① 高寿仙：《中国宗教礼俗》，天津人民出版社 1992 年版，第 91—92 页。

② 牟钟鉴：《中国道教》，广东人民出版社 1996 年版，第 5 页。当然，道教也有与民间信仰不同之处，如某些祭祀仪式。［日］小林正美《中国的道教》揭示："五斗米道和天师道都禁止在社灶祭祀之中供奉酒与牺牲。这体现了五斗米道和天师道的祭祀和民间信仰的祭祀有着根本的不同。……五斗米道对于供奉牺牲和酒的民间信仰一开始就是反对的。"（王皓月译，齐鲁书社 2010 年版，第 21—22 页）但这些不同，并不妨碍道教对于民间信仰及其仪式的吸收和整合。道教信仰及仪式与民间信仰及仪式是个相互接触、相互作用的过程。

③ ［美］W. E. 佩顿：《阐释神圣——多视角的宗教研究》，许泽民译，贵州人民出版社 2006 年版，第 39 页。

道教十分了解并想方设法满足古代中国人的各种各样欲望，举凡“欲救疗病苦，欲求年命延长，欲求过度灾厄，欲求白日升天，欲求宅舍安稳，欲求田蚕如意，欲求贩卖得利，欲求奴婢或行，欲求仕宦高迁，欲求讼词理诉，欲求男女命长，欲求保宜子孙，欲求妇女安胎”[①] 诸如此类的人生欲望，都通过祈求道教神仙的巨大“神通力”，通过特定的斋醮仪式，通过各种道术获得实现。而在日常生活当中，我们看到的现象，更多的是道教与民间信仰结合的神灵，被古代中国人祈求，以满足其要求。人们的心很大，欲望又非常多，然而人的能力却又十分有限，单单依靠人的力量，实现不了自己那些填都填不满的欲求，那怎么办呢？谁有力量实现古代中国人“有求必应”的渴望？恐怕只有那些道教与民间信仰结合的神灵，所以古代中国人见庙就烧香，见神就磕头，奉请道士做斋醮科仪迎神降福。这就是在古代中国人的日常生活中，道教与民间信仰所发挥的重要社会作用。所以我们说，道教神仙信仰与民间信仰是一种顺应了古代中国人的多种多样欲望，并积极帮助实现其生活需求的信仰。

民间信仰是考察一个民族的思维方式、心理素质、生活习惯、行为方式、伦理观念和民情风俗等文化事象的“活化石”，民间信仰受到经济、政治、语言、宗教等因素的影响而发展。作为中国土生土长的宗教——道教，与中国的民间信仰有着密切的关系。道教最初作为一种民间宗教、民间信仰而兴起，一开始便与人们的日常生活结下了不解之缘。随着道教不断发展，道教的信仰又像种子一样播撒到民间社会，成为民众的信仰习俗，这特别表现在道教的宗教节日和神灵奉祀上。所以我们再三说明，道教与民间信仰是一种交叉互动的辩证关系，二者是你中有我、我中有你，悄悄地融会贯通于古代中国人的日常生活当中，很难把它们做严格的区分。我们透过古代中国人的日常生活，考察道教与民间信仰的关系，是十分理想的考察路线图。

迄今为止，迷信在人类的社会生活中仍占有一席之地，洋人有洋人的迷信，中国人有中国人的迷信。人生无常，生活无常，世界之大，无

---

① 《太上正一咒鬼经》，《道藏》第 28 册，第 368 页。（本文所引用《道藏》，皆为上海书店、文物出版社、天津古籍出版社 1986 年版，以下不再注明，只注所引《道藏》的册数和页数。）

奇不有，不可解释的现象太多，不可预测的事情太多，所谓“人在家中坐，祸从天上来”，所谓“祸不单行，福不双降”，所谓“死生有命，富贵在天”，这些都使人或多或少地产生出迷信的念头。尤其在古代社会生产力不发达、科学不昌明的情况下，迷信在生活中所占的比重更大。今人是不应该以此来冷嘲热讽古人的。试想一千年之后，也许还用不了一千年，我们今天称为科学真理的东西，后来的人们说不定就把它判定为迷信和谬误。这就是人们经常说的，后之视今犹如今之视古。因此，我们应该实事求是地看待古人的迷信，实事求是地以一颗平常心看待道教与民间信仰在古人迷信生活中的作用，不要一说起迷信就“谈虎色变”，似乎就要把科学抛到爪哇国里去了。其实在古代，道教与民间信仰都是按照人们日常生活的需要而产生的。在一般民众的心目中，道教与民间信仰的神灵，用其智慧的眼光观照世间生活的诸多问题，会帮助人们解决生活中难以避免的问题和人力无法解决的困难。所以在信众的观念中，解决日常生活中各种各样问题的神灵具有超越凡尘的巨大威力，亦即人力达不到的“神力”。当这些凡夫俗子无法依赖自己的力量来解决生活中遇见的种种问题时，譬如，自然灾害、社会人生的苦难这些重大问题，便不得不乞求于神灵的威力来克服困难，渡过眼下的难关。道教与民间信仰的神灵成为古代中国人生活中的救世主，即由此而来。只不过，在我们今天一般受过科学训练的人看来，道教与民间信仰的神灵能否解决生活中的难题，必须打个大问号。但如果我们抱着同情心来理解，以历史的眼光去看待所谓的迷信问题，只能说，它们在古代中国人的生活环境中产生出来不是无缘无故的，而是因为日常生活中有这样的需求，而且这些东西在信奉道教与民间信仰的人们心目中还是十分神圣的，认定它们能解决生活中碰到的五花八门难题，并成为古时很流行的时髦货。

古人的迷信生活促进了民间信仰的形成，而各地的民间信仰又多被整合成为道教文化的内容，于是道教与古人的迷信生活密不可分。任继愈主编《中国道教史》第一章，在谈到早期道教的主要来源时，认为古代民间信仰的神灵，“后来许多被道教所吸收，变成道教的尊神”，并揭示说：“道教对民间信仰中神灵的吸收改造，不仅在早期，在后来的发展过程中也没有间断，致使这两类神灵混杂交错，很难分得清楚。”[①] 道教对民间信仰中神灵的吸收和改造，道教对民间信仰的整合，这是一个很容易观察到的历史现象。那么，究竟是何原因导致道教从产生一直到今天，[②] 从不间断对民间信仰的整合？这个问题，用一句简单扼要的话即可回答，那就是道教是一个贴近老百姓生活、贴近基层民众实际需求的宗教，正是人们的日常生活把道教和民间信仰紧紧联系在一起，导致道教在其发展过程中从未间断对民间信仰的整合。整合了民间信仰的道教，反过来又在当时的社会历史条件下发挥作用，为当时生产力低下、在今人看起来充满迷信色彩的生活服务。这种服务，在人力达不到之处，通常借助于神灵的力量来达到目的。譬如，请神驱鬼是民间信仰最重要的组成部分，也是人们迷信生活的“日用消费品”，生活中许多问题都要通过消费它来加以解决。假如，我们把请神驱鬼看成古时候“第三产业”的消费品市场，那么除去巫师，大都由道士占据了这一市场，由道教向人们提供其所需要的服务。在这样的服务性行业中殷勤工作，更使道教与中国古人的迷信生活休戚与共，而道士本身也被儒家精英们视为搞迷信活动的从业者。但在普通人的日常生活中，却又不能缺少这种精神的“日用消费品”，又确确实实有这样一种精神市场的需求存在，儒家精英“存天理”的道德修养方案，完全满足不了人们日常生活的各种要求，对解决他们实际生活中遇到的具体问题和困难更是爱莫能助。也正因为如此，道教与民间信仰就在古代中国人日常生活的迫切需求与接受中，扮演了这样一个不可或缺的“迷信”角色！那么，儒家精英所指责的“迷信”有哪些？

（一）财神

道教与民间信仰在人们的经济生活中所扮演的角色，是一个无所不在的财神。追求财富是人的普遍愿望，但如何才能招财进宝，其中有机会、运气等不可掌控的因素，这使财神崇拜十分流行，成为中国社会各阶层最普遍的信仰仪式，这一点尤其是在商人中更加突出。财神被古代

---

① 任继愈主编《中国道教史》，中国社会科学出版社 2001 年版，第 9 页。

② 我们可以看到，当今港台道教对民间信仰及其仪式的整合仍在进行，没有间断过。

中国人，特别是商人用于祈祷财富，帮助人们在谋求财富的努力中克服各种灾难。因此，不仅在许多寺观和家庭中供奉着财神，而且商铺、饭馆等各种经营场所中也遍布财神。财神有许多种，其中一种叫“和合二仙”，据说商人们敬拜和合二仙，是因为他们懂得以和为贵、和气生财，这对于生意人的意义重大，知道财富有赖于愉快的合作。有些财神象征君子爱财，取之有道。譬如，有个叫刘海的散财童子就是因为其在灾难时慷慨解囊捐助穷人而被奉为财神。据说关羽被封为武财神，不仅因为他可以带来财富，而且还因为他的忠诚、慷慨和公正，足以掌管财富的分配。敬拜关羽这样的武财神，不仅会给个人带来好的财运，同时也要求人们发财以后保持正直、慷慨和讲义气。从前的商店，除了在财神像前面摆设一些象征生意兴隆的物件，店主通常还在年末为财神摆一桌宴席，参加宴席的是那些明年继续在店里工作的人，没有被邀请赴宴者，则视为解雇通知。而任何人要辞职也必须在宴会前提出来，因为欣然赴宴并拜店中财神，意味着你自动续约。在选择伙计时，店主也借助于财神的力量增强伙计的忠诚度，并由财神化解了被解雇人员的抱怨，这表明，财神在商业团体中具有某种特殊的宗教功能。① 在经济生活中，龙王也扮演着财神的角色。《太上洞渊说请雨龙王经》中就告知那些善男子、善女人：以清水净果供奉龙王，每月初一、十五“祭龙日”，读诵经文，召呼龙王，书写经书安放龙王面前，就会“家当富贵，无有虚耗”，库藏的银子也就源源不断地“盈溢”出来了。②

（二）看风水

分为看“阴宅”与“阳宅”，故风水先生又称阴阳先生。阴宅是坟墓风水的选择，选好了，既避免死者对后代不好的影响，更保证长眠于此的祖先会保佑家族后人兴旺发达。刨祖坟以破坏他人风水，其目的是切断他人祖宗在冥冥中的保佑，使其在社会生活中失败或者遭殃，这是人际斗争中最狠毒的一招。阳宅是活人住宅的选择，选对了正确的方位，

---

① 参见［美］杨庆堃《中国社会中的宗教》，范丽珠等译，上海人民出版社 2007 年版，第 82—85 页。

② 参见《太上洞渊说请雨龙王经》，《道藏》第 6 册，第 246 页。

就使人生走向吉运，否则就会带来厄运。风水的理论依据是阴阳五行学说，关注的是地理方位与人事之间的超自然联系，方位的好坏由阴阳五行决定。无论是民间信仰还是道教都认为，在冥冥之中，个人的命运是与阴阳五行有密切联系的。一个运气不好的人或家庭，据说通过看风水可以转运，故风水在中国社会一直流传不绝。实际上，风水最终所关注、所要解决的，就是人生前与死后的“安居”问题。①

道教有安顿住宅的经典，以解决古代中国人生活中的“安居”问题。《太上老君说安宅八阳经》中针对众生“修造宅舍，频遭厄难”的各种问题，告诉善男信女们：建造房屋，惊动龙神，触犯四方诸煞和太岁，应该“转此经，禳谢所犯神煞”，这样一切恶煞就会远远躲藏起来，“不敢为害”。念诵此经，种种恶鬼“皆自消灭”。转诵此经三遍至百遍，“阴阳和合”，房屋坐向优良，家人平安无障碍。② 《太上老君说补谢八阳经》中也称：由于太上老君看见各地“种种施工建修之后”，频遭灾难，无法解救，于是要人们“动土兴工修造”之后烧香受持供养读诵此经，从此便平安无事，“土气潜藏，普令和顺”，“入宅大吉”，家门和平，“龙神拥护，鬼祟潜形，灾消祸散”。③ 这是宣传道教《安宅经》的神圣不可侵犯，读诵这些经典后就可以保护家园，不惧鬼蜮伎俩，安居乐业。

道教有镇守住宅的“灵箓”，守护古代中国人的住房安全可靠，不受妖魔鬼怪侵扰。《无上三元镇宅灵箓》中称：“无上三元安镇宅箓”驱除十方不正、不祥之气，持助天地正气，调动各路神将各自率领“守宅兵”36万，严密把守“门户家室”，永保家中大小男女渡过厄运。若有“邪来干正”，只要把“镇宅箓”封贴门上，神兵神将就当“振动天威”，擒拿收取群奸鬼贼、瘟灾不正之神，送交地狱拷问审判。这样一来，可以“使生者家门吉贞，亡者升化天堂”；“和适阴阳之气”。④《太上秘法镇宅灵符》引《三元经》讲了个故事：汉文帝问天老什么叫“三愚之宅”？天老说，住宅前高后低，北有流水，东南高西北平，这就叫三愚之宅。

---

① 参见［美］杨庆堃《中国社会中的宗教》，范丽珠等译，第242—243页。

② 《太上老君说安宅八阳经》，《道藏》第11册，第372页。

③ 《太上老君说补谢八阳经》，《道藏》第11册，第372页。

④ 《无上三元镇宅灵箓》，《道藏》第11册，第676—683页。

有一天，汉文帝微服私访，见一家正住在“三愚之宅”，却富贵有余而且人丁兴旺，感到惊讶。于是第二天带着“阴阳官”访问那家人。主人称自己叫刘进平，住在此宅已30多年。汉文帝问道：按照《宅经》，这是“三愚之宅”，其地大凶，不可居住，你有何方术敢住此处而平安无事？刘进平答称：刚开始住这里，灾祸频繁，损耗财物，伤折人口，疾病连年。后有两书生来投宿，传授我七十二道“镇宅灵符”，并说，镇宅十年大富贵，镇宅二十年子孙昌盛，镇宅三十年必有白衣天子入宅。汉文帝把这七十二道“镇宅灵符”带回宫中，下令将它们传遍全国镇宅，于是家家吉祥，户户康宁，灾害不生，福寿增延。[①] 道教以这些“灵符”“灵箓”来“永镇门庭”，使家家户户人财两旺，安安稳稳，幸福长寿，日子越过越红火，表达了古代中国人心中对美好生活的愿景。而人们则借助这些“灵符”或者“灵箓”，增强了对未来生活的信心，面对灾难有了坚强的精神支柱，获得一种极大的心理安慰。

道教有斋醮仪式请众神降临镇宅，安稳住宅，带来财运，消除灾祸。《赤松子章历》卷5《大醮宅章》表明：自造住宅以来，未曾斋醮酬谢神灵，恐动土兴工惊动宅上诸神，特于今日谨请“镇宅十二禁忌纸章”上给诸神，以保家中人口平安。上请天官、治宅官等一切神灵，收到所上镇宅章表后，即日即时，镇于本位，收捕宅上东西南北鬼怪，安稳住家，使我家中清净，钱财积聚，丝绸满堂，“收却四面灾祸，永不侵扰”。[②] 通过这些宗教仪式，酬谢“治宅官”等神灵的保护，使活人居住的“阳宅”更加安全稳当，并且成为积聚财富的风水宝地。

对于“阴宅”，《太上召诸神龙安镇坟墓经》里的看法是：世人今生贫困，是因为前世不信道法，不种善因，而且葬埋没有保障“亡人”的利益，营葬的地方也四时惊犯了“天星地宿”。自今以后，世人若有坟墓不安，灾祸接二连三发生，可找高道按“灵宝典式”广建道场，忏悔罪过，呼召龙王来安坟墓，则灾难冰消，福祥云集。如有善男子善女人，葬埋坟墓犯了“天星地禁”，即由正一道士转诵此经，“拜请神龙来安坟墓”，自然光宗耀祖，子孙后代兴旺发达。此经“神验”，不可不信，否

---

① 《太上秘法镇宅灵符》，《道藏》第2册，第180页。

② 《赤松子章历》卷5《大醮宅章》，《道藏》第11册，第215页。

则祸延亿世。[①]“阴宅”的安放是否能够确保祖宗的利益，安放地点风水是否违犯“天星地禁”，这关系到今生是富贵还是贫困，关系到能否光大门庭，更关系到子孙后代的繁荣昌盛。由此可见，道教在这一点上，和古代中国人的信仰观念及风俗习惯是完全一致的。

（三）驱鬼、捉鬼与杀鬼

中国古人在日常生活中，对很多不吉利的事情总要找找原因，找来找去，说不准就找到了“鬼”身上。各种各样的鬼故事满天飞，五花八门的鬼形象出现在人们的脑海中，舞台上表演着鬼戏，小说里讲述着鬼魂世界。鬼对人的侵害，成为许多文学作品的主题，这其实就是现实生活中人对鬼恐惧心理的反映。古人心中感觉有了鬼怎么办？总得要有人或者说要有“神”来驱鬼捉鬼才行吧？古代社会生活中，能够担任驱鬼捉鬼艰巨任务的，除了低水平的巫婆神汉之外，本事高强的就要数能够通“神”的道士了。道经中充满了驱鬼、捉鬼和杀鬼的故事与法术。

《太上洞玄灵宝天尊说养蚕营种经》中天尊严正警告“世间无藉之鬼”说：不忌讳大道明威之制，变化形象，或作妖怪，每年危害别人家庭而不离开的鬼，我即请消害破鬼君、缚鬼君、食鬼君、斩鬼君各九千万人，“手持杀鬼之具”，清除宅中鬼气，为该人家“消除此土之鬼，立令散灭”。如有一鬼停留不去，即请十方护蚕君百千万人下来斩杀。五土之精中如有木精欲来，金神斩之；火精欲来，水神灭之；金精欲来，火神消之；水精欲来，土神断之；土精欲来，木神克之。天尊命令天师，收摄金木水火土五神之精，使“虚耗之鬼”，全都“迸散”，从而万事吉祥。[②]

《洞玄灵宝上师说救护身命经》中灵宝上师宣称：若有“恶鬼魔兵”不听从我的话，我就将其送交“玄都鬼律受罪”，全部消灭，丝毫不留。山神王发誓说：凡有“受此法典”的人，昼夜守护起来，使“众魔恶鬼”不得夺其精气，不得横来扰害，不得绝其性命。[③]《太上洞

---

① 《太上召诸神龙安镇坟墓经》，《道藏》第6册，第247页。

② 《太上洞玄灵宝天尊说养蚕营种经》，《道藏》第6册，第236页。

③ 《洞玄灵宝上师说救护身命经》，《道藏》第6册，第228页。

渊说请雨龙王经》警告形形色色的“邪鬼”，如果听到“此经不去”，继续危害人，就会“头破作七分，令绝根本”。[①]《太上正一咒鬼经》中天师称：我为天地除万殃，变身人间作鬼王。百鬼斩杀除凶殃，我持神咒谁敢当！太上老君教我“杀鬼”，凡人有急难，念我“神咒”，“鬼自摧灭”。只因为“天师神咒”的“圣力难量”，不可阻挡。[②]中国民间素来就有“张天师善于打鬼”的说法，这应当是从道经中总结出来的，也是对道教在民间信仰和古代日常生活中扮演角色、发挥社会功能的生动反映。

（四）戴护身符、挂照妖镜

为消除灾祸，许多地方民间信仰有佩戴护身符、悬挂照妖镜等风俗习惯，这些也和道教相关。“符书”是道教法术的一种，是道士同神灵沟通的凭证。“符”具有召集神灵、驱除邪魔的作用。东晋葛洪《抱朴子内篇·登涉》记载《老君入山符》，称凡是人进入山林或居住在山上，都可佩戴起来用之避邪或防备野兽侵犯。[③]直到现在，很多道观都能请到开过光的护身符，适宜于日常生活中的多种用途。《太上神咒延寿妙经》说，凡是受持此经，不相加害，“符”保百年。如有年厄、月厄、日时各种厄运，“佩符”之后，厄运就消除了。[④]“佩符”成为古代中国人随时随地出入平安、吉祥如意的一种心理保障，不论走到哪里，只要佩戴护身符，心里就踏实了，安全感就倍增了。

镜子是道教的法器之一，葛洪《抱朴子内篇·登涉》说，入山的道士都用九寸以上的明镜悬挂在背后，这样一来，妖魔鬼怪就不敢靠近人，而且即便妖魔鬼怪变化为人形前来迷惑人，也会在镜子中现出原形。[⑤]民间习俗吸取了道教照妖镜驱除邪魔的做法，在门口的廊檐上或厅堂上悬挂照妖镜，以保护家室平安。

---

① 《太上洞渊说请雨龙王经》，《道藏》第6册，第246页。

② 《太上正一咒鬼经》，《道藏》第28册，第367—370页。

③ 王明：《抱朴子内篇校释·登涉》，中华书局1985年版，第314页。

④ 《太上神咒延寿妙经》，《道藏》第6册，第232页。

⑤ 王明：《抱朴子内篇校释·登涉》，中华书局1985年版，第300页。

（五）拜太岁尊神，求流年吉利

道教的太岁大将军是岁星的神格化，与中国古代星斗崇拜有关。早期五斗米道即与五方星斗崇拜有关，道教又吸取民间流传的“南斗主生，北斗主死”的传统信仰，以南斗管人的生，北斗管人的死，作为人的司命神。这样一来，天上的星辰便成为掌握人类生死的生命之神。而作为岁星神格化的太岁大将军，便与每个人的生命结下不解之缘，每个人都可以在其中找到保护自己的本命星君。人生无常！一生的命运捉摸不定，难以预料，人们又总是盼望能够岁岁平安，生活幸福美满，免受无常鬼的侵扰。于是一般信仰道教的人们，便不可缺少地叩求值岁功能的太岁大将军的保佑，真诚希望这位本命神，保佑他们个人生命的年岁运势安好，保佑他们无病无灾，保佑他们生命长寿。于是，在道教宫观的“元辰殿”中，便安放了60位有名有姓的太岁尊神，供信奉者顶礼膜拜，并应人们的请求，回报人们最好的东西。这是一种传统而有广泛群众基础的信仰。拜太岁神不仅是种积淀深远的历史传统，而且在今天仍有其活力，仍然是在普通信众中流行的习俗。为什么这一古老的民间信仰还活着，还借助于道教在流传？正是因为它在信众的日常生活中还有存在的价值意义，信众的生命历程与日常生活都离不开它的支撑。

（六）福、禄、寿三星

道教对于古代中国人的人生理想、价值追求影响最为突出的，就是许许多多家庭和商店都信仰供奉的福、禄、寿三星。福星主管人间赐福，禄星主管人间官运，寿星主管人的寿命。有福气，有官位，有长寿，这是古代中国人追求的人生理想。在民间信仰中，这种追求通过供奉福、禄、寿三星表现出来。道教一开始就信奉天、地、水三官，依据道教的说法，天官赐福，地官赦罪，水官解厄，其中所谓天官就是福星。天官也是中国社会上流传最广的福神，“天官赐福”最受人欢迎，所谓福星高照，反映了古代中国人对幸福的追求。在道教中，禄星被称为文昌帝君，又称梓潼帝君，乃是掌管读书人仕途命运的大神，尤其是从前读书人尽心崇拜的对象。科举考试能否成功，能否由此而步入官场，读书人都把宝押在文昌帝君身上，考试之前必须赶到文昌帝君庙去拜一拜，烧烧香。

每年二月初三，文昌帝君的圣诞日，读书人集合在文昌帝君庙内，焚香敬礼，称为“文昌会”。陆游《老学庵笔记》中载：“李知几少时，祈梦于梓潼神。”① 后来果然及第。一直到现在，高考前还有不少家长代替考生前往四川梓潼县七曲山的文昌帝君庙祈祷，一旦考生榜上有名，家长们便和考生一起前往文昌帝君面前还愿。在道教中，寿星被称为南极仙翁，原来也是一颗星，称老人星，后来成为神仙名。民间则把他看作主宰寿夭的神仙。中国古代祭祀寿星的历史悠久，列入了朝廷的祀典当中，到东汉又和敬老活动结合起来。福、禄、寿三星，常常都是三位一体的，古人在中堂悬挂福、禄、寿三星图，象征“三星在户，福、禄、寿绵长”的吉利之兆。似乎可以这样说，福、禄、寿构成了古代中国人最基本的人生价值观，是人们日常生活中最有代表意义的民间信仰，也是我们所说“生活道教”的主要内容。在古代中国人看来，福、禄、寿三者中长寿是最根本、最首要的内容，因为只有长寿的人才能充分享受世间的幸福与官禄。道教经书把民间信仰中的这种福禄寿追求充分表达了出来。

《大惠静慈妙乐天尊说福德五圣经》中高度赞美说：“天下正神功第一”“化导万民垂福佑”的五显灵观大帝，能够“变祸成福，如影随形”，无求不应，使众生安稳无烦恼，富贵长寿，没有灾难发生。这是因为五显灵观大帝的“威权至重，有赐福消灾之力，有赏善罚恶之功”，故礼拜他，财物丰厚，各种“福庆”自己都来了。②

《太上神咒延寿妙经》里说：若能受此经，延年益寿，渡过灾难，寿命延长，生死簿中注上生名，断除死名，白发转黑，身心安定，万愿从心。③ 读诵受持道经，使人长寿。《正一法文经章官品》卷1《寿命度厄》中称：有“南昌君”“寿命君”“天公君”以及“解厄君”等率领神将，为天下万民的寿命延长，长生不老，返老还童，解除鬼祟对人寿命的严重危害，克尽职责。④ 可以说，许多道经都在设法满足人们在日常生活当中对福、禄、寿的追求，并对信徒庄严许诺，只要你们虔诚地相信神灵

① （宋）陆游：《老学庵笔记》卷2，上海远东出版社1996年版，第155页。

② 《大惠静慈妙乐天尊说福德五圣经》，《道藏》第28册，第364—367页。

③ 《太上神咒延寿妙经》，《道藏》第6册，第232页。

④ 《正一法文经章官品》卷1，《道藏》第28册，第538页。

和经书的威力，一定会“有求必应”。这些东西也都消化、吸收在民间信仰中。道观和民间小庙里，这种随处可见的“有求必应”起到了特殊的治疗效果，尤其是治疗人们精神的病痛，治疗的目的是从心理上保证满足你实现人生的福、禄、寿需求。

综上所述，道教神仙信仰与民间信仰分工协作，不知不觉在古代中国人的日常生活中发挥作用，形成人们生活中的风俗习惯，沿袭至今，对于我们深刻认识中国的特殊国情是一条不错的路径，可谓曲径通幽。有人试图割裂道教神仙信仰与民间信仰的密切关系，对此日本学者批评说：“也有人认为民间宗教的神信仰不是道教的神信仰，而是‘民间信仰’。这种见解没有将民间宗教的信仰，放在‘道教’这一宗教的、社会的、历史的概念的范围中来把握，而是作为‘民俗学’的研究对象去认识。”并揭示出，道教是“中国人固有信仰，即中国民间信仰的系统化”；通观历史，中国民间信仰“浸透于农民或民众的日常生活和习俗之中。战国以后，它以有关神仙、方士和道士的咒术及方术信仰为中心发展起来。这些得到巫祝，以及上层贵族和知识分子阶层的支持。东汉时期，以这种民间信仰为基础的方术、道术在事鬼神、役使鬼神的巫祝道上，增加了道家、神仙（养生、行气、金丹），以及儒教、佛教的影响，融合了复杂的成分，出现了施行这种方术和道术的农民或民众集团——‘道’（民众道教的原始组织）。它成为道教的基础”；“‘民间信仰’和‘道教’的关系，即‘民间信仰’是道教信仰的民众基础”。[①] 也就是说，道教产生于民间信仰的土壤，根本无法与民间信仰切割。还需指出，道教产生于农业社会，其乡土气息浓郁，与乡土社会紧密结合，信徒中农民占居多数，因而有人将其称为“农民的宗教”。[②]

当然，不可否认的是，“道教”与“民间宗教信仰”还是有区别的，而道教自身，尤其是唐、宋之前的道教，为了避免存在对抗政府的嫌疑，常常坚决地把自己和民间宗教信仰切割开来，表明自身与王朝合作的正统地位。正如索安《西方道教研究编年史》中所揭示：“在道士们自己所

---

① 参见［日］福井康顺、山崎宏、木村英一、酒井忠夫监修《道教》第 1 卷，朱越利译，上海古籍出版社 1990 年版，第 5—6、12、14、21 页。

② 至今道教队伍包括其神职人员仍旧以农民为主体。

做的界说中，他们从不认为自己与儒家或佛教相对立，相反倒与民间宗教相对立。”索安列举了道教与民间宗教的4点不同之处：1. 道教有世代相袭的祭司职位，道士须有专业的训练、秘密的传授和仪式性的授职。而民间宗教的专职人员则是自选的，他们常通过萨满才能和经验从事其职业。2. 道教中的传授始终是经书的传授。道教的经典和仪式用汉语文言文书写，它们构成了古代中国文学史上占有一席之地的散文和诗歌。民间宗教是通过口头传授。民间宗教的善书、宝卷、小说和仪式用的是白话。3. 道士们将自己视为精英，并为古代中国文化贡献出了神秘主义者、哲学家、诗人、炼丹家和学者。民间宗教的专职人员没有形成有组织的教会团体，没有集体精神，没有产生精英。4. 道教是清楚其身份的宗教，表现其身份的是藏经、正统和异端观念、对历史起源的传统纪念。民间宗教是古代传统的丰富宝库，种类最为繁多的影响的大容器，信仰和风俗的多样化，它没有身份意识或历史感。道教，特别是在它的第一个千年里，无论如何不能与民间宗教相混淆。① 尽管道教在口头上、文献中反复申明自己的正统性，称自己为“正”，称民间宗教为“邪”，把自己与“异端”的民间宗教信仰断然切割开来，但在日常生活中，道教却不断地从民间宗教信仰那里吸取原料和养分充实自己，以拉近与人们日常生活需要的距离。尽管作为研究者的我们，无论如何都不能把道教和民间信仰相混淆，但在日常生活中二者如水乳交融那样一种密切关系，我们是想割也割不断的。

无论如何，道教始终是一种“接地气”的宗教，其所接的“地气”，就是人们在日常生活中自然而然要运用到的民间宗教信仰和民情风俗，这使道教不断地有活水源头来延续其生命，强壮其生命力。然而令人遗憾的是，在之前出版的道教研究著作中，却忽略了道教与人们日常生活的千丝万缕联系，忽略了道教在古代中国人的社会生活史中所扮演的十分重要的角色，忽略了道教神仙信仰与民间宗教信仰及风俗习惯的密切关系，这是迫切需要我们的研究工作进行补课的。

---

① ［法］索安：《西方道教研究编年史》，吕鹏志、陈平等译，中华书局2002年版，第89—90页。

三

古代中国人的宗教信仰为什么会产生呢？一是在现实生活中的许多灾害苦难找不到原因，不知是由什么造成的，于是总想寻求超人、超自然的力量来保护自己，这也是道教在古代中国人日常生活面临各种不同类型的灾难时所起到的功能，所发挥的自身独特的优势作用。二是因为对人自身生命的困惑不解，对于人生短暂、人生如梦的不满足，尤其是对于人的死亡现象产生惊愕、恐惧等所激发出的求知欲望，急迫地需要认识人自身，特别是人死后的去向问题，也就是说人生的终极烦恼需要得到解脱。人生变幻无常，生死无法确定，各种偶然因素太多。正如《红楼梦》第一回甄士隐注解跛足道人的《好了歌》所高唱的："金满箱，银满箱，转眼乞丐人皆谤。正叹他人命不长，哪知自己归来丧？"[①]面对生命的不堪一击，道教宣誓要怜惜所有的生命，建立起拯救生命不同的大门，让人们通过这些门走上解脱生死的路。道教对于人从何处而来，死后将往何处去，人为什么不得不出生等问题，都有许多讨论。对于生命从哪里来、到哪里去的高度关怀，对于死亡偶然无常的深度感触，迫使道教去思考如何逃脱生死，实现生命的不朽。但在现实的人生中，有许许多多美好的东西和愿望是人们实现不了的，尤其是逃脱生死，恐怕只能到信仰世界中去寻找安慰，获得一种在我们今天看来是虚拟的实现。尽管神仙世界只是种虚拟的实现，但道教信仰还是弥补了信仰者的人生遗憾和缺欠，使其面对死亡时的恐惧心理和烦恼得以宣泄，达到情感与心灵的平衡，找到了人生的意义所在，不失为信仰者摆脱荒谬的人生困境的一种路径依赖。王羲之《兰亭集序》："古人云，死生亦大矣，岂不痛哉！"[②] 面对死亡大事，生命的意义究竟何在呢？如果人们的生命仅仅如昙花一现地存在于这个世界，随即旋风般归于大地，成了泥土，化为乌有，人生究竟又有何意义与价值呢？试看古人咏叹的："人生天地间，忽如远行客"；"人生寄一世，奄忽若飚尘"；"浩浩阴阳移，年命如

① （清）曹雪芹：《红楼梦》，上海古籍出版社 1991 年版，第 7 页。

② 《古文观止》卷 7，王羲之《兰亭集序》，中华书局 1959 年版，第 287 页。

朝露”。[①]“良时忽一过，身体为土灰。冥冥九泉室，漫漫长夜台”；“人生一世间，忽若暮春草”。[②] 自古至今，果然是“粪土当年万户侯”，当年那些盛极一时的帝王将相，那些令人羡慕的荣华富贵，如今安在？还不是都已经化作了粪土！生命是如此的短暂，身体终将化为土灰，我们为什么还要活着？对此若是给予非常冷静的理性回答，答案极有可能是生命毫无价值意义，像存在主义所说的那样，存在即虚无，人只能直面虚无而存在。纯粹理性不带丝毫幻想的思考，也许使我们会越来越多地培育起追逐死亡、藐视生命的虚无主义者、厌世者及自杀者，对于他们来说，反正早晚都是一个“死”，人生毫无意义可言，不如趁早结束生命算了。或者从虚无主义走向及时行乐的人生道路：“对酒当歌，人生几何！”[③]“十年亦死，百年亦死。仁圣亦死，凶愚亦死。生则尧舜，死则腐骨；生则桀纣，死则腐骨。腐骨一矣，孰知其异？且趣当生，奚遑死后？”[④] 所以“为乐当及时，何能待来兹”。[⑤] 管你是“仁圣”也好，管你是“凶愚”也好，管你短命也好，管你长寿也好，反正最终都难逃一死，死则都成了腐骨，为什么不及时去行乐呀？于是醉生梦死、花天酒地、放纵情欲、消费主义、贪图享受。[⑥] 值得我们庆幸的是，答案并非完全都是冷冰冰理性主义，还有各种各样充满了人情味的宗教答案，来帮助古代中国人理解生命的意义何在，回答生命的价值在哪里。作为宗教且特别接地气的道教，于是便成为扎根社会日常生活、为古代中国人提供解决生死问题所需要的精神生活食粮。

上引许地山《道教史》“中国一般人的理想与生活”，或许不包括中

---

① （梁）萧统编，（唐）李善注：《文选》卷29，上海古籍出版社1986年版，第409—411页。

② 参见《建安七子集》卷5，阮瑀《七哀诗》卷4，徐干《室思》，中华书局1989年版，第154、140页。

③ 《曹操集·短歌行》，中华书局1959年版，第5页。

④ 杨伯峻：《列子集释》，中华书局1979年版，第221页。

⑤ （梁）萧统编，（唐）李善注：《文选》卷29，上海古籍出版社1986年版，第412页。

⑥ 自“上帝已死”后，我们看到地球人又陷入了虚无主义、及时享乐主义的怪圈，“过把瘾就死”，如同中国魏晋时代的情形。那个时代，土产的神仙不灵光了，外来佛教轮回说又尚未站稳脚跟，国人以人生为虚无缥缈，“且趣当生，奚遑死后”，及时行乐之风大行其道。可见虚无主义与及时行乐主义是人类社会一对形影不离的双胞胎。

国知识分子，那么中国知识分子如何解决死而不朽的问题？胡适先生以这样的方式提问："就中国知识分子来说，究竟有没有什么中国人的概念或信仰可以取代其他宗教人类不朽观念呢？"他自问自答道："当然有的，据《左传》记载，公元前549年——即孔子不过是两岁大的孩子的时候——鲁国的一个聪明人叔孙豹曾说过几句名言，即所谓有三个不朽：'太上有立德；其次有立功；其次有立言。虽久不废，此之谓不朽。'……这段话2500年来一直是最常被援引的句子，而且一直有重大的影响。这就是一般所谓的'三不朽'。"胡适先生指出："这古老的三不朽论，两千五百年来曾使许多的中国学者感到满足。它已经取代了人类死后不朽的观念，它赋予了中国士大夫以一种安全感，纵然死了，但是他个人的德能、功业、思想和语言却在他死后将永垂不朽。"① 我们看到，儒教继承发扬了传统的立德、立功、立言"三不朽"说，终极追求的是千古不朽、青史留名的"名教"。富于历史意识的名教士人，特别看重在历史上的定位，渴求在历史的墓碑上刻下自己的名字：某某到此一游。千秋万代之后还有人知道自己的大名，还有人知道自己曾经到此世界一游，对自己顶礼膜拜，那就心满愿足矣！这是儒教士人的终极关怀。然而，这只解决极少数人的死亡焦虑问题，满足了不到亿分之一人对不朽的追求（即使是中国士大夫也只有非常少的精英实现了这一追求）。绝大多数人怎么办？他们既不能立德，没有希望立功，也无法立言，根本就不可能获得不朽之"名"，仰望蓝天，他们如何实现心中秘藏的永垂不朽的愿望？极具理性的儒教对一般人千古不朽的梦想不予关注，人们在其中找不到永久的慰藉，所以绝大多数人弃儒教而去，不少人去道教中寻找解决生死问题的答案，尤其是社会底层的民众。这一点连国外的学者都已经观察到：儒教"这个简单而又几乎是理性的宗教，并不能使中国人十分满意。它的教条没有给人们留下幻想的余地，对于他们的希望和梦想，也没有回报的赐予，对于他们日常生活中充满的迷信，也没有鼓励和慰藉的作用。……中国人，尤其是南方人，最为迷信，他们遭到极具理性的儒家思想的统御，他们渴求有一种信仰，使中国象（像）其他国家一样，得

① 胡适：《胡适学术文集·中国哲学史》上册，《中国人思想中的不朽观念》，中华书局1991年版，第545、546页。

到永久的慰藉”。能够使民众得到永久慰藉的这种信仰是什么？那就是东汉时期产生的道教。“群众对于这种新的宗教趋之若鹜，为它建庙盖堂，慷慨解囊支援其道士，热衷研读那充满迷信的经典以充实其新的信仰。老子被尊为神，老子的思想变成了超自然的思想。”① 一直到现代社会，道教仍给予信仰它的社会底层民众“永久的慰藉”，帮助他们解决生命能够永垂不朽的问题，他们不再对死后的去向问题感到极大的困惑与恐惧，这样一来他们极其平凡而又默默无“名”无闻，小草一般的人生，便有了生存的意义，生活就有了奔头，生命就有了价值，虚无主义在他们那里就找不到市场。

道教的神仙信仰反映了中国古人解决死亡问题的终极理想，也可把它看作我们祖先的一种“科幻”意识，只不过这种“科幻”与当代流行的科幻所处时代不同，其所使用的技术手段也大相径庭。道教神仙不死的“科幻”所使用的技术方法，无非是属于古代科技范畴的炼内外丹一类，而当代科幻使用的则是人类社会发展到今天的高科技。当代科幻作品仍然在憧憬着“一个唾弃死神的时代”，在这个未来的时代，“快速冷冻，分子修复，生命与死亡的界限模糊了”。这就是微型科幻小说《2065：冰棺时代》所幻想的。小说主人公为女儿口中的“老冯”，她工作在出版社，做过科幻小说编审，61 岁那年（2015），因为患癌症死去，为节省开支，把身体抛弃，只冷冻头颅，在零下 196℃的液氮里沉睡了 50 年，由于一种崭新的解冻技术被开发出来，她被唤醒。她死去那年女儿 27 岁，醒来之后发现，女儿已经 77 岁了，而她还是 61 岁，女儿比她更老。她死过一回，现在活了，又不算真正活着。她想能真正活着、走在大街上去看看。但最大的麻烦在于，由于医学伦理尚未对自体医用克隆开放禁令，机械身体又尚未成熟，想要获得一具健康的身体，必须等待遗体捐赠。而这意味着漫长的等待，以及一具不属于自己的陌生身体。有鉴于此，她希望再次被冷冻。然而等她再次醒来，不单是女儿，这个世上所有在世的亲人朋友就再也见不着了。小说描绘，人体冷冻公司，

---

① ［美］威尔·杜兰：《人民和国家（节录）》，上海人民出版社 1988 年版，第 46—47 页。载姜义华、吴根梁、马学新编《港台及海外学者论中国文化》上册，按：译文中的“象”为“像”的别字。

有缴纳100万年冷冻费用的大冒险家，有埋好古董等待升值的艺术品掮客，有车祸濒死的伤员，有只想把自己冷冻起来的冷冻爱好者等。[①] 读到这篇小说，我们很自然地就会想起道教中凡人遇仙的故事。这些遇仙故事中，由于仙界方七日，世上已千年，于是误入仙界的凡人回到自己家乡，全都变了模样，子女亲人全都不见了，谁都不认识他。令人惊奇的是，道教这类凡人遇仙的故事在当今借助于超高科技又还魂了！尽管道教遇仙故事和科幻小说叙事方式不同，但思维逻辑却完全一致，从这个世界消失的人，若干年后，又以消失时的年龄回到了这个世界，尽管这个世界物非人亦非，消失者的年龄却不变。试想科幻小说中缴纳了100万年冷冻费用的大冒险家，当其100万年后醒来，还是死去时那个年龄，这简直和道教故事中成仙以后年龄就定型了一模一样，如八仙中的何仙姑、韩湘子就永远保持青春年少。所以从当代科幻的角度看过去，我们不妨把道教神仙信仰看作中国古代产生的一种“科幻”，只不过这种“科幻”建立在古代的低科技水平上。不管是建立在低科技水平上的道教神仙信仰“科幻”，还是当代建立在超高科技水平上的科幻，它们的终极目标却是一致的——“唾弃死神”。

古罗马的西塞罗在其《论灵魂》中记述：外号叫“劝死者”的哲学家赫革西阿斯就“死亡不是使我们离开幸福，而是离开不幸”进行讲演，以至于“许多人在听了他的讲演之后自杀了”。又举例说明，神明“给予凡人的最好的恩赐”，就是死亡。[②] 道教的宗旨与此截然相反，道教不是“劝死者”，而是“劝生者”，苦口劝导人健康长寿，修道者长生不死；神明恩赐给凡人最好的礼物，就是长生不死，最终成为神仙。梁启超《子墨子学说》揭示：“世界大哲，莫不以死后问题为立教之源泉。佛有涅槃轮回天堂地狱之名，耶有末日审判往生天国之说，皆使人知区区数十寒暑之所经历，至短至幻至不足道，以身殉责任者，正所以求真利真福于来兹也。”[③] 道教却并不以“死后问题为立教之源泉”，而是以如何想方

① 张冉：《2065：冰棺时代》，《南方周末》2016年1月7日C24版。

② ［古罗马］西塞罗：《论灵魂》，王焕生译，西安出版社1998年版，第150、171页。

③ 梁启超：《饮冰室合集》卷8，《专集》卷37，《子墨子学说》，中华书局1989年版，第46页。

设法做到此生“不死”为立教之源泉，道教也不会“求真利真福于来兹”，放到来世，而是把神仙“不死”的“真利真福”就放在当下，就在此生此世，今生就要尽自己的全力为实现这一理想目标而奋斗不息。这是道教与众不同的独特信仰，是道教的特色所在，也是我们理解和认识究竟什么是道教的关键所在。认识一个宗教，必以其信仰作为观察的核心点，对于认识道教来说，同样是如此。

按照康有为对于未来的设想和憧憬，道教那种“炼形神仙之乐”，是大同社会、太平盛世才配享用的奢侈品，这是因为“大同之世，人无所思，安乐既极，惟思长生，而服食既精，忧虑绝无。盖人人皆为自然之出家，自然之学道者也。于时人皆为长生之论，神仙之学大盛。于是中国抱朴、贞白、丹丸之事，炼煞、制气、养精、出神、尸解、胎变之旧学，乃大光于天下。人至垂老，无不讲求，于是隐形、辟谷、飞升、游戏、耳通、目通、宿命通亦必有人焉。若是者，可当大同之全运，或亦数千年而不绝益精也。惟人受公政府之教养二十年，报之作工亦须二十年，如乱世人之当报父母也。其有入山屏处者，必须四十岁之后，乃许辞工专学道也。盖神仙者，大同之归宿也”①。依照康有为充满美梦的愿景推论，将来人类进入大同社会，科技高度发达，快乐到了极点，什么都不想，只想着如何“长生不老”，40 岁之后，既有闲暇时间，也有能力修炼神仙长生之道，到那个时候，中国的神仙“旧学”简直盛况空前，一定“大光于天下”。其原因就在于“神仙者，大同之归宿也”。但愿康有为君的这一美梦成真！如此一来，大同社会中道教与人们日常生活的关系或许会更加密切，人们日常生活孜孜不倦追求的，也许就是道教的“炼形神仙之乐”吧！

---

① 康有为：《康有为大同论二种・大同书》，生活・读书・新知三联书店 1998 年版，第 367—368 页。

道教生命哲学及其在日本的影响[*]

［日］福永光司 著　朱越利 译

现代日本的医学医疗明显地表现出偏重“技”，即偏重机械和技术的倾向，这与老庄道家的“道”哲学明显不同①。“道”哲学是以与“技”相对应的“道”为中心，探究人的生命根源（人的生命本来是什么）的问题。我是一个专门研究中国思想的学者，据我所知，“道”哲学无论是在过去，还是现在，在日本都有很大的影响，因此，今天我将站在老庄道家的“道”哲学的立场，围绕“技”和“道”的实践哲学问题，着重讨论以“道”为核心的道教生命哲学的内容及其在日本的影响。

一

“技”和“道”是中国古代老庄哲学和依据这种哲学发展起来的道教宗教哲学的中心课题，“技”和“道”中的“技”如果扩展为两个字，在古汉语中则成为“技术”② 一词，亦可以是“机械”③ 一词。当时的技术和机械的含义与当今所常说的工学大致相同。在老庄哲学和道教哲学中，特别用一个“技”字，来表示“技术”一词，使之与单音节字

---

* 本文是根据福永光司先生在第二十三届日本医学会上的发言整理而成，题目为译者所加。

① 《庄子·养生主》篇载有这样的故事，梁惠王称赞庖丁解牛的妙技曰：“善哉！技盖至此乎？”庖丁对曰：“臣之所好者道也，进乎技矣。”

② 古汉语“技术”一词早见于《史记·货殖列传》，其曰：“医方诸食技术之人，焦神极能，为重糈也。”

③ 古汉语“机械”一词早见于《庄子·天地》篇，其曰：“有机械者必有机事，有机事者必有机心。”

"道"相对应。其旨在说明，为了使"技"能成为技，其根底必须有"道"，或者"技"和"道"必须"两进"。"两进"亦即"调和"，用一个字来表达就是"和"，这个字一直是老庄思想和道教哲学的基本概念。

与"技"和"道"相对应的是"手"和"心"的问题①。日本人在大相扑中经常使用"心技一体"这个词，这一词起初是由嵇康提出的。嵇康是公元3世纪以操琴而闻名的竹林七贤之一，他根据《庄子》关于"得之于手而应于心"的说法，强调操琴妙技在于"心"和"手"（技）做到一体（《琴赋》）。自嵇康始，"心技一体"成为中国的传统，一直受到重视。

关于使机械和人心相对应的问题，庄子曾做过这样的论述："有机械者必有机事，有机事者必有机心"（《庄子·天地》），这句话深为诺贝尔奖获得者、物理学家汤川秀树先生生前所喜爱。这句话是说，使用机械的人，必须警惕企图用机械处理万事的想法，因为这样将产生使"心"变得也像机械那样冷酷无情的危险。"机械"和"机心"，即技术和精神、工（艺）学和人性二者的对应，就是"技"和"心"的问题。

让容易分离的"技"和"道"、"手"（技）和"心"能够具有共存的"场"，使它们能够共进并调和，这当然也是老庄哲学最基本的内容。看起来对立、矛盾的东西能够具有共存的"场"，此即"和"哲学。公元3世纪末4世纪初，老庄学者郭象将之归结为"场"哲学。郭象说："夫大小虽殊，而放于自得之场……逍遥一也"（《庄子》郭象注）。小和大虽然看起来相反，但小和大在"道"即关于宇宙和人生的根源性真理面前，大尽管大，小尽管小，却具有共存的"场"，此即所谓"自得之场"。立于这种"场"，也可称为"逍遥游"。日本知名作家坪内逍遥即由此取笔名。

小和大，美和丑，强和弱，从常识来看是相反的，被认为是完全对立的，但它们具有共存的"场"，"场"这个词后来扩大为两个字的词"场所"。京都帝国大学教授、大正时期和昭和初期哲学界泰斗西田几多

---

① 《庄子·天道》解说轮扁造车轮的妙技曰："不徐不疾，得之于手而应于心。"

郎先生依据“场所”哲学，一方面，吸收西方哲学，另一方面，创立了东方特有的哲学理论体系。西田几多郎先生的“场所”哲学认为：各个具有生命的个体，以“无”的自觉限定的形式与“道”（一般）相联系，即与“无”相联系。可以看出，西田先生的“场所”哲学，是大正时期和昭和初期对老庄思想逍遥游的“自得之场”哲学的继承。将这一场所哲学运用到理论物理学领域，形成了汤川秀树博士获诺贝尔奖的量子论非定域场的理论。这一理论与西田几多郎先生的“无的自觉性限定”哲学有密切联系，西田哲学所谓的“无”，即《老子》“有生于无”之“无”，故可以用老庄哲学的概念“道”去置换。可以看出，西田先生的“场所”哲学，是大正时期和昭和初期对老庄思想逍遥游的“自得之场”哲学的继承。

二

老庄道家哲学的“道”概念，根据“道即元气”之说①，在有的场合也可以置换成“元气”一词，生命的基本、根源也可以称为“道”，在道即浑然一体的意义上②，道也可以被称为“一元气”。一切具有生命的存在根源，都被称为“道”。重视“道”是老庄哲学的特征，这一特征被道教的宗教哲学全面吸收，在其中发挥着非常重要的作用。大约自六朝后期公元5世纪开始，在道教的宗教哲学中，开始出现“道者气也”的说法③，虽然这种说法中的气是空气的“气”、大气的“气”或元气的“气”，但道教的宗教哲学把气说成“道”。5世纪左右六朝后期，以孔子为始祖的儒教在中国已经做出了“道即理”的解释④。佛教从印度传入之初，与主张“道即气”的道教唱同一种调子，在坐禅修行中也是重视

① （唐）释法琳：《辩正论》卷8，《释老形服异》条，引《陶隐居内传》曰：“道本无形，但是元气。”

② 《老子》第二十五章：“有物混成，先天地生……字之曰道。”

③ （梁）僧祐《弘明集》卷8，载释僧顺《释三破论》，称道士之《三破论》曰：“道者气也。”

④ （晋）韩康伯《周易系辞上传》继之注“盛德大业”曰：“夫物之所以通，事之所以理，莫不由乎道也”；“穷理体化……至虚而善应（万物），则以道为称”等。

“气”的[①]。但是，佛教势力一旦在中国社会中巩固下来，即与儒教联合，转而成为以主张“道即理”的“理”哲学为自己的基本立场了[②]。但是，道教却与儒教和佛教的“理”哲学相对，坚持“气”哲学，“理”哲学把人的肉体看成形而下的东西而舍弃，但是道教认为生命与肉体同在，即使说到永恒的生命，如果没有肉体，永恒的生命也没有意义，而且，道教认为，仅仅灵魂不灭还不能称为永恒的生命。道教根据这一立场，开始从理论上构筑“气”哲学，对“理”哲学进行批判，大约自5世纪始，这一活动在思想界高涨起来，在6世纪已基本完成了。

道教的宗教哲学书中不断强调“道”不是“理”，而是“气”，或者强调说“道”是“元气”，是“一元气”。与此同时，也开始经常使用“至大之域”“天地宇宙”等词汇。“宇宙”一词初见于公元前4世纪哲学家庄周的著作（《庄子·齐物论》《庄子·知北游》），“宇宙”的“宇”字，字义是“四方上下”，即无限的空间，“宙”字义为“古往今来”，即无限的时间（《淮南子·齐俗》）。个体生命从无限的空间和无限的时间的交会点开始，经历一段时期后，该时期结束，个体生命重新回归原来无限的时间和空间中去，这种存在就是人，这种学说就叫作天地宇宙的生命哲学，道教的宗教哲学书籍还把这种天地宇宙的生命之流称呼为“天心”（《太平经》卷53及《太上飞行九神玉经》）。著名的《东洋思想》一书的作者冈仓觉三用“天心”作为自己的笔名，冈仓天心是道教的热烈信奉者，据说他晚年仿效唐代道士玄真子（张志和），在茨城县五浦划小舟游太平洋，用无饵钓钩垂钓，终日与大海为伴，悠悠度日，他生前遗言，将自己的墓设计为道教墓的样子，其辞世歌也按照道教的宗教哲学歌咏道：“十二万年明月夜，松荫下迎来访人。”像冈仓天心这样把“道”和“技”直接结合，即认为两者都是必要的，不抹杀任何一方，让两方共存，这就叫“调和”，简化为一个字叫作“和”。以“调和”或“和”作为根本真理，以人的生命的开始与结束作为“气”哲

---

① 比如，被当作（后汉）安世高译的《安般守意经》卷下曰：“知身但气作所——坐禅数息（气），即时定意。”

② 其代表性论述有（东晋）支遁《大小品对比要钞序》曰：“至理冥壑归乎无名……故寻源以求实，趣定于理宗。”

学，进行理论阐述，这就是道教关于生、老、病、死的生命哲学。这种生命哲学，首先面临的是生的问题，需要回答人的生命究竟是怎样产生的。第二个问题的内容是个体生命产生之后必将面临衰老，需要阐述关于老——老成或圆熟——的哲学。第三个问题是疾病、病气。汉语病气如后面将要详述的那样，指气的病态，表示体内的阴气和阳气不调和。“气”是构成人的生命的元素，西方有将之译作“以太”的。道教的宗教哲学认为，气可以从一元气分为阴、阳二气，一般用阴气说明女性原理，用阳气说明男性原理。但是，无论阴气还是阳气，任何单独的一方都不具备生的能力，两者必须相交。相交之后产生被称为“和气”的第三种新的气。它既不是阴气，也不是阳气；既含有阴气，又含有阳气。这第三种和气将生出（创造）世界上一切有形的生灵，这就是道教的生命哲学。阴气和阳气相交后生出第三种和气，由这种“第三种”的“三”诞生万物。著名道教经典《道德经》说：“道生一，一生二，二生三，三生万物。”（《老子》第四十二章）“三生万物”就是这种哲学。

生命问世的象征和生命正在继续的具体表征是什么呢？道教生命哲学当然是建立在与中国古代传统哲学共同基础之上的。按照道教生命哲学的观点，人正在世界上活着的表征，是饮食和男女两件事，即喝水与吃饭，然后是男女性的问题。后来从印度传来佛教，在中国逐渐开始使用与印度佛教严格的杀生、邪淫两戒有关的“食肉”“带妻”或“肉食”“妻带”等词汇[①]。但是，中国道教认为“饮食”“男女”，“食肉”“带妻”（“肉食”“妻带”）是人作为人生存的根本条件，是人正在活着的表征。日本净土真宗的开山祖师亲鸾上人像道教一样，把饮食男女、食肉带妻（肉食妻带）理解为人的生存及宗教实践的基本行为，敢于提出与印度佛教不同的看法，肯定并容许肉食妻带行为。亲鸾的“鸾”是一种鸟，它象征着道教神仙。“愚秃亲鸾”的“愚”也是明显体现《老子》哲学“我岂愚人也哉，沌沌兮”（《老子》第二十章）和《庄子》哲学“愚故道”（《庄子·天运》）之愚的一个词，亲鸾在《叹异抄》中说：“我呼无计为自然”“念佛以无义为义”等，这些思想

① “肉食”之语见《汉书·匈奴传》，其曰：“射狐菟，肉食。”“妻带”一语见《摩诃止观》卷第2（下），其曰：“如佛世时，在家之人带妻挟子，官方俗务，皆能得道。”

都来自《老子》和中国六朝时期的《老子》注疏（《老子》第二十五章、第六十三章）。这可以看出，道教思想对亲鸾上人的佛教净土真宗产生过深刻影响。

三

生者必老，但是，在中国，随着对不老的祈求和企图通过医学与医疗的方式追求永葆青春，宗教和医术常常是紧密结合的。甚至孔子的《论语》中也出现了“巫医”一词（《论语·子路》）。在中国，人们自古以来就这样反复强调：为了保持人的寿命，宗教和医术——巫医——是必要的。葛洪是4世纪初道教神仙理论的总结者，他阐述了保持人的今世生命，使之长生不老的四种秘诀。

第一，行气。用今天的话说，叫作呼吸调整法，原话叫作“吐故纳新”，即吐出旧气（息），吸入新气（息），是道教独特的呼吸调整法。吐故纳新法被日本的西式健康等法所继承。

第二，导引。用今天的话说，导引是一种体操，是通过运动而使身体中的气流通畅的一种道教保健术。导引早在奈良时期即已传入日本，今天大相扑的高踏足（四股）动作即导引（相扑一词是12世纪南宋以来各种文献如《东京梦华录》《梦粱录》等书中常见的古汉语[①]）。

以前，柔道也被称为柔术或柔，重点放在讲究术和技上。明治以来，嘉纳治五郎以《老子》中的“柔胜刚”的思想为基础，开创了“讲道馆柔道”[②]，这种柔道，把以往的“技”和“术”提高到“道”的境界，这并不是排斥“技”，而是一方面磨炼“技”，另一方面在“技”中去实践“道”。强调以“技”带“道”的实践，这是讲道馆柔道的真髓。这种思想也影响到日本的其他技艺和文化艺术生活，剑术、剑法改为剑道，茶法、饮茶礼仪变为茶之道、茶道，甚至书写方法、书技也被称为书道，

① 《东京梦华录》卷8“神保观神生日”条有“跳索、相扑、鼓板、小唱”等。《梦粱录》卷20有“角觝者，相扑之异名也，又谓之争交”等。

② 译者注：“讲道馆柔道”是1882年嘉纳治五郎创建的柔道道场，一直是日本柔道界的中心。

都同“道”连在一起。毫无疑问，这些都来自中国道教将“道”作为“技”的根底，宣传“技”和“道”“两进”的宗教哲学。

第三，服药。药可以区分为植物性的本草药和矿物性的石药。最高级的石药是金液丹——金丹，《续日本后记》嘉祥三年（850）三月记载着我国平安初期淳和天皇及其皇子仁明天皇服用金液丹后疾病痊愈之事。

第四，是房中术（房内法）。此术传授既促使子孙繁衍又不伤害生命的秘诀。

人虽努力防老，但效果终有限度，人人都在走向衰老。如前所述，疾病就是体内的阴气和阳气失去了平衡，阴气和阳气失去平衡则不和，这是汉语病气一词的本来含义。在撰写于公元前1世纪的《史记 · 扁鹊仓公列传》等文献中，可以开始看到有关这种理论的记载（这种思想可以从更早的《庄子 · 大宗师》中“有病……阴阳之气有沴”等话中见到）。病了以后，第四阶段死就会来临，死是什么？老庄哲学和道教的宗教哲学认为，死是回归生前的自己。用《老子》的话说，叫作“归其根”（《老子》第十六章）。一切生灵，都是“出生入死”（《老子》第五十章）——向死移动。所有的存在，生存50年也好，100年也好，都向根归去，这里把“死”比喻为植物的“根”。与此相同，用“根”去思考“死”的是日本最古的历史著作、《古事记》神话中的男神速须佐之男命打算去的“根之坚州国”。《老子》中也有坚州之“坚”字，第五十九章曰：“深根固柢”（“坚”与“固”同义）。《日本书记》中省去《古事记》的“坚州”二字，只写作“根之国”，使人感到与《老子》中的“根”哲学有密切联系。

《老子》还对其哲学的基本概念“道”做了说明，曰：“（道）为万物之母”（《老子》第一章），进而将“道”称为“玄牝”（《老子》第六章）。“玄牝”指玄妙的生殖之门，与“母”大致同义。两处都把“道”表现为女性，这一点引人注目。《古事记》神话载，在神武东征途中，神武天皇的二兄稻冰命神“到了妣之国大海中”和三兄御毛沼命神“乘风破浪到常世国去”的描述。“妣之国”的“妣”是指已去世的母亲或作为祭祀对象的母亲，这是基于《老子》将“道”作为母（玄牝）的思想。因此，“妣（母）之国”或“根之国”（“根之坚州国”）与《老子》所说的“道”一样，是永远不灭的。永远不灭在《老子》中也用“常”

字表达。《老子》第十六章里曰，“归根曰静，是曰复命，复命曰常”，即指此。

老庄哲学和道教的宗教哲学认为现实的人间世界是“非常”或“无常”，“常”仅指死者世界和神的世界。《古事记》中的“常世”也是死者世界和神的世界两种含义。《古事记》全书有八例使用“常世”一语，因此“根之国”的“根”，“妣（母）之国”的“妣”，“常世国”之“常”大概都与《老子》所说的“道”“母”（“玄牝”）“常”之哲学有着密切的思想上的联系。

在老庄的“道”哲学看来，人之变老，意味着人生的圆熟，身心得安。创造万物的造物者通过赋予衰老，使一切生物身心得安。这就是由老到死的过程，就是回归生前的自己。正如《庄子·知北游》曰：“人之生，气之聚也，聚则为生，散则为死。”归于一元气中，归于“道”的世界（“根之国”“妣之国”“常世之国”），由道而生复归于道。这里所谓死，《庄子·大宗师》篇也说成是永远的休息：“夫大块（造物主）……息我以死”（顺便说一下，从明治经大正到昭和初年，日本知识分子死亡通知书中说：“本次药石无效，复归道山。”这种说法，继承了复归于道的思想）。

生，即生命开始并增加年龄至老，老然后病，老病然后迎接死亡。道教的宗教哲学将人生划分为生老病死四个阶段，去理解人的生命现象。这种理解，将个体生命置于全宇宙空间中，去阐明其意义。引人注目的是，说起来，正如《庄子·知北游》所说，“道无所不在”，生命并非人所独有，它为存在于这个世界上一切有形的东西所共有。老庄哲学和道教的宗教哲学使用“万物”一词称呼之，万物均有各自的生命，人应当自觉地认识自己仅是万物之中的一物，人为了自己生活舒适，企图管制、伤害、杀戮其他存在物，把它们当作自己的奴仆，这种想法并不正确。人应当认识到，人不过是万物中的一物，与其他具有生命的众多存在物共存，构成具有宇宙规模的巨大的全体，即构成《庄子·田子方》篇中所说“天地之大全”为代表的新科学运动的人们，也联系地球环境保护和资源问题等采纳万物具有有机的统一性的观点。在老庄的“道”哲学中，认为人和其他一切存在物之间，在拥有生命这一点上有密切联系，宇宙间的森罗万象是作为一个有机的整体而存在着、运动着，必须把每个个体置于大全体（最大的全体是由无限的空间和无限的时间组成的宇宙）——宇宙之中，站在这个立场上，来判断人的生存方式何为善，何为恶，西田几多郎先生把有关生命的开始和结束的老庄宇宙论哲学或有关生命的形而上学引入于他的“场所”哲学中。接着在理论物理学领域进一步发展“场所”哲学而提出非定域场理论的是汤川秀树先生。两人的哲学和理论都位于老庄的“道”哲学关于极小和极大均具有同时共存的“场”的观点的延长线上。若更向古代上溯，可以确认，老庄的“道”哲学——关于生命开始和终结的学说，早在日本思想文化历史的最初时期，已被日本思想文化吸收，并产生了巨大影响，接下来我将介绍这方面的事实。

四

成书于公元712年的《古事记》是日本最古老的史书，其中记载着神生神话和有关的“根之国”“妣之国”“常世之国”等死后世界的思想。过去人们认为《古事记》神话全部是日本独有的神话，是忠实地将自神话时代以来的本土固有思想信仰文献化的产物。但是，被称为本土固有民族宗教的中国道教，拥有号称5485卷的数量庞大的经典，其中讲述的道教神学或宗教哲学经过哲学研究者整理，将之与日本《古事记》神话中有关生命开始和终结的思想信仰相比较后发现，二者基本上一致，《古事记》神话中关于死后世界的思想信仰，即关于“根之国”“妣之国”“常世之国”的那些内容，此处不再赘述。下面仅就生命之始介绍一下《古事记》中所谓“生神”神话和道教天地开辟神学（宗教哲学）二者间的关系。

“生神”之“神”字在古汉语中用来称呼具有超越性的灵妙能力的人，因此它和基督教的神在性格上差异很大，“生神”一词源自中国5世纪写成的道经《九天生神经》的“生神”二字。顺便说一下，包括《九天生神经》在内的道教一切经5485卷，称为《正统道藏》，《正统道藏》最早是九州的大名（丰后竹田的藩主中川氏）从军随丰臣秀吉出兵朝鲜，从朝鲜带进日本的。阅读了《正统道藏》的《九天生神经》中关于“生神”的记述后，将之与《古事记》中的“生神”神话部分对比则会发现，《古事记》神话的“三柱之神”（天之御中主神、高御产巢日神和神产巢日神）忠实地吸收继承了道教关于世界起源于三位神（三气之尊神）的天地开辟哲学，并进一步由“三柱之神”扩展为“别天神五柱之神”，由“三”扩展为“五”，又进一步扩展为“神代七世”，由“五”扩展为“七”，均原封不动地使用了道教经典中阐述宇宙生成理论的三、五、七这几个数字。①《古事记》开头部分曰：“天地初发时，在高天之、原形成的神，名曰天之御中主神，其次高御产巢日神，其次神产巢日神。这三柱神皆成独神，隐身。”此文无论是语言还是思想，都可以一一具体指出道教经典中为它们母题的记述②。

《古事记》神话的整体结构，由（一）高天之原（或称天神）、（二）苇原之中国（或称国神）、（三）绵津见（或称海神）三部分组成。这三部分与道教的天、地、水三官大帝的思想信仰一一对应。《古事记》神话中尤为引入注目的是太阳被称为天照大神，被塑造为女神。这一点与儒教正相反，儒教根据《易经》的阴阳哲学将太阳作为男性。将太阳作为女神，是日本列岛以及冲绳、舟山群岛、中国古代的吴越、闽越、南越、越南等沿海地区以捕鱼为生的人们所共同的思想信仰。由于《老子》将天地宇宙的基本真理“道”呼为“母”或“玄牝”，故而可知使用“天道”一语，去称呼与“道”同义的“天道”及太阳，与《老子》将“天道”当作女性（“母”或“玄牝”）的“道”哲学也有密切关系。

居住在琉球以及从中国的吴越到闽越、南越沿海地区的人们，把太阳奉为《古事记》天照大神似的女神，穿衣服时左襟放上。儒教始祖孔子称这种装束为左衽，表示轻蔑③。儒教把左道看成邪恶之道、阴险行为，把左说成恶。但在日本，左大臣位居右大臣之上。《古事记》神话中也写着，伊邪那歧和伊邪那美第一次入床时，伊邪那歧绕着“天之御柱”

① 《冲虚至德真经》曰：“易（夷）变而为一，一变而为七（阴阳之二和五行之五之和）。”

② 关于“天地初发时”，《隋书·经籍志》“道经”条曰：“每至天地初开，或在玉京之上。”关于“高天原”，《水经注》卷4曰：“（河水）北流，迳皇天原西……汉世，祭天于其上，名之为皇天原。”“三柱之神”，基于道教经典《九天生神经》的“三气尊神”，“成独神，隐身”，《九天生神经》曰：“皆三气之尊神……生九气，九气出乎太空之先，隐空洞之中。”

③ 《论语·宪问》篇曰：“微管仲，吾其被发左衽矣。”

左转，伊邪那美右转，也将左作为上位。

另外是偶数和奇数的问题。儒教文化是“对称”文化，是尊重偶数的文化，其宇宙生成论用二的位数说明关于世界是怎样开始的，“是故《易》有太极，是生两仪，两仪生四象，四象生八卦”。（《周易·系辞传》）与儒教文化相反，被奉为道教始祖的老子则以一和三为基干，“道生一，一生二，二生三，三生万物”。现在日本广泛流行着祝贺子女成长的“七·五·三”节日①，也来源于道教的宗教哲学（见上页注2）。

自古代日本的飞鸟、近江时代以来，儒教被当作统治日本的最好方法，为统治阶级统积极地引入。但是，在我们庶民的日常生活中至今仍根深蒂固的，是与儒教相反的基于以太阳为女神、以赤（红）为女性色的《老子》“玄牝”哲学的思想信仰，是左比右地位高的思想方法和比起偶数来更喜爱奇数的习俗。《老子》第三十一章中有这样的话：“君子居则贵左。”其意是说，优秀的有教养的人在日常生活中以左为上位。因此，我认为这种思想信仰被带入我们日本庶民生活之中，并固定了下来。

五

这种中国古代老庄和道教的思想信仰，若用一个字来表述，则是“道”或“一”，用两个字表述，则成为“自然”或“自然”的生存方式，用四个字表述则是“无为自然”的存在方式，用五个字表述则是“无为自然道”，用六个字表述则是“无为自然道教”，即道教。这种老庄和道教的思想信仰哲学，特别是生命哲学，在非常早的时期就已经被吸收到日本人的思维方式中，并扎下根来。日本的医学、医疗，从最初也吸收了老庄和道教的思想信仰哲学，并一边向其学习，一边发展。现代医学医疗正面临重要的转折时期，对这一事实大有重新认识、认真对待的必要。现代的高科技医疗手段和具有亚洲传统的“道”和“心”的哲学并不是其中一方就足够了，双方的共进，协调比什么都重要。

现在日本，以东京大学为首的几乎所有的国立、公立、私立大学，

---

① “七·五·三节日”，在日本，男孩到了3岁和5岁，女孩到了3岁和7岁的11月15日那天，家长带着孩子到神社，祈祷小孩顺利成长。——译者注

其称为学问性的思考或研究方法的东西，大都以欧洲近代史学为基础，采用一神教式的思考方法，认为正确的东西只能有一种。但是，至少对于日本、韩国、朝鲜、中国等东亚诸国的古代，近代史学所谓的正确的东西只有一个是不全面的。那么，《老子》的“道”哲学所谓的“混成”即各种各样的要素是多元地、复合地存在着、组合着的思想，西田几多郎先生的“场所”哲学，汤川秀树博士的“非定域场”理论是否应该成为转折时期的医学、医疗的根本思想呢？

最后，我认为，作为医学、医疗实践的承担者医生，在作为技术人员的同时，也必须成为哲人。事实上，在我度过幼年、少年时代的大正时期至昭和初年，日本文化的代表性承载者主要是医生。在日本历史上，也有僧侣和神官作为代表性承载者的时期。但作为具有世界性、地球性广阔视野的近代日本文化的承载者，自然一直是医生。但是“二战”以后，特别是年轻的医生们，几乎全都称不上医生，他们只是单纯的医疗技术人员。我们因病入院，感受到的是医师仅仅在林立的医疗机器的山谷间按动机器按钮。在这种感受中，患者很难产生对医生的信赖。为了使患者产生信赖，年轻的医生们对于人的生命本来是什么，人来到这个世界上，经历一定期间后死去，究竟具有什么内涵等问题，必须有真切的见解。明确了解并亲身体会有关“技”和“道”以及“手”（“技”）和“心”同时共存的创造、调和，信赖的“场”，大概是无比重要的。

宇宙、身体、气与“假求于外物以自坚固”

——道教的生命哲学

葛兆光

一

把生存和死亡看成两个不同的世界，这大概是古代中国人的普遍知识①。真正能够像庄子所说的那样，把生死视为一体，从精神上超越生死的人，其实并不多。在古代中国，一般都相信，人有生也有死，死亡之后，人的肉体死亡而精神或灵魂却存在于另一个世界，从生的世界到死的世界是一个不可逆转的单行道，除了极少数（如阴间错拿，神灵护佑）之外，从那个死亡世界不可能再度回到人世这个世界。虽然，在放马滩秦墓竹简中已经发现有人死而复生的故事，但这种故事在先秦时代毕竟是想象中的传奇故事②。通常，人们都相信，只能经由传统的丧葬祭祀安

① 参见余英时《中国古代死后世界观的演变》，《中国思想传统的现代诠释》，台北联经出版事业公司 1987 年版，第 123—143 页；蒲慕洲《墓葬与生死——中国古代宗教之省思》，联经出版事业公司 1993 年版。CK. Yang, *Religion in Chinese Society*, Berkley: University of California Press, 1970, pp. 28 - 57; JJ. M. de. Groot, *The Religious System of China*, Leiden: E. J, Brill, 1892 - 1910, Vols. 1 - 4; Watson, James L Rawski, Evelyn S. *Death Ritual in Late Imperial and Modern China*, Berkley: University of California Press, 1988, 日文本，西胁常记译《中国の死の仪礼》，平凡社，1994 年版；又《死の仪礼——葬送习俗の人类学的研究》（Celebrations of Death. The Anthropology of Mortuary Ritual; by Peter Metcalf and Richard Huntington, Cambridge University press; 1991），池上富美子译，未来社 1996 年版。[日] 松村巧《古代中国における死者世界》，《和歌山大学教育学都纪要》（人文科学版）1997 年版，第 47 集。

② 参见何双全《天水放马滩秦简综述》，《文物》1989 年第 2 期；李学勤《放马滩简中的志怪故事》，载《简帛佚籍与学术史》，时报文化出版公司 1994 年版，第 181—189 页。

抚灵魂，从而获得福佑，而已经成为鬼魂的人则只能通过生人的祭祀，在另一个世界享有人间的生活。①

《诗经》里面那些颂歌常常流露着古代中国人心底的想法，有学者在讨论古代中国人的生存观念时就注意到《诗经》里常见“眉寿”一词，②据古人的解释，这是说人长寿，道教后来也还在使用这个词，像《真诰》卷3王子乔的故事中就有③。其实，不只这一个词，关于祈求长寿或长寿是福的这个意思，常常出现在先秦时代的各种乐歌中，除了《豳风·七月》“为此春酒，以介寿眉”之外，还有如“以孝以享，以介眉寿”（《周颂·载见》），“绥我眉寿，介以繁祉”（《周颂·雝》），“俾尔昌而炽，俾尔寿而富，黄发台背，寿胥与试”（《鲁颂·閟宫》），“寿考且宁，以保我后生”（《商颂·殷武》），这些写在祭祀所用的乐歌中的乞求长寿的话，常常透露着最上层人士的普遍观念。同时，尽管当时的人也说“万寿无疆”这样的话，但他们只是希望生命能够延长一些，至于生命永远延续的真实希望，他们还是寄托在子孙身上，像《周颂·烈文》中“烈文辟公，锡兹祉福，惠我无疆，子孙保之”，就是把土地和爵位长期保有的期望，放在子孙的绵延上，所以，在商周青铜器铭文中常常有“子子孙孙永保用”的套语，既然它已经成为习惯性的套语，就能反映当时普遍的想法，人是无法永恒存在的，生命只能通过繁衍子孙来延续。

不过，这种观念很快就发生了变化，虽然很难确定什么时候中国人开始真的相信人可以不死永生，但是，从现有的资料中可以看到，至少在战国时代，已经有三个方面的思想、知识与技术可能对这种观念的改变产生过相当深刻的影响。一是知识阶层关于生与死的重新思考，像

① 直到到佛教传入以后，古代中国才从因果报应、六道轮回的思想中，找到关于生死的另一条思路，即根据前生的功德和罪愆，使人从死亡的世界转世，再次进入生存的世界。

② 杜正胜：《从眉寿到长生——中国古代生命观念的转变》，《历史语言研究所集刊》1995年第66卷第2期，第383—487页。

③ 《真诰》卷3《运象篇》“子乔兄弟七人得道，其眉寿是观香之同生兄”，“此以别有眉寿事”，见《真诰译注稿》（一），《东方学报》68册1996年版，第622页。

《老子》中有善摄生和积厚德的人的神奇传说[①]，《庄子》中有关于神人、真人的故事和对超越生死的理想[②]，二是社会上的普遍传闻和想象，如关于东方的海上三神山和西方昆仑山的想象[③]，三是当时普遍相信的一些养生技术及其背后的知识依据，如《行气玉佩》铭文所反映的“行气”的观念[④]，和《庄子・刻意》中关于“吹响呼吸，吐故纳新，熊经鸟申”的记载，至少证明战国已经开始有了追求“长生”的思想和方法。这些思想和方法，在杨朱学派的贵生观念及黄帝学说中的全生思想的刺激下，在秦皇汉武寻找神仙的实践影响和导引服食、寻求仙药的养生知识的引导下，逐渐铸成了古代中国人对于生命的一个新的共识，即生命是可以永恒的。

这种生命的永恒，就成了后来道教的根本追求和理想，“凡受道之士，贵在不死，修行有效，保得长生，生生不绝，乃成真圣，圣基行化，化教后生”[⑤]，从修行、长生、成圣到行化，这本是道教一整套连贯的思路。但是，接下来需要追问的问题是，生命可以永恒的根本依据是什么？生命存在是否仅仅是精神性的存在？抑或需要人的身体存在？如果需要

---

① 如《老子》第五十章“善摄生者，陆行不遇兕虎，入军不被甲兵”，第五十五章“含德之厚，比于赤子，毒虫不蛰，猛兽不据，攫鸟不搏”，不过，《老子》里也有“天地尚不能久，而况于人乎”（第二十三章），“死而不亡者寿”（第三十三章）。但是后来的《老子河上公注》就把老子的有些话理解为关于长生的说法，如第五十章“出生入死”条注“出生，谓情欲出于五内，魂定魄静，故生也，入死，谓情欲入于胸臆，精神劳惑，故死”，第七章“故能长生”句注“以其不求生，故能长生不终”。

② 关于庄子的生死观念，可以参看笠原仲二《庄子に现れた死生观——及びそれたついての二三疑问》，《立命文学》第114、122、125期，1954—1955年；［日］金谷治《庄子における死生观》，《内野博士还历纪念东洋学论文集》，1964年。近年又有丸山敏秋《黄帝内经之中国古代医学》，其第二章《养生思想の展开》中指出，《庄子》中的《养生主》《达生》《在宥》《刻意》虽然都有养生思想，但庄子对于“生”的认识有以下四点，（一）把生死当作“化”的一种现象来把握，（二）“化”是非人所可窥知的“道”的运动的显现，是万物自然之变化，人的生死不过是这个大变化中的一个，是气的离合聚散。（三）因此，人力难以把握，应当把生死当作“命”，达观地对待并从中得到解脱。（四）与上述有些差异的是，庄子也把生死齐同，当作相依存的现象看待，使心灵从乐生恶死的固定观念中解脱。［日］丸山敏秋《黄帝内经之中国古代医学》，东京美术出版社1988年版，第64—65页。

③ 参见顾颉刚《庄子与楚辞中昆仑与蓬莱两个神话系统的融合》，《中华文史论丛》1979年第2期。

④ 郭沫若：《行气铭释文》，《沫若文集》第16册，人民文学出版社1962年版。

⑤ 《道藏》正一部，通一，《洞真太上八素真经精耀三景妙诀》第4页B。

生命与身体同时的永恒，那么如何保证人的身体也具有永恒性？道教关于生命的一系列知识、技术和思想，就是建立在对这些问题的探索、想象、思考和解释之中的。

二

在充满了生与死的世界中，生命真是可以永恒吗，生命怎样才能永恒呢？关于生命永恒的想法的合理性，需要一个自明的依据才能建立起来，只有人们都相信这个天经地义的依据，在这个依据的基础上，他才能相信，生命真的可以永恒。而这个依据，就是古代中国人对于大宇宙与小宇宙之间"同源、同构、互感"的确认和确信。很多学者已经指出，古代中国人很早就都相信，天地人之间是有一种对应关系的，《老子》第二十五章说的"人法地，地法天，天法道，道法自然"，其中的"自然"是宇宙自然而然的存在，而"道"则是存在的普遍状况，这种普遍状况经由象征和暗示性的隐喻，构成人对人的生存状态的理解。既然天地可以永恒，人仿效天地，与天地一样无言独化，顺理阴阳，这就是人得到永恒的基础，正如《黄帝内经》所说，"自古通天者，生之本，本于阴阳天地之间"。[①] 这种理解被古代中国普遍接受的，关于人可以永恒存在的思路的基本依据，[②] 也成了所有古代中国思想的一种基本共识[③]。

道教关于人的生存的思路即来自这种古老的渊源，按照古代中国人的想法，人禀天地而生于宇宙之中，人的身体仿佛是一个小宇宙，而外部自然世界是一个大宇宙。大宇宙是永恒的，而人之所以可以长生，不

---

① 《黄帝内经》卷1《生气通天论第三》，上海古籍出版社影印本，《二十二子》本，第877页。按，这种思想在《黄帝内经》中有相当多的表述，不一一举例。

② 参见马王堆帛书《十大经·果童》"观天于上，视地于下，而稽之男女"，"黄帝曰：夫民仰天而生，侍（待）地而食，以天为父，以地为母"，《十大经·成法》"一者，道其本也……一之解，察于天地，一之理，施于四海"，《老子乙本卷前古佚书释文》，文物出版社1974年版，第24页A、第31页A。

③ 我说它是"共识"，是因为不仅道教相信它，儒家、阴阳家的著作在这一点上也没有疑问，甚至很激烈的批评家对这一点似乎也没有疑问，如王充《论衡》中的《气寿》"人之禀气……充实坚强，其年寿，虚劣软弱，失弃其身"，又《无形》"人以气为寿，气犹粟米，形犹囊也"，等等。

仅因为他与大宇宙同出一源，而且是因为他可以模拟大宇宙的存在方式，这样就可以获得长生的可能，这种想法背后有一个历史悠久的背景。按照古代中国人的想法，大宇宙是一个彼此相连又和谐的整体，将大宇宙中的天地人鬼贯通在一起的是气、阴阳、五行、八方等基本要素，既然这些基本要素是彼此相同而且互相对应的，那么，在天地人鬼之间就有共同的存在方式，天地人鬼之间也有可能发生神秘的但又是必然的联系和感应。古代数术、方技基本上就是根据这一思想而产生的信仰与效应，它通过人们的联想与体验，创造出种种避凶趋吉的技术。比如，人的生命，古人相信它是由“气”产生并维持的，正像《庄子・知北游》所说的“生也死之徒，死也生之始，孰知其纪！人之生，气之聚也。聚则为生，散则为死，若死生为徒，吾又何患！故万物一也”[①]，所谓“万物一”，就是说天地与“人”的一体性，这段话把生死变成了一个连续的过程，而且是可以流转往返的过程。本来，《老子》第五十章里说：“出生入死，生之徒，十有三，死之徒，十有三，人之生，动之于死地，亦十有三”，已经给再生的可能性留下了余地，而第七十六章“坚强者死之徒，柔弱者生之徒”，则又给永生者提供了生存方式上的暗示，而庄子的这段话则进一步指出了，生死之间的连续，原来是依据“气”的聚散。这一思想可能是当时人的共识，《管子・枢言》中也有类似的表述，“有气则生，无气则死，生者以其气”。[②] 而《吕氏春秋》卷 2 说，人应当适其情，啬其精，“知早啬则精不竭”，又说，天地也是一样，“秋早寒则冬必暖，春多雨则夏必旱，天地不能两，而况于人类乎？人之与天地也同”。结论当然是“故古之治身与天下者，必法天地也”。[③] 而天地的“阴阳寒暑燥湿四时之化，万物之变”，也笼罩着人的生与死，只有“用其新，弃其陈，腠理遂通，精气日新，邪气尽去，及其天年，此之谓真

---

① 马王堆汉墓帛书《养生方》中也有“有气则产，无气则死”。

② 《管子・枢言》，上海古籍出版社影印本，《二十二子》本，第 107 页。

③ 《吕氏春秋》卷 2《仲春纪》，上海古籍出版社影印本，《二十二子》本，第 633 页。同样张家山出土的汉简《引书》中也有以下的话语，如“春产、夏长、秋收、冬藏，此彭祖之道也”，“治身欲与天地相求，犹橐龠也”等，参见高大伦《张家山汉简引书研究》所附《引书注释》，第 90、171 页；《灵枢经・岁露论第七十九》中也说“人与天地相参也，与日月相应也”，参见［日］坂出祥伸《中国古代医学における养生の意味》，载《中国技术史の研究》，京都大学人文科学研究所 1998 年版。

人”，而真人就是永恒不死的神仙。这样的思路，又与当时已经开始流行的“蓄气”知识和技术产生了关联，而天地也是由“气”构成的，所谓“阳气清而上升为天，阴气浊而下降为地”，那么天地与人就是一体同构，于是天地之所以永恒，是因为其气流转不息，所以战国时的《行气铭》就说“天丌（其）沓（本）才（在）上，坠（地）丌（其）沓（本）才（在）下，顺则生，逆则死”，[①] 人要像大地一样，把气吞蓄下来，存储在（脐）下，使之定、固，令其生长，最后恢复其最初的自然状态（天），这样才能使生命永恒，于是就有了“吹响呼吸”“真人之息以踵”之类的养气之术。

道教知识与思想的背景之一，就是这种大宇宙与小宇宙的对应性，气、阴阳、五行、九宫、八卦的相关性，和人的生命与宇宙结构的一体性，因为道教的渊源，相当重要的部分其实就是古代中国的黄帝之学、养生技术和神仙传说。东汉蔡邕在《王子乔碑》中说，“好道之俦，自远来集”，那么，好道的人们到传说为神仙的王子乔这里来干什么？是“或弦歌以咏太一，或谈思以历丹田”。而边韶《老子铭》也说人们相信老子“离合于混沌之气，与三光为始终”，所以，也要学习老子“存想丹田。太一紫房”。[②] 在道教看来，“四时五行之气，来入人腹中，为人五藏精神，其色与天地四时色相应也”。[③] 因此，对于人来说，首先需要“守气”，《太平经》中说，这也叫“守一”，“一者，生之道也，一者，元气所起也”，[④] 后来的《三天内解经》卷下也说，“唯使守其根，固其本”，什么是根本？就是“气”，所以说“人皆由道气而生，失道气则死”[⑤]，按照更晚的《玉清胎元内养真经》的说法就是“先学定心，心定气住，

---

① 用郭沫若释文，《沫若文集》第16册，人民文学出版社1962年版。

② 参见《蔡中郎集》卷1《王子乔碑》，《隶释》卷3边韶《老子铭》。

③ 《太平经》卷72，第2页A。石田秀实《ニニろかとらだ——中国古代身体思想》已经指出，《庄子·知北游》关于“生为气之集，死为气之散”的思想奠定了中国古代自然哲学的基础，到《太平经钞》戊部《斋戒思神救死诀》，仍然把精气（四季五行之气）与人的身体相配。［日］石田秀实：《ニニろかとらだ——中国古代身体思想》，中国书店1995年版，第162—163页。

④ 王明：《太平经合校》卷37，中华书局1960年版，第60页。

⑤ 《正统道藏》，满八，文物出版社、上海书店、天津古籍出版社1988年影印本。

气住神全，神全形固”。[①] 其次需要“食气”，《太平经》说，“夫人，天且使其和调气，必先食气”，所谓食气，即《楚辞·远游》所说的“餐六气而饮沆瀣兮，漱正阳而含朝霞”中的“餐六气”，《太上黄庭外景经》里说的“呼吸庐间入丹田，玉池清水灌灵根”，就是“吐故纳新”的意思，所以说要“独食太和阴阳气，故能不死天相溉”。（《云笈七签》卷十二）而守气和食气的前提，则是保持恬淡无欲的心理和生理状态，只有这样，与生俱来的“元气”才不会在世俗欲望和感情的冲动中消耗，新鲜的“元气”才能在平静的内在体验中周流全身，存入丹田，融化为自己的精气神，并超越世俗而达到“道”的境界，这时“人”与“道”同在而且一样可以永恒，[②] 而不仅仅只是“眉寿”。

三

不过，这里还应当提到的是，道教与相当多的宗教不同的一点是对肉身永恒的重视。有的宗教持“身”“心”二元、“形”“神”可分的看法，把人的身体视为使人不能超越，沉沦于世俗的欲望中的原因，如佛教即是一例。[③] 可是，古代中国似乎总有这样一种看法，即肉身与生命之间很难分离的。考古发掘中发现相当多的遗物，如古代墓葬中以红色的颜料撒在尸体四周以召唤生命的复归，半坡遗址中盛尸骨的陶罐下留有孔隙供死者的灵魂出入，包括祭祀时用“尸”以使祖先神灵得以附着的习俗，似乎暗示着古人对身体的重视和身体中有生命存在的

---

① 《道藏》宿八，第二册，29 页。

② Livia Kohn（孔力维）：*Eternal Life in Taoist Mysticism* 说，“道教神秘性的得道经由两个重要的阶段，第一阶段是人对个人与精神的超越，根据文献，把个人的身体当作虚幻，使心灵处于无心状态，接着第二阶段，把这种经过还原的、净化的身心复合体与宇宙本体同化于精神之气……从纯粹的肉体到纯粹的元气、到纯粹的精神，最后到达‘道’……同样的对应关系，还有精神与心灵、肉体与身体，因此，宇宙论的体系是由，‘道’与气、精神与肉体、心与身体三方面构成的”，引自日文版，明神洋译，《道家、道教の神秘主义における永远の生命》，载坂出祥伸编《中国古代养生思想の总合的研究》，平河出版社 1988 年版，第 560 页。

③ 比如，东晋的慧远在与世俗论辩时，四次说到“达患累缘于有身，不存身以息患”这句话，前面一句就是说身体作为累赘，见《沙门不敬王者论》的《出家二》《求宗不顺化三》，《答何镇南》与《答桓太尉书》，《弘明集》卷 5、卷 12，四部备要本，第 42、44、106 页。

观念，古代相当发达的尸体防腐技术，我想一定不是一种好奇的产物，而是出于保护遗体使生命有所附着的思路，至于考古发掘时在墓葬中常常看到的“玉琀”的习俗，及给尸体金身包裹金线穿成的玉衣的现象，也绝不仅仅是炫耀富裕，而是希望“金缕玉衣”这种缀有“不朽”之金和“生肌”之玉的外壳可以在生命复活时，使灵魂有所归附。

这可能是一个历史相当久远的传统，包括后来的很多借尸还魂的故事其实也说明，古代中国人相信在生存中身体与生命不可分离的观念。《庄子·至乐》里讲到他与髑髅对话，询问髑髅如果“复生子形，为子骨肉肌肤”，说明生存就要有“形”，而有形就要有“骨肉肌肤”。在甘肃天水放马滩一号墓发现的秦简中，有一篇被考古者题作《墓主记》的文章，就说一个叫作“丹”的大梁人死而复生，但他之所以可以复生，是因为他的尸体还在，虽然他被埋在南门外，但3年之后，当司命史公孙强判定他不合死的时候，就可以让狗把他的尸体拖出来，有尸体在，这是复活的条件，而他复活之后，喉部有疤、眉毛稀落，这都是尸体长久埋在地下的缘故。[①] 甚至古代的中国人还相信，鬼魂也必须有附着物，如《汉书·景十三王传》中记载了一连串的故事，据说广川王刘去受宠姬阳成昭平的蛊惑，使姬妾王昭平、王地余被杀，但鬼魂常常来纠缠，刘去就掘出两人的尸体，焚烧成灰；而另一个陶望卿被迫投井自杀后，又怕她闹鬼，也把她的尸体肢解后，“置大镬中，取桃灰，毒药并煮之”；还有一个荣爱被杀后，怕她的鬼魂复仇，也“支解，以棘埋之”。[②] 这说明古代中国人相信，即使是人的精魂，也必须附在某种实体上才能显示出它的存在。

因此，肉身的存在很重要。尽管道教也曾经相信“尸解”的故事，表明他们希望生命可以离开肉体。比如，《真诰》卷四《运象篇》中说，如果尸体“如生人”“足不青，皮不皱”“目光不毁”，[③] 那就是“尸解”

① 《墓主记》，释文见《文物》1990年第4期。

② 这一点，很多学者已经看到，如大室干雄在《滑稽——古代中国の异人たち》（《东洋人の行动と思想》15，评论社），李建民在《尸体、髑髅与魂魄》（《当代》，1993年第90期）已经指出。

③ 《真诰译注稿》（一），《真诰》卷4《运象篇》，第709页。

了的神仙留下来的，这表明也许道教觉得，既保存有形的身体，又超越有限的生命实在很难，应当超越躯壳，就像《真诰》卷三里说的，“神为度形舟，薄岸当别去”。[①] 但是，这可能是受到了佛教的影响，《真诰》关于形神的这一段，据说就是“西域真人”所说。所以，基本上道教还是相信身体存在就意味着生命永恒的。早在西汉时期，《淮南子》中就说明，人的身体就是天地的投影，小宇宙即大宇宙的化身，因为“夫精神者，所受于天也，而形体者，所禀于地也……头之圆也像天，足之方也像地，天有四时五行九解三百六十日，人亦有四肢五藏九窍三百六十节”，这个身体“与天地相参”[②]，因而它拥有与天地一样的存在合理性，也拥有与天地一样的永恒可能性。所以，《太平经》里说古代大圣，“闭其九户，休其四肢，使其混沌”，就是使身体处在如“胞中之子”的状态，不至于衰老腐朽，[③] 可见，从根本上他们是把“形”与“神”看作互相依赖的一体的。栖真子述《养生辩疑诀》中就说，“神由形往，形以神留，神苟外迁，形亦难保”[④]，而《养生延命录序》中就更明确地说：“夫禀气含灵，唯人为贵，人所贵者，盖贵为生，生者神之本，形者神之具。”[⑤] 正是这种想法，成了道教养生与修炼的基础。后来道教内丹术把人的身体比作炼丹的鼎炉，其实就是把身体视作存在的依据，人的身体是依赖精、气、神维持的，如果既能把人与生俱来的、先天的精气神保存不失，又能吸收天地间的精神和元气，并凝聚在自己的身体中，就可以长生不死。

四

身体的存在关系到生命的长久，但毕竟肉体的存在是短暂的，那么，

---

① 《真诰译注稿》（一），《真诰》卷3《运象篇》，第645页。

② 参见刘文典撰，冯逸、乔华点校《淮南鸿烈集解》，中华书局1989年版，第220—221页。

③ 王明：《太平经合校》卷68《戒六子诀第一百四》，中华书局1962年版，第259页。

④ 《云笈七签》卷88引，《道藏》存九，第9页B。

⑤ 《道藏》，临二，第1页A。同样的意思可以参见刘词《混俗颐生录》的序，《道藏》，临九，第18册，第1页A。

是否能够使肉体的存在变得永恒？换句话说，是否可以有什么办法，使本来很容易衰老的身体变得骨节坚强，气血充盈，经久不衰？古代中国有一种想法，即占有或者借用其他永恒不变的存在，使身体也具有永恒不变的性质。

这里需要说明这种想法的依据。古代中国人相信各种物类之间有一种深刻的感应和关联，特别是在古代中国知识背景中属于同类的现象与事物之间。[①]《周易》乾卦的《文言》中有一段话是“同声相应，同气相求，水流湿，火就燥，云从龙，风从虎……各从其类也”，前两句话所表达的意思，在秦汉时代是思想家们普遍认可的真理，不仅是数术方技者相信，就连最富于理性的儒家也相信这种互相感应。同样，不仅人们相信，同类的东西可以互相感应，而且还相信同类也可以互相辅助，所有既然是同类，它们特有的性质也可以互相挪移与借用。

那么，什么可以辅助人类，使身体永远坚固，成为生命永恒的载体？本来，人们相信昆仑、蓬莱的神人那里有长生仙药，但是，神仙的长生药毕竟是一种想象世界才有的东西，可以想象却很难真正获得；也有人相信各种世间罕有的仙药，如万岁蟾蜍，千年蝙蝠、千年灵龟，但是这些东西都是可遇不可求；当然也有人相信一些动植物入药，可以使人长寿，如茯苓生于松树下，松树常青，所以它可以使人永生，人形的何首乌之所以可以算长生药，也因为它具有人形，乌龟之所以在古代中国的药物志上可以列为长生药，也是因为它的生命长久。但是，草木之药似乎也不能令人长久，因为它本身就很容易腐朽，“草木之药，埋之即腐，煮之即烂，烧之即焦，不能自生，何能生人”[②]，所以《抱朴子》说，有上、中、下三种药，“中药养性，下药除病”，只有上药“令人身安命延，升为天神，遨游上下，使役万灵，体生毛羽，行厨立至”，而所谓上药，在人间，道教相信就是金石。葛洪说是丹砂、黄金、白银、诸芝、五玉等，因为这些东西本身，在常态下是不变的，而人如果食用了它，也就

① 举一个例子，古代人之所以相信龟甲和蓍草通灵，而且可以预测，是因为这样的原因：《史记》卷128《龟策列传》说，“龟千年乃游莲叶之上，蓍百茎共一根，又其所生，兽无虎狼，草无毒螫”。

② 王明：《抱朴子内篇校释》，中华书局1985年版，第74页。

拥有了它的性质，所以他又引《玉经》说“服金者寿如金，服玉者寿如玉”；[①] 所以说：“夫金丹之为物，烧之愈久，变化愈妙。黄金入火，百炼不消，埋之，毕天不朽。服此二物，炼人身体，故能令人不老不死。此盖假求外物以自坚固。”[②]

这种想法来源也很早，被称为万古丹经王的《周易参同契》卷上有一段话非常有代表性，“金性不败朽，故为万物宝，术士服食之，寿命得长久”，[③] 通过服食，可以吸取另一种物质的性质，这就是后来道教炼丹术的最基本道理之一。当然，道教相信丹药可以使人生命永恒，还不只是这一个道理，还因为那个炼丹的鼎炉本身，就是一个宇宙的象征，[④]《大洞炼真宝经九还金丹妙诀》就说，建造炼丹炉，用金的数量，要用二十四两以象征二十四节气，炼丹炉，不仅要按八卦、十二神定位，而且要合二十四寸，上台象征天，有九窍象征九星，中台象征人，开十二门象征十二辰，下台象征地，以八达象征八风，连炼丹时的用火也有严格的象征性，“象乎阴阳二十四气，七十二候，五日为一候，三候为一气，二气为一月，十二月为一周年”[⑤]，他们相信，宇宙是永恒的，天地间如金、玉、汞等，也在宇宙中永恒地或循环地存在，如果人为地创造一种类似宇宙的环境，模拟宇宙间阴阳的配媾，五行的交替，使这种本来就坚固的金石药物的自然存在过程在浓缩的状态下再度演出一遍，那么这些药物就可以获得高度浓缩的永恒性质，而人们如果服食了它，也就可以拥有这种永恒的性质。[⑥]

道教生命理论，与古代中国的一系列来源久远的普遍观念相关，从

---

① 王明：《抱朴子内篇校释》，中华书局1985年版，第198、204页。

② 王明：《抱朴子内篇校释》，中华书局1985年版，第7页。

③ 《道藏》映五，32页。

④ 虽然现在已经很难再看到真实的炼丹设备和炼制过程，但是从文献和考古中还是可以复原的上现盔可以知道的最早的炼丹设备，是1970年在西安市南郊何家村出土的一些唐代罐、钵、杵等，参见《文物》，1972年第6期（从西安南郊出土的医药文物看唐代医药的发展），耿鉴庭的《西安南郊唐代窖藏里的医药文物》，以及《考古》1982年第5期，吴德铎的《何家村出土医药文物补正》。

⑤ 《大洞炼真宝经九还金丹妙诀》，《道藏》洞神部众术类。

⑥ 参见赵匡华《中国炼丹术思想试析》，《国学研究》第1卷，北京大学出版社1993年版，第55页。

个人生命禀受于“天地之气”，到大宇宙（自然）与小宇宙（人）的同形同构与相互感应，从无形的生命与有形的形体的一体，到内在的“爱神保精养气”和外在的“假求他物以自坚固”，这是一个可以自我完足的生命理论系统，它奠定了信仰道教的古代中国人对于生命的独特观念。

当然，还应当说明，在道教思想中，人的道德状况与生命长短也有相当密切的关系。道教也认为，一个遵守世俗伦理道德的人会得到鬼神的眷顾而延长生命，相反则将减寿。这种观念很早就有，如《太平经》中有“天有生籍，亦可贪也，地有死籍，亦甚可恶也。生死之间，不可比也，为知不乎。知恶，当慎自责，不可须臾有亡，其年寿甚可惜也……无一小不善之辞，可得延命。殊能思行天上之事，得天神要言，用其诚，动作使可思可易，命籍转在长寿之曹”。他们相信，司命“乃为人寿，从中出，不在他人，故言司命近在胸心，不离人远，司人是非，有过即退，何有失时，辄减人年命”。① 但我在这篇文章中没有特别对此进行讨论。因为，尽管它非常重要，而且在后来在道教史甚至政治史上有过极大的影响，但毕竟它更多地是用传统中国伦理道德标准，以及世俗人们长寿和短寿，来治理与重建社会秩序，而不涉及人的自然生命是否能够永恒及如何永恒，因而它已经不仅仅是道教特有的宗教性、哲理性问题了。

---

① 《太平经》卷114，《道藏》本，第14页A，又，卷112，《道藏》本，第7页B。林富士在《试论太平经的疾病观念》中曾经，指出《太平经》“还强调道德和行为善恶的重要性”，所以“首过和善行”是其疗病法中相当重要的一环，参见《历史语言研究所集刊》第62本，第2页。但是它主要针对的是寿命的延长，疾病的疗效，至少在那个时代，道德善恶还不是生命本身是否永恒的基本条件。

道教内丹学及其现代诠释

戈国龙

引　论

（一）文献与诠释

道教内丹学的文献非常丰富，我们要研究内丹学当然要去梳理历史上各家各派内丹学的文献。但文献的意义并不是现成地就摆在那里，我们只要打开道教内丹学的文献就可以看到什么是内丹学；我们要了解内丹学，一定是要通过文献进入它内在的意义。如果本文只是告诉大家，历史上内丹学文献对某一主题有哪些说法，这并不能告诉大家什么是内丹学——这是远远不够的。所以我们讲内丹学一定是在相关文献的基础上做一个整体的诠释，在诠释的过程当中研究者本人的思想境界，就是一个先决的条件、一个先行的视域。

我们通过谁的眼睛、透过什么样的镜头来考察宗教?①

这是一个美国的学者提出的问题。就像我们观察自然界的景物，取决于我们的镜头和视角。我们去研究宗教、研究内丹学，我们如何去了解它的内在意义？实际上这就需要我们提出问题，和内丹学文献的作者一起思考、一起探索。我们已经有一定的人生体验和人生理解之后，才能在跟历史上的文献打交道的时候有一个理解的角度，这种角度对诠释

① ［美］W. E. 佩顿：《阐释神圣——多视角的宗教研究》，许泽民译，贵州人民出版社 2006 年版，第 1 页。

起了决定性的作用。

学术界有的学者特别强调研究的“客观性”，就是我们要去客观地研究，不能掺杂自己的感情。这种说法有它的意义，就是不要有我们的主观偏见。但事实上所有的人文科学所要达到的客观性都不是一个纯粹的、外在的客观性，它是需要我们的内在主体去亲身参与的一件事情，“同情理解”恰恰是达到所谓的“客观了解”的必由之路。正如一位宗教现象学的学者所说：

> 我们关于他人的知识与我们对我们自身一般经验的利用这两者之间越是协调，我们对他人的理解就越深，因为我们只能够在我们自身内在经验已包含的某种形式、某种程度、某种方式来理解他人的这种思想状态。完全与我们内在经验陌生的东西不能进入我们所能理解的他人思想的范围。①

如果一件事情对我们的经验完全是陌生的，我们即使看了大量的文献，也很可能是不知所云的。所以我一直强调要去跟古人对话、跟古人交流，要用自己内在的生命经验跟古人的经验发生碰撞，发生交会，这样真正的理解才能成为可能。我们自身的体会越深，境界越高，就越能够进入古人的内心，和他们心灵相通。反之，如果我们用一个旁观者的表面客观的心态来研究他们，一点不关注他们内在的体验，那么你所了解的只是概念的、皮毛的知识而已。

在对文献的诠释过程当中，有两个大的方面——一个叫“整体诠释”，一个叫“文本诠释”。这两者如果用天台宗智者大师的语言来讲，“整体诠释”可以叫“玄义”，“文本诠释”则可以叫“文句”。学过佛学的都知道，智者大师对《法华经》的研究有两部著作，一部叫《法华玄义》，一部叫《法华文句》。《法华玄义》是对《法华经》做整体的诠释，《法华文句》是对《法华经》做文本的、文句的诠释。这两种诠释结合起来，我们才能对于文献既有整体的把握，又有具体的文句的把握。那么

---

① ［意大利］马利亚苏塞·达瓦马尼：《宗教现象学》，高秉江译，人民出版社 2006 年版，第 19 页。

今天我们所要讲的内丹学，是属于对道教内丹学的整体诠释。道教内丹学有那么多的经典，我今天不是来讲某一部经典，而是对整个内丹学的理论体系来做一个整体诠释。既然是诠释，就不能离开文本来做一个空洞的介绍，所以整体诠释也是建立在对关键文献材料的文本诠释的基础之上，所以后面的诠释会利用到一些重要的文本，但是我诠释的目标是整体，不是个别的某部经典。我们要从浩繁的内丹学文献中钩玄提要，建立内丹学的理论体系。

在对内丹学的整体研究当中，我已经完成了两个课题，形成了两部论著：一本是《返本还原论》，一本是《性命双修论》；我还准备继续“阴阳交媾论”的研究课题，完成《阴阳交媾论》的写作。这三大课题的研究是我系统研究道教内丹学的“三部曲”，所完成的这三部论著我们可以称为“内丹学三论”，或者叫“丹道三论”，由此“三论”就构成了内丹学的理论体系。这“三论”当然不是一篇论文所能讲完的，今天我想把这“三论”的核心要义做一个提示，不过略述其梗概而已。

（二）理论和实践

在一般人的印象当中，搞学术研究，做研究员、教授，就是跟书本打交道，去做学问、做研究，跟“实践”没什么关系。大家会认为自然科学是离不开实验的，做实验，收集数据来加以整理，变成理论；人文学科没有实验室，只是面对书本做理论研究。可是有没有真正的脱离实践的纯粹的理论研究呢？实际上是没有的。只是不同的学科有不同的领域、不同的方面的实践而已。

我们认为，任何一个研究对象都包含有不同的研究层面或者说研究范围，既可以从事物的内在去研究它的内在意义，也可以从事物的外在去研究它的外部表现；既可以研究作为个体的事物存在，也可以研究作为集体的事物存在。正如超个人心理学家肯恩·威尔伯（Ken Wilber）的“四象限理论”所揭示的，存在着四个不同的领域和整体顺序，在每个领域中都有着不同的层次性。这四个不同的领域和整体顺序就是所谓的“四象限”。它包括“左上象限的个体内在领域、左下象限的群体内在领域、右上象限的个体外在领域和右下象限的群体外在领域”①。

如图 1 - 1 所示：

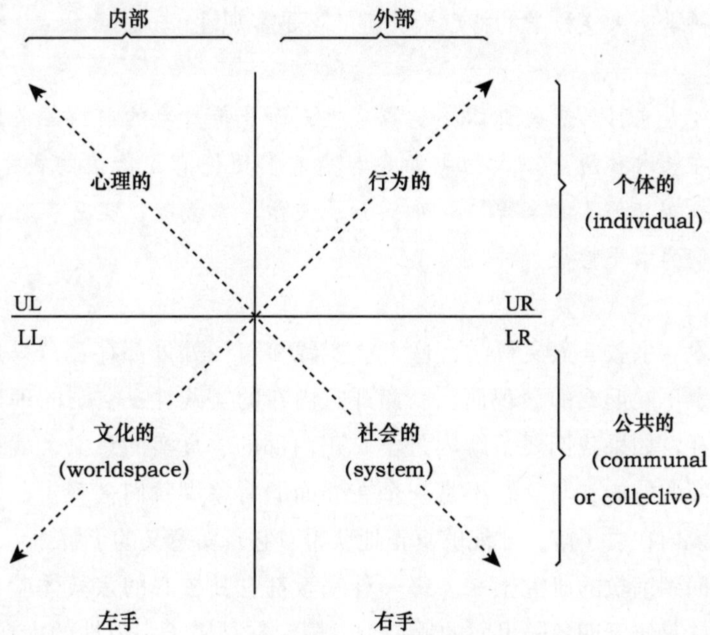

图 1 - 1　四象限图

左上象限，它是代表个体的、内部的领域；右上象限是代表个体的、外部的领域；左下象限是集体的、内部的领域；右下象限是集体的、外部的领域。这实际上就是一个研究工具，不管我们研究哪一门学科、哪一个领域，其实都可以分为这四个象限。我们要谈一种研究是主观研究还是客观研究，是要进入里面还是进入外面，其实你要先有一个自觉，就是明白自己研究的是哪一块、哪一个象限？不要把不同象限的研究混为一谈。做文献研究、文献考据的人，你不能认为学术研究只是这样，不进入它的内在去谈它的意义，这有局限了。宗教的现象更是如此，它是一个非常复杂的系统。我们研究之前就要有一个自觉的认识，我们是

① 参见肯恩·威尔伯《万物简史》，许金声译，中国人民大学出版社 2006 年版，第 58—69 页。

研究哪一个象限？是研究集体的领域，还是个体的领域？是研究内在的领域，还是外在的领域？不同的象限，其研究的领域和方法都是不同的。

我们要研究内丹学，内丹学是一个什么样的学科？它属于宗教学，是人文科学。人文科学的特点最关键的不是客观性：

> 人文科学最关键的不是客观性，而是与对象的前行的关系，正如在艺术和历史中人的主动参与是它们理论有无价值的根本标准，同样在其他人文科学中，如政治、文学、宗教等，实践参与正构成它们的本质特征。①

艺术、宗教、人文科学，这个“实践参与”处处都存在，只是有不同程度、不同形式的表现而已。离开它内在的实践性，空洞的理论研究意义何在？如果我们要了解内丹学真正内部的、真实的意义，就一定会有某种实践性的参与。它不是一个在外面的对象供我们去观赏，而是我们要深入内在去了解，才能够真正地获得对它真实意义的了解。

再回到宗教的研究上来。每一种宗教都有其核心的宗教体验，这个宗教体验是属于四象限里面的哪一个象限？它是属于宗教性的内在领域。同时每一种宗教也都有其宗教的表现形式，这是作为一个宗教的外在领域。当我们谈到对宗教的观感的时候，我们把这些不同的领域混淆了，就会对宗教产生了一个片面的了解。你看到了宗教的某些外在表现，你就认为宗教是这样吗？在宗教的理解和宗教的研究中，有一个客观存在的研究领域与研究维度，就是探索宗教的核心精神体验；缺乏了这一研究维度，我们对宗教的了解就只能达其皮毛。实际上，对于宗教经验的研究已经成为国际宗教学界的一个热门领域，学者们也开始探索宗教经验研究的有效方法。从宗教学术研究的角度来看，宗教现象学与宗教诠释学就是走近宗教核心经验的两个根本的方法，而现象学的直观与宗教意义的诠释都离不开宗教体验的实践性。但是我这里还要超出这个学术研究的范围来讲，真正的实践性的诠释，那就要真修实证。就像科学家一样，要从内在身心去做实验，不仅仅是用现象学的直观和诠释的方法

① 参见洪汉鼎主编《理解与诠释——诠释学经典文选》，东方出版社 2001 年版，第 25 页。

去探索。

宗教现象学和宗教诠释学可以作为我们表达对宗教经验了解的一种描述性的工具，但是要真正理解宗教经验，你必须深入宗教经验的本身。如果你要了解什么是禅定，那你要去真正体验禅定；你要了解什么是内丹学的炼精化气，炼气化神，炼神化虚，那你要去做相应的身心实践。在道教经典中有一句话：

深达天机者乃能说天道之妙，未造圣域者焉能释圣人之经？①

这就是宗教传统的态度，你要讲天道的玄妙，你要自己“深达天机”，如果你一点体会都没有，那只是讲解，即使口若悬河，滔滔不绝，谈的都是空话。所以，你要真正解释圣人的经典，你就要跟圣人把臂同行，要达到圣人的境界，才能跟圣人相通。这是我们讲内丹学的研究方法、学习方法的第二个重要方面，就是理论和实践的关系。

这也是我为实践性的研究方法“正名”。因为这种实践性的研究方法目前在学术界还不是主流，有一些传统的学者往往一看到谁——或者北大的研究生、博士生——研究佛教、道教的人在那儿打坐，就说“这个人搞信仰、搞迷信去了，你作为一个学者怎么能这样呢”！根据我上面所说的，你说他这样的观点对不对？如果有人跟我这样说，我就会理直气壮地跟他说：“你这种观点、这种态度就是迷信。”我既然要研究佛教、研究道教，而且想要真正搞清楚其内在的奥秘，我当然要去打坐了，因为佛教、道教就是关于打坐、关于修行的学问啊！就像科学家做实验一样，我要去搞清楚它到底怎么回事，这恰恰是一种客观的研究态度。迷信是什么意思？就是对我们所不了解的内容盲目地肯定或盲目地否定，这都是迷信。而真正的科学态度就是一种开放的、探索的态度，这个世界我没有了解之前，我不能说它“是”还是“非”，我要先深入进去。往往有很多对佛教、道教一点都不了解的人，一点内在体验都没有，就说佛教如何、道教如何，这恰恰是迷信。

---

① 参见洪丕谟编《黄帝阴符经注》序，《道藏气功要集》（上），上海书店 1991 年版，第 61 页。

（三）知识与智慧

知识与智慧的区分非常重要。我们现在从小学、中学到大学，一直到研究生、博士生，所有的教育往往都集中在知识的传授上面。知识虽然很重要，但是仅仅落于知识的传授，这种教育实际上违背了教育真正的宗旨。知识很重要，在社会生活当中扮演着非常重要的角色，给我们的生活带来了很大的便利，我们生活的方方面面都离不开知识。但现在我们讨论的不是一般的科学技术方面的知识，以及关于我们生活方面具体的、生活需要方面的知识，而是人文社会科学的知识；对这一领域的研究来说，单纯地追求知识是远远不够的。

有的学者说，我这一生的研究就是为这一门学科的知识系统里面增添一点材料，增加几条新的知识就够了。那么这种研究对人文社会科学来说，它的品质、它的境界就低了。知识永远是对于某种对象的知识，它只是关于什么的知识。你所有的知识最后都变成一种信息，可以存储在大脑里面，存储在电脑里面。但是这种知识太多的时候，就会变成我们大脑中的“垃圾文件”，因为我们的存储空间有限，垃圾文件存多了以后，我们的心反而会乱。当你的知识、信息无限多的时候，其实你的智慧有时候反而是下降的。所以我们要不断地删除这些“垃圾信息”，来清理我们人脑的“内存空间”。

知识的增加并不能自动地提升生命本身的精神境界，不是你的知识多了，你是博士、教授，你的心灵状态就自动得到相应的提升，有时候是成正比，而有时候是成反比。所以“知识越多越反动”，有时候也是成立的。这就是所谓的“书呆子”，书读多了，但是他应用到生活里面的能力下降了，这并没有增加他对生活意义的了解，并没有提升他人生的幸福指数，这样的知识并不是我们的目的。所以对人文社会科学来说，精神境界的提升是我们研究的一个真正的目标，也是研究人文社会科学的一个核心功能，这就涉及“主体智慧”的新维度。

刚才讲知识是关于对象的认识，而智慧是主体自身的智能的提升，是智慧和能力的提升。为了说明知识和智慧的不同，这里我引用了著名哲学家海德格尔（Martin Heidegger）的一句话，海德格尔指出：

> 科学必然具有两种基本可能性，即关于存在者的各门科学（存在者状态上的各门科学）和关于存在的这一门科学（存在学上的科学，亦即哲学）。存在者状态上的科学向来把某个现成的存在者作为课题，这个现成的存在者总是已经以某种方式在科学的揭示之前被揭示出来了。①

海氏这个区分非常重要。这两种区分我们就可以看成一种“关于存在者的科学”，这就是以追求知识为目标的科学；而关于“存在的科学”，则是以追求智慧为目标的科学，这种科学实际上是有关内在精神境界的科学，严格地说就是哲学，就是宗教性的科学，而不是外在的物质世界的科学。知识是对于某种现成对象的对象化的认识，它有助于我们改变物质世界、外在世界；而智慧是对于存在意义的探索，是主体自身的境界，它有助于增进人的精神境界，获得心灵的自由与安宁。

所以研究自然科学我们可以说以获得知识为目标，但是如果我们是研究人文科学、研究宗教，你说我学了半天就是为了得到很多知识，然后可以跟人家吹牛说我知道很多，这就是一种浪费，研究宗教的重大意义被浪费了。因为宗教里面蕴含着改善我们生活、提升我们精神状态、增进我们精神境界的智慧，这才是我们学习宗教、研究宗教的目的。

回到内丹学的话题上来。内丹学当然可以作为一种知识体系去研究，去建立关于内丹学的知识系统，但这只是内丹学研究之中的一个领域，而且不是最核心的领域。如果我们追问内丹学的真实意义，我们就必须回到内丹学本身的特质上来；而对内丹学内在核心意义的追问，就必须联系到对宇宙人生真理的追问中来。这时内丹学就不是作为一个外在的客观对象摆在那里供我们评头论足，而是我们必须亲身参与的一种内在工作。只有智慧才能认识智慧，唯有透过内丹学的智慧去领悟智慧本身，才能以自身的生命智慧去领悟内丹学的智慧。而所有内丹学方面的知识，实际上也必须通过“转识成智”的方式，成为我们提升生命智慧的一种资源，知识的研究才有了真实的意义。

以上的引论表明了我研究内丹学的一种姿态、一种关怀、一种关切、

① ［德］海德格尔：《路标》，孙周兴译，商务印书馆2000年版，第54—55页。

一种方法。为什么要在引论里讲这个？实际上除了本文内在的一个结构之外，更是要提醒大家：我们今天来写这篇文章的意义何在？这篇文章会牵涉很多有关内丹学的知识，但这个并不是很重要。希望大家在读这篇文章的过程当中，能够获得某种智慧的开启，对你的人生有某种启迪，引导你解决你生命当中的困惑。再深一点来讲，就是帮助你走上探寻生命奥秘、追求人生真理的道路。有可能在这篇文章中，获得对“道”之真理的奥秘的短暂的一个“窥见”，作为你进一步深入探索生命奥秘的机缘、起点。

一　内丹学概说

（一）内丹学的概念

我们来探索道教内丹学，首先，要了解什么是道教内丹学。我们今天不去列举关于内丹学的种种说法及学术上的分歧，我只是想用我自己的语言对内丹学的概念做一个概括。

> “道教内丹学”是道教文化中的瑰宝，内丹学借用外丹术语，以“鼎炉”“药物”“火候”为三要素，以“阴阳”“五行”“八卦”等符号系统为象征语言，以道家哲学为理论基础，是综合和升华了道教史上的各种修炼方术，而形成的以三教融合为特征、以性命双修为宗旨的修道思想体系。①

大家注意，这里面的每一句话都可以展开为一篇文章，我们是高度地概括。

第一句“是道教文化中的瑰宝”，为什么是瑰宝？道教文化里面有很多方面，其中讲修炼方法与理论的也有很多，但是内丹学是其中的集大成者，是里面的重中之重。

为什么叫内丹学？这个名字就跟外丹有关，它是借用了外丹的术语来讲人体的修炼，所以内丹和外丹的关系很重要。

---

① 戈国龙：《道教内丹学探微》，中央编译出版社2012年版，第7—8页。

接下来讲到内丹学的三要素，因为它是借用了外丹的语言，所以它是有鼎炉、药物、火候，这本来是外丹的三个要素。就是你炼丹要有炉子，炉子里面炼什么，是药物。那么炼丹成不成功，火候很重要。就跟你煮饭似的，火大了就烧焦了，火小了煮不熟。

内丹学表达它的理论的方法是用什么？是用中国传统文化里面阴阳、五行、八卦，这一套知识语言、这一套象征系统来表达内丹学的理论。

内丹学的特征是三教融合，它吸收了佛教、儒教的理论，融入自身。

内丹学的目标是什么，是以性命双修为宗旨的一种修道思想体系。

内丹学是以人体为实验室（鼎炉），以自身的“精”“气”“神”为修炼实验的对象（药物）——前面讲的“药物”具体展开就是“精”“气”“神”这“三宝”——以意识的自我调节为实验手段（火候）——如何修炼精气神？就是靠意识的自我调节，这就跟火候有关了——探索出一套转化、升华人的生命能量，达成人的生命境界的提升与超越的生命自控系统方法。这对于我们今天继续探索人体生命的奥秘，提升内在生命质量，克服盲目追求外在物质欲望的偏颇，都具有十分重要的意义。

从文化的大视野来说，在儒、释、道三教并立互补的中国文化格局中，“道教内丹学”有其重要的地位。作为道教修炼方式的实践归宿和理论完成，自晚唐发展至宋明成熟起来的内丹学在整个道教中的地位，相当于禅宗在中国佛教中的地位或理学在儒家思想中的地位。

大家知道什刹海书院是“三教并弘”，三教在一起来弘扬。在宋明时代，儒释道三教都发展出新的理论高峰，宋明理学在佛道的刺激和影响之下重新接续孔孟的道统，创立了儒家发展的新形态。而佛教的禅宗从隋唐佛学的灿烂中回归佛陀的本怀，高举实修的顿悟的传统。所以禅宗在中国文化当中的影响非常大。相比之下，道家、道教有没有新的发展呢？有！就是道教内丹学。

不过我们对中国哲学史的研究，内丹学一直是比较欠缺的。学中国哲学史的人都知道，先秦诸子、两汉经学、魏晋玄学、隋唐佛学、宋明理学、清代实学，这里面没有道教内丹学的位置。所以，这也是我当年为什么选择内丹学作为我博士研究课题的一个因素。我认为这一块非常重要，但是没有得到应有的重视。尤其是在今天这个世界，科学昌明，简单的宗教信条已经打动不了人们的心灵，而内丹学这种奠基在实践性、操作性上的修炼方法，对当今时代的人们更具有魅力，更具有吸引力。所以现在在西方，藏传佛教的实修，丹道、道家道教的实修，都是比较盛行的，是比较受重视的。

（二）内丹学的源流

内丹学追溯它的源头无疑可以上溯到先秦的诸子百家与仙道方术，先秦诸子百家的炼养方术，都和内丹有渊源，而且存在生命修炼体验上的内在可相通性，但是我们仍不能直接把先秦古代的很多修炼方术称为内丹学，这是我和很多学者不一样的地方。因为有很多人说《庄子》里面就有内丹学了，有的说《太平经》里面就是内丹学了，就是往前追溯到很早的阶段，说内丹学是自古有之。如果这样的话，我们讲内丹学的源起就没有意义了。这些早期的修炼方术是和内丹学有关系，但我们只能把它作为内丹学的源头去追溯它，却不能直接把它叫内丹学。

上次我们讲老庄修道思想的时候，就已经讲到老庄的修道思想有很高深的境界，老庄的修道思想也达到了修道理论的高峰，老庄的修道境界极深、极妙、极圆通，这不仅为内丹学的形成奠定了理论基础，也成为内丹学修炼的最后归趋之境。就是道教内丹学最后要与道回归，与道合一，这是内丹学最后的目标，就是要回到道家的修道中来。这样一来是不是老庄修道就是内丹学呢？如果老庄修道就是内丹学，那么我们研究内丹学的源流就失去了意义。所以内丹学一定是在老庄修道的思想基础上，加以发展，加以补充，有了它自身的特色。它继承了道家修道理论，但是也补充了很多修道的过程，所以不能说道家修道就是内丹学。

内丹学理论的形成与内外丹的交融有着密切的关系。在内外丹交融的过程当中，有一部非常重要的经典，叫作《周易参同契》。内丹学是通过《周易参同契》这部经典作为桥梁，把外丹学的一套理论嫁接到人体内修当中去而形成内丹学。这里面涉及了很多学术问题，这里我只是简单地提一下。

关于《周易参同契》也有很多的争论：有人说它是讲内丹的；有人说它是讲外丹的；有人说它内丹、外丹都讲了；有人说它就是一套理论，没有什么内丹、外丹，内丹、外丹就是可以用它而已。在我的博士后研究报告《道教内丹学溯源》里面对此做了专门的研究，我得到的结论是：《周易参同契》本来是讲外丹的，但是早期外丹经典有一个特点，就是它们把内修和外丹结合在一块，内修不是内丹，内修是很早就有的，所以在《周易参同契》的时代已经有很多内修，而《周易参同契》本身又讲外丹，它把外丹跟道家的那种内修结合在一起来讲，就是黄老、大易、炉火三结合，所以它原本是一部外丹学的经典。但是内丹学形成之后，它是把《周易参同契》当作内丹学经典来注释、诠释，这是可以说得通的。因为内丹学本身就是借用了外丹学的一套理论体系，所以在这个理论模型上面，内外丹道是统一的，形成了统一的丹道学的理论模型。这个时候我们反过来看《周易参同契》，把它理解为内丹学经典就一点阻碍都没有了。

也就是说在内丹学的传统里面，《周易参同契》就是一部内丹学的经典，而且是“万古丹经王”。但是里面有一些来龙去脉，有这样一个转化的过程，就是内丹学把外丹理论嫁接到内丹学中来，反过来又给原来的外丹学做了创造性的诠释，说它本来就是讲内丹的。

关于这个内丹学的源流问题我只是简单地点一下，不是我们今天要讲的重点。

二 内丹学的理论体系

（一）返本还原论

内丹学有一句著名的话，“顺则凡，逆则仙，只在中间颠倒颠”，这就是内丹学的“顺逆观”。我们一般的人是顺着道向外化的演化方向，它就变成我们今天一般人的凡夫俗子的状态。那么逆着、倒着这个顺向演化方向回去，返本还原回到道里面去，这就是成仙之路。所以内丹学的整个修炼的理论有一个最明显的线索，就是道的演化有两种方向，一个叫“顺向演化”，一个叫“逆向演化”。逆向演化就是回去，回到道里面去；顺向演化就是道向万物的演化。这其实继承的是《道德经》里面的“道生一、一生二，二生三，三生万物”这样一个道的演化论的学说。

我们用几段经典的内丹学的文献材料来讲“返本还原论”的问题。

我们选的第一段材料是唐代吴筠《宗玄先生文集》中的一段话，他是论述神仙可学，为什么可学？神仙为什么能成？这是内丹学的一个非常重要的问题。

> 讵知块然之有，起自寥然之无。积虚而生神，神用而孕气。气凝而渐著，累著而成形，形立神居，乃为人矣。故任其流遁则死，反其宗源则仙。所以招真以炼形，形清则合于气；合道以炼气，气清则合于神。体与道冥，谓之得道。道固无极，仙岂有穷乎?①

当我们学道家、学道教时，首先会升起一个怀疑：成仙是不是虚无缥缈的？成仙何以可能？道教的理论家们、内丹家们都要围绕这一点来进行论述。其实上面引用的这段话里面就已经有一个很完整的理论论证。

要解决“成仙何以可能”的问题，我们就要研究生命的演化过程，它是怎么回事？所以这里面第一句话就讲，一切有形状的事物，“块然之有”，有形有状的这个存在，它来源于哪里？其实最终都是来自“无”，这也是老子讲的“有生于无”。任何有形有状的事物，它是一开始就这样吗？其实它都是从无中生有的。那么这个“无”是什么“无”呢？有的哲学家讲，“无”怎么可能生“有”？“无”就是什么都没有，没有怎么会生有？一定是“有”才能生“有”。这就是从字面的逻辑去看它。我们这里讲的“无”不是绝对的什么都没有的那种“无”，而是充满了一切可能性，充满了一切生机的“道”“虚”。所以道家的这个“无”是充满了无限的可能性的“道”，也就是道家所讲的那个“道”，它不是具体的存在，但是它是一切有形有象的存在物产生的“场有背景”。

“积虚而生神”，就是从虚无之中，从“虚”当中而显现出“神”的作用，这个“虚”其实就是“道”。也就是说“虚”本身是一个充满了无限可能性的状态，所以上次我也把它解释为一个“全息场”，就是里面含蕴万机，一切都潜在地存在于其中，它的展现首先就产生了神，神就是其中的灵光、意识。通过神的作用进一步孕育出“气”，气的凝结就形

---

① （唐）吴筠：《宗玄先生文集》，《中华道藏》第 26 册，华夏出版社 2004 年版，第 44 页。

成了有形的事物。也就是把事物的形成分了这样几个阶段：一个是“虚”的阶段，一个是“神”的阶段，一个是“气”的阶段，气进一步凝结就成了有形的万物了。这其实还是对“道生一、一生二、二生三，三生万物”的一个解释。

从“虚”到“实”，经历了四个主要的演化阶段；人作为道的演化的全息体现，这四个阶段也就内在地成为人的四层结构。有了形体，神和形体结合在一块就成了人，所以人有两大要素：一个是物质的层面、身体的层面，内丹学称为“命”；一个是精神的层面，内丹学称为“性”。物质的层面其实再进一步细分又含有“精”的层面和“气”的层面，而精神又分成“神”和“虚”两个层面。所以我们可以把人的存在统分为四个层面。

这里讲了从“虚”到“人”的这样一个顺向演化的过程，后面马上就讲“任其流遁则死”，顺着这样演化下去，人就会走向老死，走向灭亡；“反其宗源则仙”，如果我们往相反的方向去演化，回到虚之中，回到道之中，也就是再跟无限的道相结合，就会成仙。这就把顺逆这两个方向点出来了。

下面就讲到，逆向演化、返本还原、回到道里面去的具体的路径和方法是什么？是“招真以炼形，形清则合于气”，这就跟刚才说的演化方向是相反的，从“形”这个状态把它合于“气”；“合道以炼气，气清则合于神”，再通过炼气往神这个方向走；“体与道冥，谓之得道”，再回到道里面去，就得道了。

这里面有一句重要的话，就是道是无极的，是无限，是无穷无尽、无量无边的。当我们与道冥合、与道合一的时候，我们就和道一样，分有了道的无限性。这样一种存在就是仙，仙怎么会有穷尽呢？成仙就超越了有限性。

所以这里面就有两条思路：一个是从无限的道之中如何一步一步演化出、显现出这样一个有形的存在，它就是有生有死的，就是有限的；成仙的关键就是从这种有限的存在者进一步内化、逆向追溯，再回到道里面去，再成为道里面的无限，这就是成仙了。这就是整个内丹学“返本还原”成仙的一个核心思路，这段话就已经体现出来了。

下面我们再结合谭峭的《化书》来进一步讲这个顺逆演化的过程。

谭峭的《化书》开卷就讲：

> 道之委也，虚化神，神化气，气化形，形生而万物所以塞也。道之用也，形化气，气化神，神化虚，虚明而万物所以通也。是以古圣人穷通塞之端，得造化之源，忘形以养气，忘气以养神，忘神以养虚。虚实相通，是谓大同。①

这段话跟前面那段话总的精神是一样的，但这段话就讲得更清楚了。可以说已经奠定了整个内丹学“返本还原论”的理论基础。

这里面讲“道”的演化有两个方向：一个是“道之委”，委就是下委，向下面演化，就是道生万物的方向；“道之用”，就是道的妙用的方向，就是逆向演化，是向着道的那个方向去演化。道的顺向演化经历的几个阶段，就是我们刚才讲的“虚”“神”“气”“形”这样几个阶段。从无形无象的道（虚）中，逐渐演化、显现出万物。“虚”就是没有任何的挂碍，没有任何的形状，没有任何的有形有象的事物在里面；但“虚”是一个无限的场有，它蕴含了无限的妙用和可能。它的顺向显化过程是从虚到神、从神到气、从气到形，万物都有了形状以后，它们之间就相互隔膜、相互阻碍，有形就有挂碍，就有阻塞，就不通了。这是从无限到有限，从无形到有形这样一个显化的过程。

如果我们要修道，要成仙，怎么办呢？要反过来，顺着这个路向往回走，将这个粗糙的形的层面化为气的层面，气的层面再化为神的层面，神再化为虚的层面，到了虚的时候，就是相通的，就没有挂碍，就没有阻碍，就充满了妙用、神通，所以要回到虚体状态里面去。

“虚”“神”“气”“形”这四个层面之间可以相互转化，意味着它们有着根本的相通性。它们只是不同的表现形式，但是内在的核心都是从道里面来的，这也是我们成仙之所以可能的一个根本的依据。我们的生命也是从道演化而来，本来就是虚空的，就是相通的。当显化出有形有象这样的事物，有了相互间的挂碍、滞碍之后，我们可以通过一定的方式再回去，回到道里面去。回到道里面的方法是什么？“古圣人穷通塞之

① （宋）谭峭：《化书》，《中华道藏》第26册，华夏出版社2004年版，第98页。

端”，就是搞清楚了为什么会通，为什么会塞，它的根本的原因在哪里；“得造化之源”，得一切万物变化的根源在于道之中，所以它们跟道生万物的演化方向相反，是“忘形以养气”，乃至于“忘神以养虚”，这就是返本还原的“忘”字诀。

执着于形体，气就不通，忘掉形体以后才可以“养气”。但很多人又执着于气的感觉状态，这样神就不清静了，要忘掉气才可以“养神”。后天识神一直在纷扰不堪，杂念纷飞，要忘掉心的造作、头脑的胡思乱想，才可以“养虚”，进入虚实相通的合道状态。

道教有一部经典叫《坐忘论》，“坐忘”是来自《庄子》。通过“忘”来跟道相通，这个“忘”里面就是一种精神境界的转化之道。

我们平常的心恰恰是有了太多的牵挂，什么都放不下，那么在这个心灵的世界当中，就有了许许多多的挂碍。所以这个“化”在根本上还是一种精神的“化”，只要我们的心灵附着在任何一件事物之上，我们就不通，所以我们要忘。忘掉什么？忘掉万物，忘掉对象。但是大家要记住，“忘”是一个方面，从另外一个方向来说反而是要“记得”。你说我一天到晚忘，忘得稀里糊涂，变成一个什么都不知道，糊里糊涂的人，真的像石头那样、像草木那样无知，这是不是道的状态呢？是不是我们修道的状态？那就不对了。用佛教的话来讲那叫“无记”，那不是修道的进步，是退步，退到不如我们一般人的状态。所以“忘”是忘什么？忘掉心灵的牵挂，忘掉烦恼，忘了神去附着在任何对象上。用佛教的话来讲，“心能转物，即同如来”，你能够转心灵里面的任何的“物”，任何的对象，不被它带着走，这就是忘。彻底忘了之后，你的灵觉，一灵独存，进入与道相通、与道合一的精神状态，那里面自然会有一种“觉”，自然会有一种记得，有一种灵知，有妙觉。你知道一切，但是并不是知道特定的什么东西，是一种“无知之知”，这种纯粹的觉性呈现出来，才是我们“忘”的结果。所以真正与道相通的时候，你的心灵还在，有一种无边无际、广阔无边的、没有挂碍的心灵状态。那个状态是有觉性的，同时又是忘掉一切挂碍的，这是“忘”和“记得”的辩证相通性，不要偏在一边。就像我们讲要“无我”，无掉的那个“我”是自我执着的“我”，但有时候我们又讲要有“真我”，“真我”恰恰是“无我”之后的纯粹的存在状态，假名为“真我”。

下面我们对前面两段讲的“顺逆演化论”来做一个概括。我们用数字“0”来表示“道”和“虚”的层次，用“1”来表示“先天一气”或“混元一气”的层次，用“2”来表示“神与气”或“阴与阳”的二分层次，用“3”来表示“精（形）、气、神”的三元层次。前面的文献当中我们看到的是“形、气、神”的提法，这里我们则用“精、气、神”，因为形状、形体这个层面，它的进一步精微化，就是用“精”来代表，“精”就是“形之精”，我们形体的精华、物质的精华就是“精”，形是更外层、更粗糙的层面，后期成熟的内丹学则统一将“精、气、神”并列，而不再用“形、气、神”并列的提法。

我们可以用一个数字图表来表达顺逆两种演化：“0→1→2→3……万物”，就可以表示“道生一、一生二、二生三，三生万物”的顺向演化；“万物……3→2→1→0”则可以用来表示“炼精化气、炼气化神、炼神还虚（道）”的道的逆向演化。“0、1、2、3”，你把这几个数字所表达的意义搞清楚了，对于内丹学的要义就有一个把握了。它们既代表宇宙演化的不同层次、方向，也代表内丹学修炼的次第、层级，不同的数字也代表我们修道炼丹不同的阶段、不同的品位。比如，要看练功的层次，你在哪个层面炼？你是在“3”到“2”这个层面炼，还是在“2”到“1”这个层面来炼，还是在“1”到“0”这个层面来炼？从这几个数字中就可以清楚地看出来。所以内丹学有的时候讲丹法的不同层级，就可以用这几个数字来表达。什么叫最上品丹法？炼“0”，炼道的层面；上品丹法是什么？炼“1”，炼神；中品丹法炼什么？炼“2”，炼气；下品丹法炼什么？炼“3”，炼精。上中下三品，加上最上一品，这四个数字都表达出来了。所以整个内丹学的理论思路、理论体系，就这两种演化：一个是讲0到万物的变化，一个是讲万物到0的变化。

宇宙的演化和我们生命的演化是全息的，我们生命的诞生也经历过这样一个从虚到实、从无到有的过程。当我们有形的生命形成以后，里面实际上就逻辑性地包含了“精”“气”“神”“虚”四层结构。我们的生命有0的层次，有1的层次，有2的层次，有3的层次，你活在哪一个层面上这个很重要。如果我们只是活在“3”这个层面上，只顾有形的、肉体的层面，我们可以把它叫作“3”这一层面的人。你如果活在“2”这个层面上，能够找到你生命的气、能量这个层面，你的境界就不一样了。当然你如果能够活在“1”的层面、活在“0”的层面，那就境界更高了。整个修养、修炼的方向就是从“3”到“2”、到“1”、到“0”。你修炼到了什么时候，到了什么阶段，通过这几个数字的象征就很清楚了。

（二）性命双修论

不管我们有没有研究过内丹学，可能很多人都知道“性命双修”这个词。因为内丹学在“打广告”的时候，它的主题词就是“性命双修”。内丹学有什么特殊的地方？有什么他家没有的“独门绝技”呢？丹家说你们一般人的修行，性、命都是偏一边的，所以有的道教德会说学佛是“修性不修命”。但有时候佛教也反过来批评道教，说你是“修命不修性”。这就是佛道教的性命之争。但其实对内丹学来说，“性命双修论”更多的还不是为了对抗佛教，不是说佛教是修性不修命的，而是它在自身的成立过程当中，逐渐走向圆满的过程。一方面，它继承了传统的各种修炼方术，把这种“命功”的特长拿过来了；但是它如果只有这样的命功的修炼特长的话，它就还在佛教批判的视野当中，就是你不能真正地解脱，不可能真正地长生不死。所以内丹学有“性功”的部分，就是通过修性功，回到道里面，领悟自己的真性。“性”是代表着无限性、超越性，“命”是代表有限性、经验性。另一方面，所以内丹学继承了传统的道教修炼的特长，同时又有更高的升华和超越，是性命双修的体系。

真正的内丹学的“大家”其实并不是说佛教是修性不修命的，他是说真正的修炼都应该性命双修。因为性命本来就是统一的，不可分的。所以从究竟的层面看，佛教也是性命双修的，只不过是说法不一样而已；包括儒家，也是性命双修的。这是内丹学大师们的观点。所以我常常感慨，任何一家只要你学到最高的时候，他的心是通的，他就没有偏见了，他能够看见别人的长处。往往是学到半途而废的人，半瓶水的人，他就认为自己是天下第一，别人不行。所以真正的高僧很多也是讲三教合一，他也能看到佛家、道家、儒家的统一性。包括儒学大师王阳明，他也讲三教合一；全真道祖师王重阳，他也讲三教合一。这是真理的相通性。

我们现在还是要回到几段文献来诠释这个“性命双修论”。我们先看第一段，是黄元吉的《乐育堂语录》里面的一段话。关于《乐育堂语录》我专门有一部书《丹道今诠》，对它进行了注解、研析和今译。

> 乾，阳也，阳赋吾性，性寄于心，而发为神，神则无所不照而无物不知者也。坤，阴也，阴畀吾命，命畀于身，而发为气，气则无时不运而无地不充者也。此性命之原，即亦神气之所由立也。然犹非吾人炼丹之本领，修道之真宰也。夫以此个性命神气，犹是玄关一动，太极开基，判而为阴阳，寄之人身则为性命、为神气，犹是一而二者也。若要真正丹本，必于太极未动之前，鸿鸿蒙蒙一段太和之气，非性亦非命，即性亦即命，有非言思拟议所能穷者。①

黄元吉从乾坤、阴阳、性命、身心、神气这一组对立的概念来讲其中的关系。天地之道、乾坤之道，有两大方面，一个是阳，一个是阴。这个阳是指先天“乾”的阳，阳给我们生命的本性的部分，这个“性”，大家注意先天之性是属于阳的。“性寄于心”，就是生命有身心两个方面，性是寄托在心上，“而发为神”，它的妙用就是神，这个“神”是心的功能、妙用。“性”“心”“神”这是一组，在性命双修里面这是“性”这一组范畴。道教里面讲的“神”就是它的觉照功能，神妙万物、神化万物，就是它无所不照、无物不知，这种知性、觉性，这种能知之性就是神。神有体有用，先天之体是为“元神”，后天之用是为“识神”。

第二个方面，坤道是阴的方面，阴赋予我们生命当中的命这一个系统。命是依赖于身，就是有形有象的身体，它的精微作用就是“发为气”，“气则无时不运而无地不充者也”，气是周流一身，是一切功能妙用的能量基础。这是第二组，属于“命”一组范畴，就是坤、命、身、气。这两组其实都可以一一对列，性和命是对列的，身和心，神和气是对列的。身心、神气、性命、阴阳、乾坤，这就分成两大概念系统。

---

① 戈国龙：《丹道今诠：乐育堂语录注解》，华夏出版社 2007 年版，第 228 页。

“此性命之原，即亦神气之所由立也”，这就是性命的来源，也是神气作用的一个基础。但是后面就很重要了！这是分开来谈性命，就是生命的两大系统——性和命。“然犹非吾人炼丹之本领，修道之真宰也”，但是我们真正炼丹修道还不是光修这两个东西，这已经是分化了，分成两个方面了，炼丹不能寄托在分立的层面上。“夫以此个性命神气，犹是玄关一动，太极开基，判而为阴阳，寄之人身则为性命、为神气，犹是一而二者也”，这里讲的是“2”的层面，是分开的二元的层面，有性命，有神气，是从“1”到“2”的阶段。太极是什么？太极就是“1”的阶段。从太极一动，玄关一动，到分阴分阳，从太极分阴阳，就是从“1”到“2”的阶段。那么“0”是什么？“0”就是无极。所以我们炼丹修道不是在性命分开的这个层面上去下功夫。

“若要真正丹本，必于太极未动之前，鸿鸿蒙蒙一段太和之气，非性亦非命，即性亦即命，有非言思拟议所能穷者。”性命、神气都是从哪里来的？要去找根源，找“太极未动之前”，太极未动之前就有个“太和之气”。大家要注意了，怎么又变成“气”了呢？“气”不是“精气神”的“气”吗？“气”应该是下面的“2”的层次，怎么太极未动之前又是“太和之气”呢？所以，当我们读内丹学文献的时候，一定要了解这个概念的不同层次。这里讲的“太和之气”，不是“精气神”分立的“气”了。这里讲的太和之气，是神气未分、性命未分的“本原之气”。“本原之气”本来不能够叫“气”，但是它是神与气的根源，所以有时候我们从“气”的视角来看它，就把它叫“真元之气”“太和之气”；有时候又从“神”的角度来看它，把它叫“先天至神”。有时候讲它是“虚”，有时候又讲它是“道”，这就是语言表达的相对性和在不同语境下的方便表述。所以这里的“气”不是“精气神”的“气”，而是神气未分时浩浩荡荡、无边无际的“本原之气”。因为是“本原之气”，所以讲它“非性亦非命”，不是性，不是命，不是分开来讲的性命，但是性、命都在其中，所以“即性也即命”，这个时候就不是我们言语、思考、分别所能够搞清楚的，那是超越言说的无分别境界。

这段话里面，它既讲清楚了性命分开的两大系统，同时又讲了性命之根源，性命未分的状态。真正的炼丹修道，要以“太和之气”为本，要回到玄关未动之前、太极开基之前、阴阳未分之前的“本原之气”，就是我们前面讲的返本还原，回到道里面去。所以“性命双修论”是给出了一个总体的方向，性和命都要修，但双修到哪里去？要双修到性命合一、性命不分的本原之中。所以修性、修命都是后天的分辨，通过性命的修炼，从后天返回先天，回到没有性没有命的分立的那个本体状态，那才是我们性命双修真正的目标。

下面我们看一段李道纯的《中和集》里的一段话，也是论性命比较有代表性的一段话：

> 夫性者，先天至神，一灵之谓也；命者，先天至精，一气之谓也。精神，性命之根也。性之造化系乎心，命之造化系乎身。见解智识，出于心也，思虑念想，心役性也；举动应酬，出于身也，语默视听，身累命也。命有身累，则有生有死；性受心役，则有往有来。是知身心两字，精神之舍也，精神乃性命之本也。性无命不立，命无性不存，其名虽二，其理一也。嗟乎，今之学徒、缁流道子，以性命分为二，各执一边，互相是非，殊不知孤阴寡阳，皆不能成全大事。修命者不明其性，宁逃劫运；见性者不知其命，末后何归？仙师云：炼金丹，不达性，此是修行第一病。只修真性不修丹，万劫英灵难入圣。诚哉言欤。高上之士，性命兼达，先持戒、定、慧而虚其心，后炼精、气、神而保其身。身安泰则命基永固，心虚澄则性本圆明。性圆明则无来无去，命永固则无死无生。至于混成圆顿，直入无为，性命双全，形神俱妙也。虽然，却不可谓性命本二，亦不可做一件说，本一而用则二也。①

“夫性者，先天至神，一灵之谓也；命者，先天至精，一气之谓也。”性和命就是我们生命的两个方面，一个是“神”的方面，具有灵觉、灵知的那个方面；一个是命，命就是我们后天的生命的精华，身体的核心就是“气”。

“精神，性命之根也”，性命是来自先天至神、先天至精，所以说精、神是性命之根。这里讲的“精”“神”呢，又不完全是从“精气神”这

① 按：《中华道藏》本“精神，性命之根也”一句误作“精与性，命之根也”，显然有误。

个角度来讲。这里的“精”是对“气”的形容，是说气是“至精”的，“精”与“气”都是指命的根源，而说精神为性命的先天的来源。性是先天至神，最高的那种灵知、灵觉的部分；命是先天至精，就是最精华的那个气，组成了我们的命。

“性之造化系乎心，命之造化系乎身”，性和命在我们生命上的体现就是身心。

“见解智识，出于心也，思虑念想，心役性也”，这个心产生以后，就有了种种的见解、种种的知识、种种的分别，来自心的分别。因为有了后天的思虑、念想，这种心的造作、心的分别，就让我们的本性受到了奴役，就把“性”给遮蔽住了。这是讲心与性的关系。

“举动应酬，出于身也”，我们身体能够举动，能够动作，能够应酬。“语默视听”，能够说话，能够看东西，能够听东西，这都是身体的动作。那么，这些身体的造作导致“身累命也”，就是伤害了、耽误了、影响了我们的“命”。我们后天的生命状态，就是“命有身累，则有生有死；性受心役，则有往有来”，我们的性命本来是来自先天的至神、先天的至精，因为有了身体的拖累、后天身体的造作，有了后天心的挂碍分别，就让我们的先天性命受到了牵连，导致了身体有生有死，而性也随着心的作用而有了往来流转。

“是知身心两字，精神之舍也”，“身心”两字是我们精神所安住、居住的地方；“精神乃性命之本也”，而精神又是性命的根本，所以为什么要修精、修神，就是要回到先天性命上去。

下面是讲性和命的关系：“性无命不立，命无性不存，其名虽二，其理一也”，性命是密切相关的。如果性没有命的基础，它也成立不起来；命如果没有性作为它的主宰，这个命也就是死的，不存在。“其名虽二，其理一也”，虽然把它叫作性和命，分成两个名字，但它根本的道理是相通的，是个体的两面。这里讲性命的统一性，生命是一个统一的系统，不能截然分为性、命两个系统。

“嗟乎！今之学徒，缁流道子，以性命分为二，各执一边，互相是非，殊不知孤阴寡阳，皆不能成全大事。修命者不明其性，宁逃劫运；见性者不知其命，末后何归？仙师云：炼金丹，不达性，此是修行第一病。只修真性不修丹，万劫阴灵难入圣。诚哉言欤！”这是强调性命的统一，是内丹学性命双修论的基本观点。有的半瓶水的人，没有学到家，把性命对立起来，偏在一个方面，其实都不能解决问题，因为孤阴寡阳，都不能成全修道成仙之大事。如果仅仅是身体的修炼、命的修炼，而不明本性的话，那你不能够真正得到超越和解脱。如果你虽然见性了，但是不知道性的生命基础，最终它没有安顿的地方，也就不能达到圆满的成功，没有最后的归宿。所以“炼金丹，不达性”，只是修命而没有明心见性，这是修行的第一大毛病。但是，“只修真性不修丹”，不转化身体、不转化气脉、不炼精气神，那你的精神是缺乏能量的支撑，只能出阴神，而不能真正进入圣人的境界。

“高上之士，性命兼达，先持戒、定、慧而虚其心，后炼精、气、神而保其身。”这里面很有意思，就是把戒、定、慧和精、气、神连起来谈，这在后期的内丹学的文献当中，经常有这种说法。佛教修炼最根本的就是戒、定、慧三学，而道教修炼最重要的就是精、气、神，所以我曾经说过，精、气、神是修炼的本体，戒、定、慧是修炼的方法，这就是佛道之相通。难道道教就不要戒、定、慧了吗？从方法上来讲，最终都是归于戒、定、慧，你炼精、气、神怎么炼，就是通过戒、定、慧去练；佛教修戒、定、慧就不要精、气、神吗？戒、定、慧炼的是什么？生命除了精、气、神还有什么？就是炼精、气、神啊！所以佛道之间难道会截然对立吗？通过戒、定、慧来修心，进一步促进精、气、神的转化而修身，身心是一体的。

“身安泰则命基永固，心虚澄则性本圆明”，你修炼，身体这方面安顿好了，生命的基础就巩固下来了；心虚下来了，澄明下来了，就回到你先天的圆明本性当中。因为从本性上来讲，它是圆明的，是无来无去的，本就是无限的、超越的。而当你的命基永固，你就超越了身体的变化和死生，最高的境界就达到了“混成圆顿，直入无为，性命双全，形神俱妙”，这就是内丹学的理想境界——“性命双全，形神俱妙”，与道相通，与道合一。

虽然我们讲“性命双全，形神俱妙”，却不可说性命本来是两个东西，但是也不能把它当成一件东西来说，它们是“本一而用则二也”。“本一”，就是从根本上来讲，它们原本是一个东西，但是从它的表现和它后天的作用来讲，它可以分成两个方面，一个是性，一个是命；一个是精神的系统，一个是物质能量的系统。而性命能够再详细展开，还是“精、气、神、虚”四大层面，前面我们讲的“0、1、2、3”这四个数字，这个“0”“1”是属于“性”的系统，“2”“3”是属于“命”的系统；“精”和“气”都属于“命”的系统，“神”和“虚”是属于“性”的系统。所以讲道，有分开来说，有不分开来说。分开来说是有性有命，有两个方面；但讲到根本处，讲到最后的阶段，它是没有二分的，是无二，是非二元的，是统一的。所以“性命双修”最终是消除性命的对立，回到统一当中，回到性命统一的根源当中去。

下面引用纯阳真人《诸真内丹集要》当中的一段话再总结一下：

> （纯阳真人云）始初本性，乃元宗元相之至神，主命之一灵也。命蒂之根源，即先天也，无形之至精，保性之一气也。精神即性命之本始也。此一灵真性，盖为心所昧也；纯一之命，皆因身所役也。若能全身而命基永固，心澄而性本虚灵。命不得性而安能保守，性不得命而未可长安。性命本一，变动为二。今之学者各执一边，若要成全真大道，无非性命合一，欲得性命合一，直须心清意静，心意清静则万法自然归其根也。

“始初本性，乃元宗元相之至神，主命之一灵也。命蒂之根源，即先天也，无形之至精，保性之一气也。”这和前面讲的“精神，性命之根也”是相同的。命的根源是先天的无形之气，性的根源是先天的无相之神，所以精神是性命的本始。但是，我们来自先天至神的“一灵真性”，因为后天分别心而被遮蔽了；我们来自先天真气的“纯一之命”，因为身体的活动而被奴役了。也就是说先天的性命落入了后天的身心，它就有了限制，所以我们修炼就要回过头来，要“全身而命基永固，心澄则性本虚灵”，就是把你的心沉静下来，恢复你先天本性的心灵，这跟前一段讲的是差不多的。“命不得性而安能保守，性不得命而未可长安”，这讲的是性命的相互支撑、相互配合，不可偏向一边。“性命本一，变动为二”，这还是讲“本一而用二”的道理。“今之学者各执一边，若要成全真大道，无非性命合一，欲得性命合一，直须心清意静，心意清静则万法自然归其根也。”这也是用很精练的话，把我们前面讲的性命双修的道理再概括一遍。就是性命不要偏执在一边，而要让它合一，那合一就从身心两个方面下手，最后要回归根本。

修性修命，虽有先性后命或先命后性等不同的进路，但总起来说都是“性……命……性……命……”这一系统的性命修炼工程中的不同环节，最后都从后天返先天，以先天化后天，终至先后天合一，性命合一，而回归道体，与道合一，这是性命双修论的理论宗旨所在。

（三）阴阳交媾论

在内丹学中，阴阳交媾又叫作“阴阳颠倒”“坎离交媾”“坎离颠倒”“龙虎交”“水火交”等，有很多这方面的名词。如《还丹复命篇》当中就说：“龙虎一交相眷恋，坎离才媾便成胎”，讲坎离交媾、龙虎交媾。内丹学的文献当中，描写“阴阳交媾”的文字非常多，既有对阴阳交媾原理的论述，又有对阴阳交媾景象的描写，还有对阴阳交媾的条件、火候的说明，是内丹学理论体系的一个重要的组成部分。我们在这里无法详细论述，我们还是把它最核心的地方概述一下。

下面我们引用刘一明的《道书十二种》当中的一段话来说明阴阳交媾所涉及的一个内丹学的哲学问题：

> 问曰：“性命必赖阴阳而后凝结，则是有阴不可无阳，有阳不可无阴，何以又有‘群阴剥尽丹成熟’之说？到底用阴乎？不用阴乎？”答曰：“所用者真阴真阳，不用者假阴假阳。真阴真阳为先天，假阴假阳为后天。先天成道，后天败道。”问曰：“何谓真阴真阳？何谓假阴假阳？”答曰：“阳中之阴为真阴，阴中之阳为真阳，古经所谓‘阴阳得类者’是也。亢阳无阴为假阳，孤阴无阳为假阴，古经所谓孤阴寡阳者是也。”①

问曰：“性命必赖阴阳而后凝结，则是有阴不可无阳，有阳不可无阴，何以又有‘群阴剥尽丹成熟’之说？到底用阴乎？不用阴乎？”就是在我们返本还原、回归道体的过程当中，性命、阴阳两者要结合，从二

① （清）刘一明：《道书十二种》，书目文献出版社 1996 年版，第 329 页。

到一，这个结合就是阴阳交媾。那么在阴阳结合、凝结的过程当中，阴阳是不可偏废的，不能说只要阳不要阴，而是阴阳要结合。为什么《悟真篇》又有“群阴剥尽丹成熟”的说法呢？不光是《悟真篇》有这样的说法，内丹学里面有很多“消阴变纯阳”的说法，如吕洞宾就是“纯阳真人”，内丹学认为，我们修炼的时候要回到“纯阳”的境界，那到底是要用阴还是不要用阴呢？这是我们讲阴阳交媾，首先要解决的一个重要的哲理问题。你讲阴阳交媾，怎么又讲要变成纯阳？那纯阳就是没有阴了！所以要注意这两个概念怎么去分疏，怎么去理解。

答曰：“所用者真阴真阳，不用者假阴假阳。真阴真阳为先天，假阴假阳为后天。先天成道，后天败道。”这里面其实是一些概念的运用问题。我们讲“消阴变纯阳”是什么意思？用一句话来讲就是“从后天到先天”。我们把先天的境界叫“阳”，后天的不好的我们叫“阴”。从这个意义上来讲，内丹学修炼就要把“阴”全去掉，把后天的全去掉，回到先天的纯阳的境界。这样一讲，不就明白了吗？所以，消阴变纯阳，这是在特定的意义上来讲的意义，不是讲阴阳的哲理。那么讲阴阳交媾是什么意思呢？这就不是在先天为阳、后天为阴的意义上来讲了，从哲理上说，先天有先天的阴阳，后天有后天的阴阳，阴阳交媾就是从后天的阴阳回到先天的阴阳，进一步先天的阴阳再交媾，回到没有阴没有阳的对立分别，这一“先天之先天”的状态。当然，我们也可以在某种意义上把“先天之先天”叫作“纯阳”，这是一个概念运用的问题。当我们讲纯粹的先天为“纯阳”时，这里面其实已经偷换了概念。如果从阴阳哲学上来讲，有阴就有阳，有阳就有阴，哪有什么纯阳？纯阳那不就是孤阴寡阳了吗？我们只能讲阴阳平衡，不能从纯阳或纯阴的状态。

那么，内丹学的“纯阳”这个概念是怎么来的？其实也是借用了《周易》里面阴阳消长的过程，来形容人体修炼状态的变化。比如，十二消息卦，从最初的一阳生的复卦，到后面的纯阳之乾卦，这样一个周期性的阴退阳升到纯阳这样的变化过程，用这个过程来说明我们生命能量的升华和变化。就是从我们有一点点后天的渣滓之气，到完全没有，从一点点阳气的苗头，到纯阳的阶段，这都有它特定的含义，不是讲纯粹的阴阳哲学。从阴阳消长的卦象来看，阳升到极点就是“纯阳”，阳极则阴生，一直到阴升到极点，变成“纯阴”，如是阴阳消长，周流往返。从这个意义上讲，纯阳并不是“孤阳”，只是阴阳消长变化的一个极点环节而已。若从阴阳哲学上说，是阴中有阳，阳中有阴，阴阳是分不开的，有阴就有阳，有阳就有阴，没有绝对的纯阳或纯阴，要么就是阴阳未分之先天境界。故“先天成道，后天败道”，内丹学讲纯阳是从回归先天这个意义上来讲的。

问曰：“何谓真阴真阳？何谓假阴假阳？”答曰：“阳中之阴为真阴，阴中之阳为真阳，古经所谓‘阴阳得类者’是也。亢阳无阴为假阳，孤阴无阳为假阴，古经所谓孤阴寡阳者是也。”这就是对阴阳的概念进行了区分，内丹学所谓的阴阳交媾的阴阳，是真阴真阳，是阴中之阳，阳中之阴，不是偏阳偏阴。

关于“真阴真阳”的概念，我们用坎离二卦来做说明。什么叫阴中之阳，什么叫阳中之阴，坎离二卦是最能够说明问题的。坎离二卦我们可以看成是从乾坤二卦演变而来的。

乾卦是纯阳，三个阳爻，坤卦是纯阴，三个阴爻。如果我们把乾卦中间的阳爻拿走，和坤卦中间那个阴爻之间对换一下，大家发现是什么呢？就变成了坎离二卦了。乾卦的阳爻出走了变成了阴爻以后，就变成了离卦，乾卦变成了离卦；坤卦中间的阴爻变成阳爻，那就变成了坎卦。乾坤这个阴阳，是代表先天阴阳，坎离的阴阳代表后天阴阳，从乾坤到坎离，就从先天到后天的变化。那么反过来我们要逆返成仙，返本还原，要怎么做？就要坎离交媾，取坎填离，把坎卦中间的阳爻，填替、弥补离卦中间的阴爻，这样坎离二卦又恢复了乾坤的先天本来面目，这就是取坎填离、阴阳交媾的基本原理。为什么要阴阳交媾，为什么要坎离交媾？这还是要后天返先天，返本还原。

下面我们看一下《性命圭旨》里面这一段话，讲阴阳坎离交媾的问题：

> 夫人也，坎离交则生，分则死，此理之必然，无一人不如此者。盖离☲为阳而居南，外阳而内阴也，谓之真汞。坎☵为阴居北，外阴而内阳也，谓之真铅……修丹之士，若欲返其本，复其初，使龙虎归于鼎中，情性归于窍内，当用“龙从火中出，虎从水中生”之二诀。则炎炎烈火中出飞龙之矫矫，泓澄水底跃走虎以眈眈，始得

龙虎相交，向鸿蒙而潜归混沌。继则夫妻合体，从恍惚而竟入虚无，共至黄房，互相吞啖，两情留恋，二气交加，有如天地之媾精、日月之交光，盘旋于祖窍之间，自然复先天未判之气，而成混元真一之精。为大药之根源，作还丹之基本也。①

“夫人也，坎离交则生，分则死”，就是坎离两卦相交，取坎填离，就能够回到先天的状态，就有了无穷的生机。但是坎离两卦分开就走向阻塞之路，走向死亡。“此理之必然，无一人不如此者”，也就是“坎离不交”就是先天到后天，就是顺向演化，就是“顺则凡”；“坎离交”，就是从后天到先天的逆向演化，就是“逆则仙”。这也就是丹道的必然之理。

离卦属阳，但是离卦的阳是后天的阳，不是先天的阳。“离☲为阳而居南，外阳而内阴也，谓之真汞。坎☵为阴居北，外阴而内阳也，谓之真铅。”内丹学讲的铅、汞本来是外丹学的概念，但是在内丹学里面，其实完全是把铅汞的意义做了转换。所以铅汞、坎离、阴阳、龙虎这些概念都是一个意思。所以“修丹之士，若欲返其本，复其初，使龙虎归于鼎中，情性归于窍内，当用‘龙从火中出、虎从水中生之’二诀”。龙虎、水火都是跟阴阳、坎离相对应的概念，以前讲内丹学时讲到，水火交融非常重要，因为我们的精神之火向上、上炎，能量之水向下、下流，水火是永远不交的，这就是后天的身心分裂的状态。那么要用精神之火往下走，去加热这个能量之水，这样才会变成水火交，才会炼丹。所以“龙从火中出，虎从水中生”，就是阴阳颠倒、取坎填离的意思。

后面是用了一些形容词，讲坎离相交的景象、过程，我们就不详细讲了。讲到坎离交媾，这对于我们理解阴阳交媾的原理很重要；但其实最容易理解的还是水火的意象，比较适合于我们对修炼的直观理解。水代表能量，要把能量进一步升华靠什么呢？能量要靠精神之火进行加热，我们心向外驰，挂念种种外界的事情，火都发散了，这个火要收回来，要入定，那么戒、定、慧怎么修，就是把火要凝结起来转化身体，才会

① 《性命圭旨》，载徐兆仁主编《天元丹法》，中国人民大学出版社1992年版，第156—157页。

有炼精化气、炼气化神、炼神还虚的功效。

前面我们简单地讲了内丹学的“三论”，讲了其中一些最核心的意义。下面我们讲一下内丹学的现代意义。

三　内丹学的现代意义

（一）“返本还原”违背了道家“道法自然”的原则吗

我们讲返本还原是内丹学最根本的理论。那么有一些学者，或者有一些读者就会说，道家是道法自然的，而这个返本还原炼了半天，要炼精化气、炼气化神，这是很造作的，这一点都不自然！所以有的学者说内丹学对道家进行了革命，完全违背了道家，跟道家完全相反。真的是这样吗？

以前我讲道家的“道法自然”的时候，已经做过一个分解。道法自然真正的意义是什么？是回归道的自然状态、无为状态，这不意味着是我们凡夫目前这种状态下的顺着欲望的“顺其自然”的那个“自然”。如果说从我们凡夫目前这个状态顺其自然下去会是什么呢？那就是人的欲望的自然，那就是内丹学讲“顺则凡”的方向。所以道法自然，恰恰是为了法道的自然，回到道的自然当中去，这其实就是“逆反成仙”的方向。

所以，“返本还原”是什么意思？返本还原还是要回到道里面去，是跟道的“顺向演化”方向相反。回到道里面干什么？回到道里面去“道法自然”啊！所以说认为“返本还原”和“道法自然”是相对立的、相反的，这种观点我认为是皮毛之见，是看表面现象，看表面概念，似乎一个是道法自然，一个是逆反成仙，认为道家跟道教是两码事，非也！道教通过重重修炼，最后就是要回到道家的道法自然里面去。

你以为道法自然那么容易吗？你不修，你是到不了道之自然的，你的自然就是凡夫欲望的自然——我想吃什么就吃什么，想喝酒就喝酒，想做坏事就做坏事，你还美其名曰“道法自然”，那就错了。

（二）“返本还原”是不是冯友兰所说的“自然境界”

冯友兰先生在《新原人》这本著作当中，把人生的境界依其觉解的程度分成了四大境界：一个叫“自然境界”，一个叫“功利境界”，一个叫“道德境界”，一个是叫“天地境界”。自然境界就是在人还没有发展出理性之前，也没有什么想法，没有什么欲望，这种原始的自然状态，在冯友兰先生书里面是最低的境界，相当于动物一样。然后才有了人的功利境界，再上升到道德境界，再上升到天地境界。冯友兰先生说，道家往往把自然境界和天地境界混为一谈。我们修养的目标本来是要走向天地境界，但是道家总是要道法自然，要返本还原，要回到原始的自然境界去。他说道家对自然境界与天地境界两者常常分不清楚。

但是，我认为冯友兰先生忽略了一个根本问题，不是道家没讲清楚，道家的书里面有它自己的系统的语境，它已经说得很清楚。道家说的返本还原是“重返自然”，已经不是“原始的自然”，是人经过理性的发展，经过欲望的发展，经过后天的发展，有了种种问题之后，我们才开始修炼，再修炼回去，回到道的自然，这个时候所回到的那个自然，恰恰不是冯友兰先生所说的自然境界，而是天地境界，就是与道合一的境界，怎么会是自然境界呢？

冯友兰先生的“自然境界”里面的“自然”，跟“道法自然”的“自然”是完全不同的。在冯友兰先生那里自然境界是低层次，就是还没有形成人的正常的理性之前的状态，是原始的混沌状态。但是道家的道法自然，是经过了人的理性发展之后，通过人有意识的修炼，再回归到自然状态，这个时候恰恰是冯友兰先生所说的最高的境界——天地境界。

像道家讲的“复归于婴儿”，难道是真的要回到如婴儿一般的无知无识的状态吗？“复归于婴儿”只是一种隐喻，是一种修道功夫论的语言，是让你去掉后天的识神分别而回到那种元神觉照的状态，这种状态像婴儿一样没有后天的执着与分别，是警醒的、活在当下的，但其本质仍然是不同于真正的婴儿的状态的。一个成年人像婴儿那样处于无分别的状态时，这就是圣人的状态，而不再是婴儿的状态。我们能动地自觉地去回到那种自然的状态，这就已经是“后得混沌”，不再是原始的自然、原始的混沌状态了。

（三）“虚空”是无限的“负熵源”

“虚”这个概念在内丹学里面非常重要。炼神还虚，回到虚空、回到虚体。这里的“虚空”也是一个隐喻，它不是指物理学上的空间，也不是指天文学上的概念。“虚空”实际上是“道”最好的比喻，我们要讲“道”是什么？讲不清楚。我们就说它像“虚空”一样，“道”就像是无限的虚空。“虚空”是什么？我们不能描述它的形状是什么？我们也抓不住它，虚空是无边无际的，是无穷无尽的。所谓的“虚空”就是我以前所讲的道的“无限场有”，“场”就是物理学的“场”，虚空是无限的宇宙统一场的隐喻。

在物理学当中，任何一个封闭的系统，它的混乱度是越来越大，有序度是越来越小，物理学用“熵值”来表达一个系统的有序度或者混乱度，熵值越大，它的混乱度越大。那如果要保持生命的有序状态，那就要不断地获取“负熵”来平衡自己的熵值增加的趋势。而要增加自己生命的负熵，就要让生命这个系统开放、扩大，不能变成封闭的系统。

为什么我们一个人被关在房间里会受不了，觉得很闷？因为那时候你变成了一个封闭系统。你会想去旅游，去见识大好河山，去看看广阔的世界。为什么？你想要跟外界发生物质、能量、信息的交换，要让生命变成一个开放系统。但是这里有个问题，那有的人闭关在山洞里面，他是不是进入一个封闭系统呢？没有！他表面上是关在山洞里面，但是在山洞里，他的心恰恰是无限开放的，他是在里面修道，修道就要悟道。如果他的心没有无限开放就关在山洞里，那就不是“闭关”，那就是“关闭”！关闭就麻烦了，所以一定要是开放系统。

下面有个问题，最大的开放系统是什么？我们从一个房间，扩大一点，变成北京市，心怀北京市，这个胸怀已经很大了。那不行，还不够，我要胸怀全中国；还不够，要胸怀全世界，胸怀整个地球，胸怀整个宇宙……那么天文学的宇宙还是有限的世界，因为有无限多个宇宙。那么这个无限的世界是什么？就是虚空，虚空是无边无际的，它不是一个有限的概念，所有的世界都在虚空当中。所以虚空是无限的“负熵源”，最大的开放系统就是虚空。

这里就有练功的奥秘。佛教为什么要讲空？道家为什么要讲虚？你空掉了有限的身心系统，进入了无限的虚空系统，无限的开放系统，最大的开放系统，它的负熵源就是源源不断的、无穷无尽的，那你的生命会越来越有序。精化气、气化神、神化虚，这可以看作有序度越来越增高的状态，生命越来越平衡的状态。

所以，我们有烦恼、有问题怎么办？把有限的小我的身心抛掉，进入这个虚空，获取负熵之源，生命就会获得焕然一新，充满能量，美妙无穷。幸福解脱的生活如何可能？以有限的孤立系统——自我——为中心，生命就只会烦恼无穷；只有超越自我，进入道之无限，进入无限的虚空，生命才可能有最终的安顿、最终的解脱。

所以性命双修也罢，炼精化气、炼气化神、炼神还虚等也罢，最终都是要返本还原，与道合一，与虚空合一。这个“虚空”是个隐喻，我再三强调，不是讲有限的空间，不是天文学、物理学的虚空，它就是道，就是那个无限的全息统一场，就是打破生命的挂碍进入无限的道，进入道中就是寻找人类的精神家园。

（四）寻找人类的精神家园：成仙是否可能

我们最后要问一个终极性的问题——生命的意义何在？最高的精神境界是什么？心如何才能得到真正的安顿？成仙是否可能？这所有的奥秘都在“虚空”之中，都在“道”之中。

当人固守自我，以自我为中心的时候，自我就是一个有限的、封闭的小我系统，当你以自我这样一个立足点去生活，你就永远不能真正地安身立命。自我注定是充满烦恼的，因为它总是把自己和别人、和别的世界对立起来，这样一个自我，就是烦恼之根，就是问题之源。打破自我进入无限的虚空，进入无限开放的状态，这个无限开放的状态就是“真性”的状态，也可以叫“真我”的状态，也可以叫“本性”的状态，这就是我们精神的最终根据地、最终的安定之所，也是成仙之所以可能的根基所在。

你如果要让我证明成仙何以可能，我要怎么证明呢？如果说成仙就是要活一千岁、一万岁，要永远不死，让我拿出一个这样的仙人给你看看，这个证明方法是走不通的，到现在还没有看到一个不死的人。长生也许是可能的，多活几岁是可以的，但是你说要肉体长生不死，到现在没有找到这样的人。就算你活几百岁、几千岁，在无限的时空长河当中，也还是短暂的一瞬，有什么了不起呢？你活一百年、活一千年，一千年在无限的时空长河里面与无限相比的话，也还是无穷小。所以这条成仙之路走不通。但是我要说，成仙就是破掉了有限的我，回到了无限的道之中，这样一种状态、一种精神境界，一种身心宇宙、天人不二的合一状态，这个时候成仙可不可能？可能！

你要理解我所说的“成仙”是什么意思。在某种意义上来说，我就是仙，你也是仙，大家都是仙，唯一的区别就是你有没有认识到你是仙，你还挣扎在那个小我当中跳不出来，把那个小我当成真我，你自己认为你是凡夫俗子，那是你的问题。但是只要你智慧到家了，你当下也是仙了，因为我们本来就是在道之中，本来就是跟道合一的，我们生命本来就是无限的，所以本来是佛、本来是仙，只要你去悟就行了，只要你领悟到你自身的本来面目，回归与道相通的无限境界就可以了。

要注意，我现在讲的不仅仅是局限于内丹学的传统说法，我这是在讲内丹学的现代意义，这意味着我对内丹学的“成仙是否可能”的问题进行了一个全新的诠释。如果按照传统的说法，那是没法说清楚的，怎么可能成仙呢？神通不能证明成仙，长生不死你又做不到。我说的“成仙”就是一种超越的精神境界，一种解脱的精神境界，这是随时可证、随时可能的。如佛教禅宗所说：一念顿悟，一念即佛，在你领悟到自己的无限本性的当下，你就是仙了。

（五）顺与逆：人类文明的“业力轨道”与“智慧轨道”

讲到个体的和人类的精神家园的问题，现在我们再扩展一下，讲讲人类文明的发展方向的问题。

因为个体的人和整个的人类是相关的，每一个人找到了他的精神家园，人类的文明才有前途；如果每一个人都是糊里糊涂的，都是以小我为中心的，那人类就是一个斗争的场所。民族与民族之间、国家与国家之间、团体与团体之间都在斗争，因为他们都局限在某个封闭系统当中，只不过有的人心胸大一点，胸怀国家，有的人只顾他的小团体，还有的人只顾他自己，连老婆孩子都不管。这就是人类文明的“业力轨道”，我们活在一种“业力”当中，活在无明当中，活在佛教讲的“贪瞋痴慢疑”当中——这条道路是没有前途的。人类这样斗下去有什么前途？人类甚至跟地球斗，地球本来是我们赖以生存的家园，我们去跟地球斗，能斗得过它吗？把地球都破坏了，我们人还怎么生存？

与“业力轨道”相对应的是人类文明的“智慧轨道”。人类文明的智慧轨道，就是认识到宇宙人生的真谛，生命发展的方向，找到了生命的家园，这样人类才会有光明的前途。

人类文明的智慧轨道到底体现在哪里？就体现在传统当中。任何一个大的历史悠久的传统，都蕴藏着巨大的智慧，它们都指向了这样一种超越的境界。不管是成佛、成仙、成圣，儒释道三家都有一套提升人的生命境界的理论和方法，指向一条通往终极解脱的道路。所以在物质文明日益发展的今天，在科学技术越来越发展的今天，我们还是要不断地回归传统，向人类古老的文明智慧当中去寻求人类发展的光明前途，寻求智慧轨道的启示。

《老子》的养生思想

——以郭店楚简、马王堆帛书、北京大学藏竹书为中心

[日]池田知久 著　曹　峰 译

“养生”，即“使生命得以长久”，意味着个人不至于罹患疾病或者不会因为遭遇意外事故而早死，能够将“天”所赋予的生命按其本来的样子延续下去。

一　先秦儒家所见的“养生”

如果寻找“养生”一词在中国古典文献中留下的痕迹，虽然未必在中国古代思想史上出现最早，但《孟子》中所能见到者可能是最早的例子之一。《孟子·梁惠王上》中有这样一段话：

> （孟子）曰：“王如知此，则无望民之多于邻国也。不违农时，谷不可胜食也。数罟不入洿池，鱼鳖不可胜食也。斧斤以时入山林，材木不可胜用也。谷与鱼鳖不可胜食，材木不可胜用，是使民养生丧（送）死无憾也。养生丧（送）死无憾，王道之始也。”①

这里的“养生”，仅有维持“民”之生活这样简单的内含，还没有到后来老子等道家思想家所言“养生”的程度，即还不是被赋予哲学意涵的、具有复杂意义的“养生”。此引文末尾说“养生”是“王道之始”，似乎

---

① （清）焦循：《孟子正义》，中华书局 1987 年版，第 53—55 页。编者按：原文并未交代引文出处，根据出版社要求，我们寻找合适的底本对引文进行了校改。

给予了比较高的评价，但从孟子（前372年左右—前289年）所持儒家伦理思想的立场来看，这个“养生”仅仅是“民”的愿望，所以总的说来评价并不高。如《孟子·离娄下》：

> 孟子曰：“养生者不足以当大事，惟送死可以当大事。”①

所示，孟子明确指出，不能把“民”自己的“养生”② 当作“大事”来看。

像这样，对“养生”的必要性有痛切感受的是民众，所以孟子虽然也认可“养生”具有一定的意义，但终究没有给予多高的评价，到战国晚期的儒家——荀子那里也是一样的。例如，《荀子·儒效》说：

> 以从俗为善，以货财为宝，以养生为已至道，是民德也。……如是则可谓劲士矣。……如是则可谓笃厚君子矣。……如是则可谓圣人矣。③

这里，荀子从伦理的观点出发，认为社会整体结构由“民”“士”“君子”“圣人”上下4个阶层构成，同时指出“养生”最多只能视为最下层即“民”的理想，如“士”“君子”“圣人”所示，可以说位阶越高，理想也会随着位阶的上升而越发重要。此外，《荀子·荣辱》也说：

> 夫天生蒸民，有所以取之。……是天子之所以取天下也。……

---

① （清）焦循：《孟子正义》，中华书局1987年版，第558页。

② 赵岐在此处作了这样的注：“孝子事亲致养，未足以为大事。送终如礼，则为能奉大事也。”可见，“养生”指的是养父母之生，即为父母尽孝养之责。如照此解释，则难以将此处当作养生思想来看待，但是，赵岐为上引《梁惠王上》“养生丧（送）死”作注时，并未作同样的解释，所以，只能说针对两个相同句子所作解释是不统一的。这里，我们觉得应当脱离赵岐注，将两者均作养生思想来看待。

③ （清）王先谦：《荀子集解》，中华书局2013年版，第153—154页。

> 是诸侯之所以取国家也。……是士大夫之所以取田邑也。……是官人百吏之所以取禄秩也。孝弟原悫，軥录疾力，以敦比其事业，而不敢怠傲。是庶人之所以取煖衣饱食，长生久视，以免于刑戮也。……是奸人之所以取危辱死刑也。[①]

这里和《儒效》篇几乎相同，也是将社会整体的结构分为“天子”“诸侯”“士大夫”“官人百吏”“庶人”“奸人”6个阶层，同时，对各阶层所获得（“取”）之物及其获得的条件（“所以取”）做了详尽的分析。这里的“庶人”和《儒效》的“民”是一样的，这个阶层所要获得的，就是“煖衣饱食，长生久视，以免于刑戮”，其中的“长生久视”正是养生思想的术语，就是不老长寿之意。[②]

基于上述分析，可以说，由孟子与荀子二人文章可知，到战国晚期为止的儒家思想家们对于“养生”基本上持冷淡的态度。

二　养生思想的诞生与早期道家的养生

我们认为，中国古代的养生说，作为一种思想、技术，在历史上并不是由《老子》及道家首先提出来的。相反，是一些在早期道家诞生前或与早期道家相并行的、重视人生命、身体之充实的思想家，如杨朱、子华子、詹何等人在战国中期至后期的思想活动，他们的各种思想有可能对《老子》及道家养生思想的形成产生了某些影响。虽然有关这些思

---

① （清）王先谦：《荀子集解》，中华书局1988年版，第69—71页。

② “长生久视”一语，亦见于《老子》第五十九章：“有国之母，可以长久。是谓深根固柢，长〔生久视之〕道也。”（编者按：作者以马王堆甲本为底本。原文中有很多古文字，为方便印刷，大部分改为通行文字。此处今本可参王弼注、楼宇烈校释《老子道德经注校释》，中华书局2008年版，第156页。）这个词常见于《老子》前后时代的各类文献中，是养生思想的一个术语。成书于公元前239年之后不久的《吕氏春秋·重己》也有：“世之人主贵人，无贤不肖，莫不欲长生久视，而日逆其生，欲之何益？”（许维遹撰、梁运华整理《吕氏春秋集释》，中华书局2009年版，第22页。）高诱在《吕氏春秋·重己》篇此处下的注是“视，活也。”可见“视”不是看的意思，而是存活的意思。

顺便指出，本文所用《老子》底本，是国家文物局古文献研究室编《马王堆汉墓帛书〔一〕》（文物出版社1980年版）的“老子甲本”。本文所谓“底本（马王堆甲本）”就指的是这个本子。但底本（马王堆甲本）有残缺，残缺部分用同出于上书的“老子乙本”增补。

想家生平与思想的确切内容非常少，但从大致情况来判断，好像两者间是有关联的。

（一）杨朱对“我”的重视

杨朱是与孟子同时代的人，或许比孟子稍稍年长，在《孟子·滕文公下》中有对他的描述：

> 孟子曰：“……圣王不作，诸侯放恣，处士横议，杨朱墨翟之言盈天下。天下之言，不归杨则归墨。杨氏为我，是无君也。墨氏兼爱，是无父也。无父无君，是禽兽也。……杨墨之道不息，孔子之道不著。是邪说诬民，充塞仁义也。仁义充塞，则率兽食人，人将相食。吾为此惧，闲先圣之道，距扬墨，放淫辞，邪说者不得作。”①

此外在《孟子·尽心上》中也有：

> 孟子曰：“杨子取为我。拔一毛而利天下，不为也。墨子兼爱，摩顶放踵利天下，为之。子莫执中，执中为近之。执中无权，犹执一也。所恶执一者，为其贼道也，举一而废百也。”②

这些是文献中出现的有关杨朱最早的描述。从这些文章可以看出，杨朱站在和墨翟兼爱说（提倡应该把人与人之间相互的爱普遍化）相对的立场，鼓吹为我说（提倡应该首先考虑保全自身），但因为都是有害于“孔子之道”的思想，而遭到孟子极其严厉的批评。

别外，杨朱还出现在《吕氏春秋·不二》中：

> 听群众人议以治国，国危无日矣。何以知其然也？老耽贵柔，孔子贵仁，墨翟贵廉（兼），关尹贵清，子列子贵虚，陈骈贵齐，阳

① （清）焦循：《孟子正义》，中华书局1987年版，第456—457页。

② 同上书，第915—919页。

> 生贵己，孙膑贵势，王廖贵先，儿良贵后。①

可见，杨朱被列入当时非常有影响的10个思想家中，说他的主张是“贵己”。此外，《淮南子·氾论》也有对他的描写：

> 兼爱尚贤，右鬼非命，墨子之所立也，而杨子非之。全性保真，不以物累形，杨子之所立也，而孟子非之。②

这样看来，到了西汉初期，在对以往先秦时代各种思想的历史进行整理时，因为道家学派势力得到了很大扩张，把过去并不视为杨朱主张的“保真”，也当作了他所倡导的思想。这样，他就成了一位随着时代变迁，渐渐被道家吸收过去的思想家。

依据上述资料中最为可信的《孟子》来看，可知杨朱的思想把“我”放在和以“君”及“天下”为代表的政治秩序与价值正好相反的位置，认为“我”才是最为重要的。

（二）子华子和詹何对于生命、身体的重视

和杨朱有相似之处的思想家，在《吕氏春秋·审为》中出现了两位。

其中一位就是子华子。子华子对韩昭厘侯（亦即昭侯，前362年左右—前333年在位）说了这么一段话：

> 韩魏相与争侵地。子华子见昭厘侯，昭厘侯有忧色。子华子曰：“今使天下书铭于君之前。书之曰：‘左手攫之则右手废，右手攫之则左手废，然而攫之必有天下。’君将攫之乎？亡其不与？”昭厘侯曰：“寡人不攫也。”
>
> 子华子曰：“甚善。自是观之，两臂重于天下也，身又重于两臂。韩之轻于天下远，今之所争者，其轻于韩又远。君固愁身伤生以忧臧〈戚〉不得也？”昭厘侯曰：“善。教寡人者众矣，未尝得闻

① 参见许维遹撰、梁运华整理《吕氏春秋集释》，中华书局2009年版，第467页。

② 参见刘文典撰，冯逸、乔华点校《淮南鸿烈集解》，中华书局2013年版，第524页。

此言也。”子华子可谓知轻重矣。知轻重，故论不过。[①]

子华子劝诫韩昭厘侯，自己的生命、身体要比掌握“天下”及拥有韩国的统治权更为重要。

《吕氏春秋·审为》这段文章，也被《庄子·让王》篇采用。因此，也有学者把子华子完全视为一个道家思想家，但这是错误的，应该将其视为道家先驱者，这才是正确的。[②] 因为自己的生命、身体要比掌握“天下”的统治权更为重要，这种坦率的思想不仅仅为道家所有，在与《吕氏春秋·审为》篇几乎同时的时代，也被其他儒家、墨家的思想家所认可。例如，可以参考西汉初期儒家作品马王堆汉墓帛书《五行》第十四章“说”的部分：

“戚而信之，亲也。”言信其〔戚〕也。剐而（汝）四体，予女（汝）天下，弗为也。剐如（汝）兄弟，予女（汝）天下，弗迷也。是信之已。信其〔戚〕，而后能相亲也。

“亲而笃之，爱也。”笃之者，厚。厚亲，而后能相爱也。

“爱父，其杀（继）爱人，仁也。”言爱父，而后及人也。爱父而杀其邻〔之〕子，未可谓仁也。[③]

以及战国晚期墨家作品《墨子·贵义》中以下部分：

子墨子曰：“万事莫贵于义。今谓人曰：‘予子冠履，而断子之手足，子为之乎。’必不为。何故，则冠履不若手足之贵也。又曰：‘予子天下而杀子之身，子为之乎。’必不为。何故，则天下不若身

① 参见许维遹撰、梁运华整理《吕氏春秋集释》，中华书局2016年版，第591—592页。

② 注：《吕氏春秋》对子华子之言有较多的记载。除《审为》篇外，也见于《贵生》《先己》《诬徒》《明理》《知度》各篇。

③ 对马王堆《五行》第十四章“说”文引用处的解释，可参见拙著《马王堆汉墓帛书五行研究》（王启发译，中国社会科学出版社、线装书局2005年版）第二部第十四章“说”。

之贵也。争一言以相杀，是贵义于其身也。故曰：‘万事莫贵于义也。’”①

这些文章，都熟知和《吕氏春秋·审为》同样的、较之“天下”统治权更重个人“养生”的思想，但在此基础上，提倡具有更高价值的“仁”“义”之实践。由此可见，当时除道家以外的思想家，在某种程度上，也有相通的、共同的思想，那就是认为自己的生命、身体要比掌握“天下”的统治权更为重要。

需要指出的是，马王堆《五行》第十四章“说”的部分和《墨子·贵义》，站在这种共同认识的基础之上，为各自倡导的“仁”“义”赋予了比“养生”更高的伦理意义的价值。虽然“仁”“义”因为儒家、墨家等倡导者不同，在内容上不可能完全相同，而且，因为有西汉初期或战国晚期这些时代新旧的差异，会导致许多的不同，但我们有必要注意，这两个学派，特别是儒家未必没有赋予“养生”以绝对的价值。之所以这样说，是因为如上文所示，到战国中期为止的儒家，虽然认可“养生”有着一定的意义，但因为最终不过是“民”“庶人”的理想和目标，而采取冷淡的态度。战国晚期的儒家也是如此，在“民”“庶人”的“养生”之上，对“士”“君子”“圣人”或者“官人百吏”“士大夫”“诸侯”“天子”各种更高层次伦理价值的实现给予了高度评价。所以，本章节所见马王堆《五行》第十四章“说”文部分“养生”的态度，和先秦儒家对“养生”的态度相比，可以视为一个硬币的正反两面，到了西汉初年这样一个新的时代，儒家对于“养生”的态度也有了与时俱进的展开。

《吕氏春秋·审为》中出现了另外一位先于老子与道家的“养生”思想家，那就是詹何。詹何和中山公子牟（亦即魏牟。前266年乃至前255年—前251年之后）之间，有过如下的对话：

中山公子牟谓詹子曰：“身在江海之上，心居乎魏阙之下。奈何。”詹子曰：“重生。重生则轻利。”

中山公子牟曰：“虽知之，犹不能自胜也。”詹子曰：“不能自胜

① （清）孙诒让：《墨子间诂》，中华书局2001年版，第439页。

则纵之。”（中山公子牟曰：）“神无恶乎。”（詹子曰：）“不能自胜而强不纵者，此之谓重伤。重伤之人，无寿类矣。”①

可见，教导的是“重生则轻利”等“养生”的思想。《吕氏春秋·审为》这段文字后来也被《庄子·让王》及《淮南子·道应》所用。②

如上所述，“养生”说及“养生”术，对道家来说是先于道家的、外来的思想。到了战国晚期以后，虽然“养生”超越学派差异，被广为提倡与实践，但即便道家也要到战国晚期前才开始真正吸收，直到以《庄子·养生主》为代表的道家系统的各类文献中，其思想才浮现出来。

（三）早期道家的养生

已经很难确切知道道家思想家是在何时从外面吸收了“养生”思想。如依据相关情况加以判断，恐怕只能推测为稍早于战国晚期的时代。但道家并非一开始就百分之百地完全赞美这一外来的新思想，道家一开始站在对过去的传统的思想予以重视的立场，对“养生”思想展开了独有的批判。这一点，和上述儒家、墨家从各自立场展开独有的批判是一样的，现存《老子》《庄子》《淮南子》等道家文献都保存了这些批判。

这里我们来分析一下《庄子》《淮南子》对人为追求、刻意追求“养生”的批判。例如，形成于西汉初期的《庄子·刻意》中说：

吹呴（欨）呼吸，吐故纳新，熊经鸟申，为寿而已矣。此道（导）引之士，养形之人，彭祖寿考者之所好也。

若夫不刻意而高，无仁义而修，无功名而治，无江海而间，不道（导）引而寿，无不忘也，无不有也，澹然无极而众美从之。此天地之道，圣人之德也。故曰：“夫恬淡寂寞，虚无无为，此天地之平，而道德之质也。”故曰：“圣人休休焉。”休则平易矣，平易则恬

① 参见许维遹撰、梁运华整理《吕氏春秋集释》，中华书局2016年版，第591—592页。

② 描述詹何言语行动的文章，《吕氏春秋》中还见于《执一》篇、《重言》篇。

惔矣。”平易恬惔，则忧患不能入，邪气不能袭。故其德全而神不亏。①

这里，《庄子 · 刻意》把以“吹呴（欨）呼吸，吐故纳新，熊经鸟申，为寿而已矣”为内容的、依据“道（导）引”进行的“养形”之术，看作与“天地之道，圣人之德”相反的东西，而给予了否定的评价。所谓“天地之道，圣人之德”，可以说指的就是下面紧接着的“恬淡寂寞，虚无无为”，因此无疑站在反对人为、反对刻意的立场。如果依据下面所引各种资料来考察，道家引入这些“道引”之术，是进入西汉初期以后的事，此时《老子》原本的编纂已经跨出了最早的一步。然而，如当时的《庄子 · 刻意》将其视为人为之术、刻意之术加以批判所示，道家对此绝非毫无保留地加以赞美。不仅如此，我们推测与此同时的道家或在此以前的其他道家，在接触养生思想的当初也同样给予了批判。

如果注意《庄子 · 刻意》篇中关于“吹呴（欨）呼吸，吐故纳新，熊经鸟申”等“道引”之术的描述，可以发现后来（西汉武帝初年，公元前139年后不久）基于《庄子 · 刻意》篇形成的《淮南子 · 精神》中有：

若吹呴（欨）呼吸，吐故内新，熊经鸟伸，凫浴蝯躩，鸱视虎顾，是养形之人也，不〔足〕以滑心。②

《淮南子 · 齐俗》中也有：

今夫王乔、赤诵子，吹呕（欨）呼吸，吐故内新，遗形去智，抱素反真，以游玄眇（妙），上通云天。今欲学其道，不得其养气处神，而放其一吐一吸，时诎时伸，其不能乘云升假亦

① （清）郭庆藩：《庄子集释》，中华书局2012年版，第536—539页。

② 刘文典撰，冯逸、乔华点校《淮南鸿烈集解》，第276页。

明矣。[1]

《淮南子 · 泰族》中也有：

> 王乔、赤松去尘埃之间，离群慝之纷，吸阴阳之和，食天地之精，呼而出故，吸而入新，喋虚轻举，乘云游雾，可谓养性矣，而未可谓孝子也。[2]

虽然这些文献都描述了以“道（导）引”之术为内容的“养生”，但绝非毫无保留地加以赞美，而是站在道家的立场（如《精神》《齐俗》）或儒家的立场（《泰族》），对其加以批判。

然而，依据《史记 · 留侯世家》，西汉初期的功臣张良曾行“道（导）引”之术：

> 留侯性多病，即道（导）引不食谷，杜门不出岁余。……留侯乃称曰，“……愿弃人间事，欲从赤松子游耳。”乃学辟谷，道（导）引轻身。[3]

《汉书 · 王吉传》记载，儒者王吉在给昭帝（前 87 年—前 74 年在位）的上疏中写道：

> 休则俛仰诎（屈）信（伸）以利形，进退步趋以实下，吸新吐故以练臧（脏），专意积精以适神，于以养生，岂不长哉。[4]

可见，随着时代的推移，不管什么学派，都不加任何批判地开始支持“道（导）引”之术。到了后来，伴随神仙思想、道教的流行，“道

---

① 参见刘文典撰，冯逸、乔华点校《淮南鸿烈集解》，中华书局 1989 年版，第 434 页。
② 同上书，第 822 页。
③ （汉）司马迁：《史记》，中华书局 1959 年版，第 2044、2048 页。
④ （汉）班固：《汉书》，中华书局 1962 年版，第 3060 页。

（导）引”之术变得越发盛行，这可以参照《后汉书・方术列传》及《三国志》和《魏书》中的《方技传》等文献。

再举一个《庄子》的例子，也是对人为追求、刻意追求“养生”表示批判的。成书于战国晚期或者西汉初期《庄子・达生》中有：

> 达生之情者，不务生之所无以为；达命之情者，不务知之所无奈何。养形必先之以物。物有余而形不养者有之矣。有生必先无离形。形不离而生亡者有之矣。……悲夫！世之人以为养形足以存生；而养形果不足以存生，则世奚足为哉。……
>
> 夫欲免为形者，莫如弃世。弃世则无累，无累则正平，正平则与彼更生，更生则几矣。事奚足弃而生奚足遗。弃事则形不劳，遗生则精不亏。夫形全精复，与天为一。天地者，万物之父母也。合则成体，散则成始。形精不亏，是谓能移。精而又精，反以相天。①

这里，认为以“养形”“有生”为内容的、人为的执着的“养生”并没有效果，故而加以排斥，代之提倡以“弃世”（“弃事”）“遗生”为内容的，自然的无执的“养生”。在庄子看来，后者既无身体的疲劳也无精气的损耗，是真的“养生”，是“与天为一”“反以相天”，换言之，是参赞天地万物之化育的、大规模的具有哲学（存在论）意义的“养生”。

《庄子・达生》开头这段话：

> 达生之情者，不务生之所无以为；达命之情者，不务知之所无奈何。②

如上所述，这是一段对人为的执着的“养生”进行批判提供根据的文献。虽然后来形成的一些道家文献引用了这段文字，但似乎没有以此为依据对“养生”加以批判。甚至大多数场合引用此文是为了印证养生思想的

---

① （清）郭庆藩：《庄子集释》，中华书局 2012 年版，第 629—631 页。

② 同上书，第 629 页。

正确。这一现象和上述的状况正好相同，即随着时代的推移，都开始不加任何批判地支持“道（导）引”之术了。这方面的例子，见于《淮南子》的《俶真》《诠言》《泰族》，《文子》的《下德》《九守》等各篇，这里仅举《淮南子·诠言》一例：

《淮南子·诠言》中有以下内容：

> 自信者不可以诽誉迁也，知足者不可以势利诱也，故通性之情者，不务性之所无以为；通命之情者，不忧命之所无奈何；通于道者，物莫足〔以〕滑其调〈和〉。詹何曰：“未尝闻身治而国乱者也，未尝闻身乱而国治者也。”……身者，事之规矩也。未闻枉己而能正人者也。①

这篇文章先引用了以下和《庄子·达生》开头几乎相同的文字：

> 通性之情者，不务性之所无以为；通命之情者，不忧命之所无奈何。②

然后，引用了上文所见“养生”思想家詹何的话。其中“身治”就是身体得以养生之意，“身乱”就是身体不能养生之意，这段文字夸张地指出，个人养生与否是国家治乱的根本，养生具有政治意义。一看就明白，在方向上，这是将《庄子·达生》开头的文章，做了完全相反的意义转换，将其当作养生的根据来使用了。

如上所述，在《庄子》《淮南子》等道家文献中，那些形成于战国晚期到西汉初期的文献，对于新的从外部导入的养生思想，大多从重视道家过去的传统的思想之立场出发，展开了独有的批判。然而，以西汉武帝时期为界限，随着时代越来越晚，道家也不对“养生”采取任何的批判，反而开始加以支持了。

---

① 参见刘文典撰，冯逸、乔华点校《淮南鸿烈集解》，中华书局1989年版，第559—561页。

② 同上书，第559页。

三 《老子》的养生思想

（一）《老子》中残留的对养生的批判

《老子》中，本文以之作为底本的马王堆甲本（成书于西汉初期）自不待言，在这之前的郭店本（成书于战国晚期）中也有批判“养生”之处。我们认为，这是基于时间更早的道家传统的思想而做出的批判。例如，《老子》第五十五章中有：

> 〔含德〕之厚〔者〕，比于赤子。蜂虿虺蛇弗螫，攫鸟猛兽弗搏。骨弱筋柔而握固，未知牝牡〔之会〕而朘〔怒〕，精〔之〕至也。终日号而不嗄，和之至也。和曰常，知和曰明，益生曰祥（妖），心使气曰强。〔物壮〕即老，谓之不道。不〔道〕早〔已〕。[①]

这是说，要想使养生获得成功，必须像“赤子”那样，“含”“德”（“道”之作用）到“厚”的程度，有目的、有意识地“益生”，用“心”勉强地控制体内的“气”，这样的养生，老子用极其严厉的口吻指责其为“不道”，并加以排斥。[②]

---

① 编者按：此处今本可参见（魏）王弼注、楼宇烈校释《老子道德经注校释》，中华书局2008年版，第145页。

② 第五十五章“益生曰祥（妖）”的意思，因为河上公《老子注》曰：“祥，长也。言益生欲自生，日以长大。”给予了肯定的解释，因此如高亨《老子注译》（清华大学出版社2010年版）卷下五十五章所示，也有同意这一说法的学者。这里，“祥”就是“幸运”的意思。然而，研究者中倡导这一解释者只是极少数，大多数取否定的解释。笔者也认为否定的解释为好。“益生”，就是企图使生命、身体不老长寿，为此而导引或服药。和《老子》第五十章“民生生”及第七十五章的“其求生之厚”是同样的意思。此外，《庄子·德充符》“人之不以好恶内伤其身，常因自然而不益生也。”也是近似的内容（参照吕惠卿《道德真经传》《正统道藏》五十五章）。“祥”，如加藤常贤《老子原义の研究》（明德出版社1966年版）第二部之三十三“气力を深く藏畜して赤子の如くすべし（55）”引朱骏声《说文通训定声》说明的那样，是“殃”的假借字。马叙伦《老子校诂》（中华书局1974年版）卷第三第五十五章的解释也与此近似。要说“益生”为何是“祥（妖）”，恐怕是因为人为地、刻意地去追求“强、壮”的缘故吧。

此外，《老子》第七十五章中所见“求生”“贵生”，正是当时养生思想的一种表达，老子对此也是将其视为因过于“轻死”，而在养生上归于失败的行为，予以明确的否定。

> 民之轻死，以其求生之厚也，是以轻死。夫唯无以生为者，是贤贵生。①

可见，只有那种不过分追求长生不老、不费周章、不人为、不刻意的做法，才有可能实现真的养生。②还有，《老子》第七章中有：

（接上页）“心使气曰强”中的“心使气”，指的是人的精神（知性）有意控制构成体内生命之元素（“气”），而带有人为、刻意的意向。《庄子·人间世》中有：“无听之以耳，而听之以心。无听之以心，而听之以气。听〈耳〉止于耳〈听〉，心止于符。气也者，虚而待物者也。唯道集虚。”显示出和《老子》第五十五章一样，较之“心”更重“气”的思想。“曰强”，指的是结果，如上文所示指人的身体不能“柔弱”而变得“强壮”。与这部分文意最为吻合的《老子》用例，就是第十章的“〔槫（专）气至（致）柔〕，能婴儿乎”。

关于“〔物壮〕即老，胃（谓）之不道。不〔道〕早〔已〕”。又见于第三十章，自古以来就有人对这两章两句做出讨论。除去章末“不〔道〕早〔已〕”，其他部分也见于郭店本第五十五章，因此，是写成于战国晚期的表达养生思想的文章。此外，对“〔物壮〕即老”以下部分，也有学者将其理解为符合所有条件下的一般的、普遍的法则，如“盛者必衰”之理（楠山春树就是这样），福永光司《老子》（朝日新闻社 1978 年版）“下篇（德经）”第五十五章；［日］金谷治《老子　无知无欲のすすめ》（讲谈社 1997 年版）“老子道德经　下篇”之 55“含德の厚きは（婴儿のたとえ）”；［日］楠山春树《老子入门》（讲谈社 2002 年版）第三章之 3“跂つ者は立たず、跨ぐ者は行かず（第二十四章）”等，也均沿这个方向解释，不恰当。这不过是在养生思想范围内立言，说的是“益生”“心使气”这些强壮的人。

① 今本可参见（魏）王弼注、楼宇烈校释《老子道德经注校释》，第 184 页。

② 第七十五章的“以其求生之厚也”，有人把通行本（王弼本、河上公本）的“其”改为“其上”，这是妄改。“民之轻死……”与下文“夫唯无以生为者……”的主语都是“民”。此外，“求生”和“贵生”是几乎相同的内容，说的是为了身体的长生而从事导引、服药等人为的、刻意的事情。上述第五十五章的“益生”也是一样的。还有，第五十章的“〔死之〕徒十有三，而民生生，动皆之死地之十有三。夫何故也，以生生也。”中的“生生”也几乎与之相同，其主语明确是“民”。

天长地久。天地之所以能〔长〕且久者，以其不自生也，故能长生。是以圣人退其身而身先，外其身而身存。不以其无〔私〕与，故能成其私。①

《老子》第五十章中有：

〔出〕生，〔入死。生之徒十〕有〔三，死之〕徒十有三，而民生生，动皆之死地之十有三。夫何故也，以其生生也。盖〔闻，善〕执生者，陵行不〔避〕兕虎，入军不被甲兵。兕无所揣其角，虎无所措其爪，兵无所容〔其刃。夫〕何故也，以其无死地焉。②

---

① 今本可参见（魏）王弼注、楼宇烈校释《老子道德经注校释》，第19页。第七章“以其不自生也”中的“生”，不是产生（万物）之意，而是生存之意。下文的逻辑，如“退其身而身先”“外其身而身存”“不以其无〔私〕与，故能成其私”。所示，是反向言说法，是辩证法，这部分“以其不自生也，故能长生”。也是同样表达方式，两个“生”只能是同样的意思。因为后者的“长生”指的是养生思想意义上的长寿，所以前者的“自生”就一定是生存之意。（魏）王弼《老子注》、河上公《老子注》以来通常的说法都作此理解。福永光司《老子》（前揭）“上篇（道经）”第七章，把前者读为“生成”，后者读为“长生”，都将其解释为生成万物意义上的万物生成论，恐不合适。但这种基于万物生成论的解释，也有中国自古以来的传统。例如，成玄英《老子义疏》的“天地长久”章解释为：“言天地但施生于万物，不自营己之生也。”将其读解为天地生成万物的作用。作同样解释者还有，（宋）苏辙《老子解》七章（焦竑《老子翼》七章所引）；李嘉谋《老子注》七章（焦竑《老子翼》七章所引）；［日］武内义雄《老子の研究》（《武内义雄全集》第五卷“老子篇”，角川书店1978年版）的“老子の研究（下）道德经析义”之“老子道德经上篇”第七章；高亨《老子注译》（前揭）卷上之七章。不过，成玄英以来万物生成论角度的解释，似乎也是将前者“不自生”读为“不自己生存”或“不欲自己生存”。

从这个角度回过头来看，我们注意到章首“天长地久”以下天地存在方式的描写，实际上是以养生思想为基础的一种比喻的、象征的刻画。通过这一章，正好可以看出此章执笔之际，老子身边养生思想盛行的状况，所以是极好的资料。此外，下文“外其身而身存”其主题也是养生。此章的修辞，是以前半天地“以其不自生也，故能长生。”的存在方式为榜样，描画后半“圣人”的理想的生存方式，因为后半“身存”的意思和前半“长生”并无太大区别。

② 今本可参见（魏）王弼注、楼宇烈校释《老子道德经注校释》，第134页。第五十章开头的“〔出〕生，〔入死〕”，意为出而成为生的状态，入而成为死的状态。指的是人生下来以后不久就走向死亡。《庄子·大宗师》云：“古之真人，不知说（悦）生，不知恶死；其出不䜣，其入不距。翛然而往，翛然而来而已矣。”《庄子·庚桑楚》云：“有乎生，有乎死，有乎出，有乎入，入出而无见其形，是谓天门。天门者，无有也。”［（清）郭庆藩《庄子集释》，中华书局2012年版，第795页］可以参照“出”的来源，“入”的地点，如《庄子·庚桑楚》。

第七章否定了致力于“自生”及“身存”的养生思想，赞赏效法“天地”准则的、追求“其不自生”及“外其身”的真正的养生。第五十章把“生生”这种强烈渴求生存的民众的养生愿望，当作相反的会“之死地”的原因而加以警惕。也许，这里说的是，在生存上没有任何的人为、没有任何的刻意，只有这样的行为方式才能做到真正的养生。

上面我们讨论了《老子》中遗留的对于养生的批判，但这些在数量上不多，换言之，《老子》中对养生全面加以赞美的文字要更为普遍。我想这是因为，《老子》养生思想中，很多是道家采纳养生之术一段时间后，主要形成于西汉初期的内容。虽然如此，上文所见对于养生的批判，和前面所讨论的《庄子》《淮南子》的养生批判有着基本上相同的内容、性质。就是说，道家从以往的传统的思想，尤其是从重视反人为、反刻意的立场出发，对养生的人为性、刻意性做出了批判。对新兴的养生思想采取的这种态度，从本节一开始所引用、分析的《老子》第五十五章来看，此章不仅马王堆两个本子中有，而且郭店本中也有，因此可以推测道家这一态度在战国末期以前就已经开始了。如前所述，先秦时代儒家、墨家保持各自的立场，对新兴的养生思想展开了自己的批判，道家这里也有类似的现象。

（接上页）所言，就是“无”，这个“无”有时也称为“道”。

第五十章的主题一言以蔽之，就是养生思想，此章从生死的观点出发，把所有的人整理为三种类型，特别针对执迷于错误的养生而不悟的第三种类型的“民”，刻画了一个正好相反的、能够正确养生的“〔善〕执生者”。第一种类型是天生就能够长寿者，第二种类型是天生就会早亡者，第三种类型是期待长生不老，用导引、服药等勉强的手段进行养生，结果反而赴死者。与最后的第三种类型正好相反，老子描画了“〔善〕执生者”这种正确养生的实践者，他们能够保证不陷于第三种类型的人会进入的“死地”。关于上述的解释，可以参见（清）易顺鼎《读老札记》和（清）高延第《老子证义》（均见朱谦之《老子校释》（中华书局 1963 年版）“老子道经”七章所引）的研究。

第五十章“民生生，动皆之死地……。夫何故也，以（其）生生也。”在措辞和趣旨上和第七十五章“民之轻死，以其求生之厚也，是以轻死。”基本相同。尤其第五十章的“生生”，就是第七十五章“求生之厚”或“求生”之意。第五十章“以其生生也”，各版本间存在异同，马王堆乙本、北京大学简和底本（马王堆甲本）几乎完全相同，通行本（王弼本）作“以其生生之厚”，更近于第七十五章的表达方式。因此，第五十章的“民生生”和第七十五章的“民之……求生之厚”，可能记载的是当时相同的状况。也就是说，当时有很多民众对养生思想抱有强烈的兴趣。

（二）通过把握“道”“德”实现养生

道家为何会吸收养生思想呢？——早期道家万物齐同的哲学思想，其最终阶段就是用“一之无”来把握世界真实的状态①，在保持这种哲学不变的同时，又持有对个人生命、身体予以重视的思想，恐怕是难以成立的。可以推测，他们吸收养生思想，是战国晚期稍早以前的事情，战国晚期，道家放弃了早先万物齐同的哲学思想，一方面把“一之无”限定为“道”的属性并加以保持，同时另一方面又恢复了“万物”的“多之有”性。道家对于养生思想的吸收，和这种形而上学上的、存在论上的方向转换是表里一致的。然而，上述情况，虽然可以用来说明道家吸收养生思想的一般的、根本的条件，但用来说明具体的、现象的原因却是不够充分的。

更为具体的、现象的原因，归根结底，恐怕只能从道家思想家所描绘的实际的养生思想中去寻找。这里为了叙述的方便，先对《老子》吸收养生思想的原因作一个回答——包括老子在内的道家思想家在展开其思想活动时，最为重视的问题，第一，是对“道”与“德”（“道”的作用）的把握。第二，是实现“无知”“无欲”“无为”，“无知”“无欲”“无为”与“道”“德”密切相关，并成为“道”“德”一部分。在这两种思想活动中，养生被认为是修道者为了成功把握“道”“德”，而生出的具体的、现象的成果。此时，养生与“道”“德”之把握的关系，在《老子》等比较早的思想中可以作此定位，即“道”“德”的把握是主要的目的，养生是其副产品，这种倾向要更强烈一些，然而随着时间的推移，其倾向却反过来表现为，养生成为主要的目的，对“道”“德”的把握成了其背景。

这一节，首先考察第一种养生思想，即因为对“道”“德”的把握而带来养生。例如，《老子》第十章云：

---

① 关于早期道家“一之无”的哲学，可以参照拙著《道家思想的新研究——以〈庄子〉为中心》上（王启发、曹峰译，中州古籍出版社2009年版）第五章第四节“对存在判断的否定与排除”。

〔戴营魄抱一，能毋离（离）乎。专气致柔〕，能婴儿乎。修除玄蓝（鉴），能毋疵乎。……生之畜之，生而弗〔有，长而弗宰也。是谓玄〕德。①

① 今本可参见（魏）王弼注、楼宇烈校释《老子道德经注校释》，第22—24页。第十章第二段中的"槫（专）气"，指守持气（构成生命、身体的元素）之纯粹不变，不使心中有思虑、欲望等杂物介入。（魏）王弼《老子注》及河上公《老子注》的解释在这方面特别出色。其反命题就是第五十五章的"心使气"，第五十五章和第十章一样，"赤子""骨弱筋柔"之类关键词全部登场。而在《管子·心术下》中有："专于意，一于心，耳目端，知远之证，能专乎，能一乎，能毋卜筮而知凶吉乎。能止乎，能已乎，能毋问于人，而自得之于己乎。故曰：'思之。思之不得，鬼神教之。'非鬼神之力也，其精气之极也。一气能变曰精，一事能变曰智。……极变而不烦，执一之君子。"《管子·内业》中有："气意得而天下服，心意定而天下听。抟（专）气如神，万物备存。能抟（专）乎，能一乎，能无卜筮而知吉凶乎。能止乎，能已乎，能勿求诸人，而得之己乎。思之思之，又重思之。思之而不通，鬼神将通之。非鬼神之力也，精气之极也。……一意抟（专）心，耳目不淫，虽远若近。"这是以《老子》《庄子》为基础形成的后代的文章，虽然在重视心意之作用这一点上有很大的不同，但"一气""抟（专）气"原来就是指保持气的纯一无杂，修道者企图通过这一做法立于万物源头，这一点是相同的。

"至（致）柔"，这里指让身体的柔弱达到极点。"能婴儿乎"，表示出想变成生命力旺盛之婴儿的愿望。自不待言，"婴儿"是《老子》养生思想关键词。

第三段中的"涤除玄览"（通行本），以前把"涤除"和"玄览"分别读成两个动词，到了近代对"玄览"加以"涤除"的读法得到提倡，两种读法间出现对立。但（魏）王弼《老子注》和河上公《老子注》都是把"涤除"和"玄览"分别读成两个动词，之后，成玄英《老子义疏》的载营章、林希逸《老子鬳斋口义》的载营魄章第十等也是如此，把"涤除"和"玄览"分别读成两个动词的观点占据压倒性多数。从内容上考察，这种读法更佳，因此我也表示赞同。对"玄览"加以"涤除"这种读法的提倡者有：武内义雄《老子の研究》（前揭）之"老子の研究（下）道德经析义"之"老子道德经　上篇"第十章；高亨《老子正诂》（中国书店1988年影印版）卷上十章；福永光司《老子》（前揭）之"上篇（道经）"第十章；金谷治《老子　无知无欲のすすめ》（前揭）之"老子道德经　上篇"之"营魄を载んじ（圣人の德）"。作为依据被列举的是河上公《老子注》和《淮南子·修务》，但这是误读。此外，高亨《老子正诂》（前揭）所引《大玄经》"修其玄鉴"中的"玄鉴"，也并不是指的心，而是深刻观察世界方法吧。

"修除"，马王堆两个版本、北京大学简相同。通行本（王弼本）作"涤除"。"修"与"涤"似为音近通假的关系［参见高明《帛书老子校注》（中华书局1996年版）的"道经校注"十］。意指洗涤污浊。主要指的是心灵、精神上的污浊（官能的欲望、繁杂的智虑）。与《老子》第十章关系深厚的《管子·心术上》云："虚其欲，神将入舍。扫除不洁，神乃留处。人皆欲智，而莫索其所以智（知）乎。智乎智乎，投之海外无自夺。……天之道虚，地之道静，虚则不屈，静则不变，不变则无过。故曰：'……洁其宫，阙其门。'宫者，谓心也。心也者，智之舍也。故曰宫。洁之者，去好过也。门者，谓耳目也。耳目者，所以闻见也。"《管子·内业》云："有神自在身，一往一来，莫之能思。失之必乱，得之必治。敬除其舍，精将自来。精想思之，宁念治之。严容畏敬，精将至定。得之而勿舍，耳目不淫，心无他图。"这两篇文章虽然论这里，提出的是这样一个愿望，即保持“一”这个“道”不分离，以此作为中心，同时也伴随“抟（专）气至（致）柔”“修除玄蓝（鉴）”等养生技术，将“婴儿”的生命力注入身体中，从而不至于有“疵”，以获得养生的成功。

此外，《老子》第三十章中有：

> 是谓〔果〕而不强。物壮而老，是谓之不道。不道早已。①

此章下段的“物壮而老，是谓之不道。不道早已”，不见于老子最早的本子——郭店本，到马王堆两个本子时才开始出现。说的是“物”的强、壮正是对“道”的违背，这样的话，“物”很快就会“老”并“已”。②

（接上页）述了心与耳目的“扫除不洁”，但这里的“不洁”指的是“智”和“欲”，对其加以扫除的结果，就是心与耳目中“神、精”得以留宿。我认为《老子》第十章的“修除”和《管子》这两篇的“扫除”是同样的意思。另外，“修除”“扫除”，可能是来自当时民间宗教中举行的祓除仪礼吧。

“玄蓝（鉴）”，马王堆乙本作“玄蓝（鉴）”，北京大学简作“玄鉴”，通行本（王弼本）作“玄览”。其意为，极其深入（“玄”）地照彻洞见（“鉴”），从得道之深处出发（“玄”）看穿世界的真实面貌（“鉴”）。苏辙《老子解》十章（焦竑《老子翼》十章所引）将其意理解为“玄览万物”，焦竑《焦氏笔乘》十章（焦竑《老子翼》十章所引）解释为“玄览，玄妙之见也”都比较好。

“能毋疵乎”，表达的是不会患罹疾病的愿望。《说文解字》云“疵，病也。”这里说的疾病，是说心灵受到污染，而这种污染是由智慧、欲望导致的。［参见高亨《老子正诂》（前揭）卷上十章］。

① 此处今本可参见（魏）王弼注、楼宇烈校释《老子道德经注校释》，第77—78页。

② 第三十章“物壮而老，是谓之不道。不道早已。”这两句十二字，也见于第五十五章，围绕着这两章两句的处理，自古以来就有讨论。姚鼐《老子章义》第三十章认为第五十五章是正文，第三十章是衍文；相反，马叙伦《老子校诂》（前揭）卷第二第三十章及卷第三第五十五章、高亨《老子正诂》（前揭）卷下五十五章、高亨《老子注译》（前揭）卷下五十五章等则以第三十章为正文，第五十五章为衍文。后来，西汉初期抄写的马王堆甲本、乙本出土问世，因为第三十章、第五十五章都含有这两句话，把文本当作固定的东西来把握的上述对于文本校订的信赖被动摇了。再后来又出现了战国晚期抄写的郭店本。根据郭店本，到战国晚期为止的古《老子》，第三十章并无这两句话，第五十五章只有“物壮则老，是谓不道。”这一句，而没有最后一句“不道早已”。

这虽然是不把握“道”就不可能养生的养生思想，但同时将其视为批判战争政策的政治思想也无问题，这样看的话这一章上下首尾是一贯的。

再看《老子》第五十二章：

> 天下有始，以为天下母。既得其母，以知其〔子，既知其子〕，复守其母，殁身不殆。塞其兑，闭其门，终身不勤。启其兑，济其事，终身〔不来。见〕小曰〔明〕，守柔曰强。用其光，复归其明，毋遗身殃，是谓袭常。①

这一章上段说的是，作为“天下”之“始、母”的“道”生出了作为“其子”的万物，基于这一存在论或者说万物生成论，要提倡不仅了

（接上页）基于上述情况，我做出如下思考。第一，文本在不断地变动，随着时间的推移才一点点整理完善。就这两章而言，到战国晚期为止的《老子》第三十章中不存在这两句话。这两句话被附加于第三十章，发生于从郭店本到马王堆甲本的时代。但也没有必要视其为衍文。另外，郭店本的第五十五章虽然已经几乎完成，但还没有最终完成，其完成或许和这两句话被附加到第三十章属于同一时代。

第二，之所以第五十五章的“物壮则老，是谓不道。”一句话首先成书，是因为和第五十五章整体主旨完全吻合。第五十五章（郭店本）开头是“含德之厚者，比于赤子。”下面全部论述的是养生思想，因此这句话也只能是养生思想。尤其是“物壮”的部分，因为承接着前面的“心使气曰强”，因此这句话在第五十五章形成之初就已经存在的可能性很高。与之相对应，第三十章整体的主旨是批判战争的政治思想。之所以会在这里加入这句话，一定是因为和第五十五章类似，前面有“是谓〔果〕而不强”一句话，但更重要的是，本来仅限于养生思想的“物壮则老，是谓不道”其意义已经被抽象化、普遍化，“道”的哲学成为其思想的根基，即便作为政治思想也可以适用了。我想这个过程花费了一定的时间。因此，河上公的《老子注》、高亨《老子注译》（前揭）卷上第三十章等，在解释第三十章章末这两句话时，认为兼有政治思想和养生思想，我认为这样的解释是适当的。

“已”即“亡”之意。作为第三十章的政治思想，有灭亡之意，作为第五十五章的养生思想，有死亡之意。然而，成玄英《老子义疏》的以道章指出“已，止也。”注释曰：“物壮则老，兵强则衰。既不谦柔，故非真道。应须止息而勿行也。”含德章也大致相同。对此，林希逸《老子鬳斋口义》以道佐人主章第三十及含德之厚章第五十五、诸桥辙次《掌中　老子の讲义》（大修馆书店1966年版）之“老子　上篇”三十章及同书“老子　下篇”第五十五章也支持其观点。虽然有趣，但不恰当。

① 此处今本可参见（魏）王弼注、楼宇烈校释《老子道德经注校释》，中华书局2008年版，第139—140页。

解万物还能守住“道”是一件重要的事，通过这样的活动才有可能实现“殁身不殆”的养生。这一章中段，在连列“和光同尘”风格句式的同时，指出把握“道”的前提在于，全面停止人感觉、知觉的作用，与世界合一，才有可能实现“道”的达成，这样才使得“终身不勤”的养生成为可能。这一章的下段，阐述的是对极“小”而“柔”弱之“道”的把握，导致了“毋遗身殃”的养生结果。①这样看来，本章整体由养生思想构成，说的是把握了“道”才有可能养生。

---

① 通过第三十二章和第三十四章可得知，《老子》的“小”在其他场合也被用来假称、形容“道”。关于第五十二章的“小”，成玄英《老子义疏》天下章指出“小，微细之名也，即至妙之理也”。此说虽然不坏，但没有直接说明“小”指代的是“道”，仍有隔靴搔痒之感。张尔岐《老子说略》第五十二章［冯振《老子通证》（华东师范大学出版社 2012 年版）之“老子通证下篇”第五十二章所引］、福永光司《老子》（前揭）“下篇（德经）”第五十二章、［日］蜂屋邦夫《老子》（岩波书店 2008 年版）第五十二章也相同。

“明”，如上所述，是对根源之“道”加以把握的认识，因此就是根源性的认识。不用说，下文“复归其明”的“明”就是由此而来的。这种绝对的明知在《老子》中多次出现。例如，第十六章“知常，明也。”第三十三章“自知〔者明也〕”，第四十七章“〔不见而名（明）〕”，第五十五章“知和曰明”等。请参照以下著作：大田晴轩《老子全解》之第五十二章、朱谦之《老子校释》（前揭）“老子德经”之第五十二章。

“守柔曰强”主旨在于，守住世间的“柔”，反而成就绝对的“强”。这看上去离开了第五十二章下段的原意，但“柔→强”和“小→明”一样，属于“道”正言若反的、辩证法的性质之一，这部分或许谈的是这个问题，另外，下段的主题和上段、中段相同也是养生思想，因此，或许这里谈到的就是与养生相关的身体的“柔→强”。

“用其光，复归其明”，过去的解释致力于阐明“光”和“明”的异同。其结果，导致这样一种常见的说法，如金谷治主张：“‘光’指的是照向外部的闪耀着光芒的智慧，与之对应，‘明’指的是朝向内部的洞察真相的真知。”持这一解释的人在近代非常多，几乎不胜枚举。例如，在中国可举冯振《老子通证》（前揭）“老子通证下篇”之第五十二章、朱谦之《老子校释》（前揭）“老子德经”之第五十二章、陈鼓应《老子注译及评介》（修订增补本，中华书局 1984 年版）“注释今译与引述”之第五十二章、高明《帛书老子校注》（前揭）“德经校注”之第五十二章等。在日本可举金谷治《老子　无知无欲のすすめ》（前揭）“老子道德经　下篇”之 52“天下に始め有り（母なる“道”に归れ）”、蜂屋邦夫《老子》（前揭）之第五十二章、神塚淑子《〈老子〉》—“道”への回归》（岩波书店 2009 年版）之第Ⅱ部第二章《“道”に复归する（〈老子〉第四十章、第十六章、第五十二章、第二十八章）》等。然而，“光”其他也见于第四章、第五十六章、第五十八章，和内外差异无关，指的就是发生作用后可以了解事物现象的智慧之光，同时，“明”亦如上述，并无内外区别，指的就是发生作用后可以看穿万物本质的“道”之光芒，换言之，既是把握“道”之明知，也是握“道”（之人）所持有的明知。因此，不用说上述常见说法是不值得尊重的解释，实际上河上公《老子注》最早倡导此类见解。比上述见解更好的是李嘉谋《老子注》五十二章（焦竑《老子翼》五十二章所引）的“明者本也，光者明之所自出也。元明为本，其末分而为视为听为觉为触者，皆其光也。道自本流于末，学自末自求其本”。

（三）养生与赤子、婴儿之比喻

如上一节所引《老子》第十章中看到的那样，《老子》在论述通过把握“道”来养生的思想时，使用了“婴儿”“赤子”的比喻和象征。无知、无欲、无为而且素朴，因此把握住“道”的人，其生命力无穷，这样的人《老子》用“婴儿”“赤子”来象征，这种象征例子在其他地方也能看见。如《老子》第五十五章云：

（接上页）福永光司《老子》（前揭）“下篇（德经）”之第五十二章、大滨皓《老子の哲学》（劲草书房 1962 年版）九章“无知”等，可以视为是同一方向的解释。这样看来，老子在第五十二章，对“光”作了肯定的评价，即可以把“光”这种人所持有的普通的、一般的智慧，加以利用，当作复归“道”之真实明知的出发点。“毋遗身央（殃）”，指在我身上不会留下灾殃。这个“央（殃）”，主要说的是养生意义上生命、身体的灾殃。因为，如这一节所阐明的那样，《老子》养生思想的基本内容在于，把握住了“道”才有可能导致养生。

“是谓袭常”的“常”，意为恒常不变的“道”，恒常不变的具有一定本质的根源者。一般而言，这个在底本（马王堆甲本）那里，因为避西汉文帝讳而写作“恒”字的场合较多，但意思上没有差异。但本章的“常”字不是避讳，战国晚期以后就用这个字了（参照郭店本第五十五章）。当时，“常”与“恒”在使用上有区别，“常”作为名词来使用，“恒”作为形容词、副词来使用。因此，本章的“常”指的就是“道”自身。“袭”字，底本（马王堆甲本）、北京大学简作“袭”，马王堆乙本为缺字，通行本（王弼本）作“习”。其他还有不少作“习”的文本［参照朱谦之《老子校释》（前揭）“老子德经”第五十二章］。如诸家所言，这两字是同音通假。所以，用“袭”或用“习”哪个字都可以，但如果用“袭”字，则取“因”“顺”之意的人多一些。例如，在中国，高延第《老子证义》第五十二章［冯振《老子通证》（前揭）“老子通证下篇”第五十二章所引］、冯振《老子通证》（前揭）“老子通证下篇”第五十二章、高亨《老子正话》（前揭）卷下第五十二章、高亨《老子注译》（前揭）卷下第五十二章均作此解释；在日本，金谷治《老子 无知无欲のすすめ》（前揭）“老子道德经　下篇”之 52“天下に始め有り（母なる“道”に归れ）”、蜂屋邦夫《老子》（前揭）第五十二章、神塚淑子《〈老子〉——“道”への回归》（前揭）第Ⅱ部第二章“‘道’に复归する（《老子》第四十章、第十六章、第五十二章、第二十八章）”等均作此解释。然而，仅仅把已经回归“道”的绝对的明智，进入没有身殃之境地的人，说成是“因顺”了“道”的人，这个评价未免也太低了。像河上公《老子注》那样，作“习”但取“习修常道”之意，像成玄英《老子义疏》的天下章、陈鼓应《老子注译及评介》（前揭）的“注释今译与引述”第五十二章那样，解释为“承袭常道”，也和前面没有什么两样。因此，这些解释是不可取的。应该像武内义雄《老子の研究》（前揭）之“老子の研究（下）道德经析义”之“老子道德经　下篇”第五十二章、福永光司《老子》（前揭）之“下篇（德经）”第五十二章那样，将其解释为“入”。就是说，所谓“袭常”，是赞扬那些握“道”入“道”，与“道”成为一体的人。

〔含德〕之厚〔者〕，比于赤子。蜂虿虺蛇弗螫，攫鸟猛兽弗搏。骨弱筋柔而握固，未知牝牡〔之会〕而朘〔怒〕，精〔之〕至也。终日号而不嗄，和之至也。……益生曰祥（妖），心使气曰强。〔物壮〕即老，谓之不道。不〔道〕早〔已〕。[①]

这说的是，对“德”（“道”之作用）有充分蓄积者就如“赤子”一样，可以实现养生，相反，无法把握“道”的人则“早已”，这样的人养生是不可靠的。

此外，《老子》第二十章所见“婴儿”，

我泊（怕）焉未兆，若〔婴儿未咳〕，累呵（乎）如〔无所归〕。[②]

《老子》第二十八章所见“婴儿”，

知其雄，守其雌，为天下溪。为天下溪，恒德不鸡〈离〉。恒〔德〕不鸡〈离〉，复归〔于〕婴儿。[③]

这两个“婴儿”，基本上是无知、无欲、无为以及纯真、素朴之境地的比喻、象征。[④]我觉得尤其是第二十八章的“婴儿”充满着养生思想上的意味，是通过把握“道”（本章为“恒德”）以获取旺盛生命力的比

---

① 此处今本可参见（魏）王弼注、楼宇烈校释《老子道德经注校释》，中华书局2008年版，第145页。

② 同上书，第46—47页。

③ 同上书，第73页。

④ 第二十章“若〔婴儿未咳〕”一句，形容的是没有“我”之形兆的那种“无我”状态。第二十八章“知其雄，守其雌，为天下溪。”一句，“雄”是男性刚强生存方式的比喻、象征，“雌”是女性柔弱生存方式的比喻、象征。这一点各家说法都一致。“知其雄，守其雌”让我们想起第五十二章“〔既知其子〕，复守其母”这种表达方式。无疑两者在思想内容上也有共通之处［参照王道《老子亿》二十八章（焦竑《老子翼》二十八章所引）］。其大意是，尽管能懂得“雄”，能够采用“雄”的生存方式，但不加采用，相反有目的有意识地知“雌”、保持“雌”的生存方式（参照林希逸《老子鬳斋口义》知其雄章第二十八）。下面“知其白，守其辱”“知

喻和象征。

不用说，养生思想在《老子》以外的道家各种文献，如《庄子》《淮南子》《文子》中有体现。这里引用以“婴儿”“儿子”为养生思想之象征的《庄子》的例子。《庄子·达生》中有个叫田开之的人物说：

（接上页）其〔白〕，守其黑”也一样。我认为此章的背景，和第六十一章“牝恒以静胜牡，为其静〔也，故〕宜为下。”是同样的牝牡观（雌雄观）。“溪”字，马王堆乙本作“鸡”，就是“溪”的假借字，北京大学简、通行本（王弼本）作“谿”。“溪”和“谿”是同一个字，谷间之意。和下文“谷”的不同，如《尔雅》释水“水注川曰谿，注谿曰谷。”所言，是以大小来区分的。《老子》中“溪”“谷”的第一含义，是处于天下低下之位，第四十一章“上德如谷，大白如辱”的“谷”也一样。正因为如此，最终反而能够升到高上之位。下文的“〔圣〕人用则为官长”，即是佐证。“溪”“谷”的第二含义是，如同一切山脉之水都会流入“溪”“谷”，天下之人都会归服于这个“圣人”。王弼《老子注》、河上公《老子注》以来，通常的解释都重视的是第二含义。然而实际上，不管是《老子》整体还是第二十八章，第二含义都没有明确表达出来。因此，我觉得不必强调。

“为天下溪，恒德不鸡〈离〉。”中的“恒德”，意为恒常不变之“德”（“道”的作用）。说的是相对于“万物”现象不断变化永无休止，根源之“道”则是确定不变的。关于“恒德”，现代日本的研究，例如，福永光司《老子》（前揭）“上篇（道经）”第二十八章、金谷治《老子　无知无欲のすすめ》（前揭）“老子道德经　上篇”之28“其の雄を知りて，其の雌を守る（素朴への回归）”、神塚淑子《〈老子〉——“道”への回归》（前揭）第Ⅱ部第二章《“道”に复归する（〈老子〉第四十章、第十六章、第五十二章、第二十八章）》等著作，将其与第一章“道可道也，非恒道也。”联系起来。开启这一解释方向者可能是林希逸《老子鬳斋口义》知其雄章第二十八吧。然而这两者是无关的。因为第一章的“恒道”是基于“道”的不可把握性而产生的，和知识论上的“非恒”相反，而二十八章的“恒”是与森罗万象的“非恒”相对的、作为根源者的“道”自身的“恒”。“不鸡〈离〉”，和第十章“〔抱一，能毋离（离）乎。〕”中的“毋离（离）”意思基本相同。

“恒〔德〕不鸡〈离〉，复归〔于〕婴儿。”一文中可能包含着养生思想。第二十八章的“婴儿”，除了王道《老子亿》第二十八章（焦竑《老子翼》二十八章所引）作为养生思想来解释是少数例外之外，大多数都作纯粹、素朴的含义来解释。虽然没有必要否定纯粹、素朴的含义，但因为第十章、第五十五章中《老子》的“赤子”“婴儿”是从注重养生的方向来论述的，所以我觉得本章也和第十章、第五十五章一样。因此，这一句的大意是，如果能够获取恒常不变的“德”（“道”的作用）而且不会离开，就可以返回作为人之本来面貌的婴儿般的旺盛生命力。

鲁有单豹者，岩居而水饮，不与民共利。行年七十而犹有婴儿之色。①

《庄子·庚桑楚》中说老子讲了如下的话：

卫生之经……能翛然乎？能侗然乎？能儿子乎？儿子终日嗥（号）而嗌不嗄，和之至也；终日握而手不掜，共其德也；终日视而目不瞚，偏不在外也。……是卫生之经已。②

这些文章都以“婴儿”“儿子”为养生者之象征，赞美他们有着洋溢的勃勃的生命力。

（四）通过无知、无欲、无为以实现养生

接下来我们探讨通过无知、无欲、无为以实现不老长生的养生思想。这虽然不是通过“道”“德”的把握来养生，但和“道”“德”有着密切的关系并成为“道”“德”的一部分，例如，《老子》第三章说：

是以圣人之〔治也，虚其心，实其腹，弱其志〕，强其骨。恒使民无知无欲也，使〔夫知不敢。弗为而已，则无不治矣〕。③

这里的“〔虚其心，实其腹，弱其志〕，强其骨”。是圣人理想的统治状态。通过这一方式，圣人使人民“无知、无欲”，但所谓“无知、无欲”，必然是虚弱人民的“心、志”亦即精神的。与之对应，要实现的是“腹、骨”亦即身体上的“实、强”，后者指的就是不老长生的养生思想。因此，在第三章这里，“无知、无欲”成了使养生变得可能

① （清）郭庆藩：《庄子集释》，中华书局2012年版，第644页。

② 同上书，第781—784页。

③ 此处今本可参见（魏）王弼注、楼宇烈校释《老子道德经注校释》，第8页。

的东西。①

与此极为类似者是《老子》第十二章以下这段话：

> 五色使人目盲，驰骋田猎使人〔心发狂〕，难得之货使人之行妨，五味使人之口爽，五音使人之耳聋。是以圣人之治也，为腹不〔为目〕。故去彼取此。②

这个“为腹不〔为目〕”也是圣人理想统治的形态。“不〔为目〕”的意思，无疑承接上文“五色使人目盲”以下内容，竭力抑制感觉器官与知觉器官所产生的欲望。预见到对“欲”之否定的彼岸将是“道”的把握和实现。那么，“为腹”指的是什么？虽然这一章没有任何明示，但是从与第三章之表达相类似来判断，依然指的是身体的养生吧。③因此，即便在第十二章中，对于无欲的倡导和养生思想也是表里相关的。

---

① 在此，对第三章“〔虚其心，实其腹，弱其志〕，强其骨。”的趣旨再作些阐释。如果把这句话放在前后文脉中加以考虑，使“民”之“心”与“志”变得“虚”“弱”，朝向的是无知、无欲，使“民”之“腹”与“骨”变得“实”“强”，朝向的是生命、身体的养生。由此可知，本章把人民的知欲和养生当作矛盾、对立的关系来把握，在老子政治思想中最为重视的课题是人民的养生。

② 此处今本可参见（魏）王弼注、楼宇烈校释《老子道德经注校释》，中华书局 2008 年版，第 27—28 页。

③ 第十二章“圣人之治也，为腹不〔为目〕。故去彼取此。”之表达方式，与第三章、第三十八章有类似之处，在思想内容上也有重合之处。因此，可以说这里也包含着养生思想。“不〔为目〕”，不仅否定的是人的“目”，也否定的是“心”“行”“口”“耳”等主要在感觉器官、知觉器官上发生的欲望追求，这一点大多学者见解一致。然而，把“为腹”的意思解释为维持、确保人身体之生命的养生思想，这样的解释却极少。仅能举出冯振《老子通证》（前揭）“老子通证上篇”第十二章、[日]木村英一《老子の新研究》（创文社 1959 年版）之第三篇第三章《老子道德经》（第十二章），产生这种状况的原因，我想在于过去对于养生思想的关心在今天已经不那么强烈了。

还有其他见解，其一，以目为“外”，与之相对，以腹为“内”，让腹“内”之“道”得到充实。成玄英《老子义疏》五色章、林希逸《老子鬳斋口义》五色章第十二等持这一见解。其二，目代表多知、多欲的追求，与之相对，腹代表无知、无欲的素朴。吕惠卿《道德真经传》（前揭）十二章、蒋锡昌《老子校诂》（商务印书馆 1937 年版）十二章等持这一见解。其三，目代表嗜欲外诱，与之相对，腹代表实腹守气。武内义雄《老子の研究》（前揭）“老子の研究否定欲望追求从而实现“不殆”等理想的结果，这样的养生思想在《老子》中是显著的。例如，《老子》第三十二章中有：

> 始制有〔名。名亦既〕有，夫〔亦将知止。知止〕所以不〔殆〕。①

《老子》第四十四章中有：

（接上页）（下）道德经析义”之“老子道德经　上篇”第十二章持这一见解。其四，目指的是以视觉为代表的感觉意义上的一般欲望，与之相对，腹指的是让肚子得到充实从而获得底力。［日］福永光司《老子》（前揭）的“上篇（道经）”第十二章、［日］小川环树《老子》（中央公论新社 2005 年版）“老子　上篇”第十二章等持这一见解。其五，目代表五官欲望的追求，与之相对，腹代表道念的强固。诸桥辙次《掌中　老子の讲义》（前揭）之“老子　上篇”第十二章持这一见解。我感觉以上各种见解每个都有无法聚焦的地方。

① 此处今本可参见（魏）王弼注、楼宇烈校释《老子道德经注校释》，中华书局 2008 年版，第 81 页。作为第三十二章整体之基础的哲学构造在于，把“道→万物”的关系看作“无名→有名”之存在论的展开，并将这样的关系用“朴→器”做出比喻和象征式的表达。简而言之就是根源的“道＝无名＝朴”生成现象的“万物＝有名＝器”这样一种存在论。懂得了第三十二章的结构和主旨，那么，就能够理解此章后半部分为什么进入“有名”状态后，欲望追求的抑止就会成为一个问题。

引用的第三十二章这句话，或许因为论述的环节错综复杂，以往的研究中几乎没有能够打通文脉的解释。“始制有〔名〕”的意思是，无名的“朴”（“道”）被裁割之后，有名的“器”（“万物”）被制作出来。第二十八章“朴散〔则为器〕”一句说的也是完全相同的意思，是由“道”生出“万物”的存在论哲学（道器论）。以往的研究中，李嘉谋《老子注》三十二章（焦竑《老子翼》三十二章所引）、武内义雄《老子の研究》（前揭）之“老子の研究（下）道德经析义”之“老子道德经　上篇”第三十二章、福永光司《老子》（前揭）“上篇（道经）”第三十二章，有精辟的解释。但福永光司未正确理解“器”只能是“万物”。

“〔名亦既〕有”，表示进入了有“名”的“万物”被产生出来的阶段。这个“名”泛指“万物”的名称，但为王弼《老子注》所误，很多人将其误解为表示尊卑名分的政治之“名”。例如，诸桥辙次《掌中　老子の讲义》（前揭）“老子　上篇”之第三十二章、小川环树《老子》（前揭）“老子　上篇”之第三十二章、高明《帛书老子校注》（前揭）“道经校注”第三十二章等。

“夫〔亦将知止〕”，意思是作为修道者的侯王，也将懂得克制以“万物”为对象的欲望追求。“止”，是制止自己对于“万物”的欲望。和第四十四章“知足不辱，知止不殆，可以长久。”中的“足”“止”同义。

“〔知止〕所以不〔殆〕”，如果懂得克制对于“万物”的欲望，那就可以因此而实现不使生命、身体遭遇危险的养生。因此，即便是第三十二章，克制对于“万物”的欲望追求，亦即无欲，也被定义成为养生的原因。

> 名与身孰亲，身与货孰多，得与亡孰病。甚〔爱必大费，多藏必厚〕亡。故知足不辱，知止不殆，可以长久。①

这两章共通之处在于有这样一种养生思想，人通过克制对名誉、财货之欲望，使身体不再有陷于危殆的担忧，甚至有可能实现不老长生。

此外，《老子》中也包含着这样的养生思想，即如果放弃对于人生存的欲求，放弃对于生命的执着，从反向言说的、辩证法的角度看，反而使生存得以可能，使生命得以持续。这种论述，不妨认为是和上述对名誉、财货之欲望加以克制的、阐述无欲的文章有着同样的思想。例如，前引《老子》第七章云：

> 天长地久。天地之所以能〔长〕且久者，以其不自生也，故能长生。是以圣人退其身而身先，外其身而身存。不以其无〔私〕与，故能成其私。②

这里导出的“圣人”的养生，说的是“天地”正因为舍弃了只顾自

---

① 此处今本可参见（魏）王弼注、楼宇烈校释《老子道德经注校释》，中华书局 2008 年版，第 121—122 页。第四十四章“名与身孰亲”，意为较之名声的获得身体的保护更为切实可靠。当时诸子百家中，对这类“名”予以重视的学派是儒家。例如，《论语·卫灵公》篇有：子曰：“君子疾没世而名不称焉。”

因此，可以说第四十四章这个部分有对儒家重视“名”的思想加以批判的意图。然而，对儒家等学派所倡导的要在世间获取名声的思想加以批判、与自家倡导的对身体予以保护的思想形成对比者，是战国晚期至西汉初期形成的《庄子》的《骈拇》篇、《秋水》篇、《盗跖》篇。第四十四章的思想，如成玄英《老子义疏》名与身孰亲章、冯振《老子通证》（前揭）“老子通证下篇”四十四章所指出的那样，和上述《庄子》各篇关系很深。应该是大致相同时代相同思想环境下执笔的文章吧。

第四十四章“得与亡孰病”，“得”的是什么？“失”的是什么？自古以来就有各种各样的解释。这方面的解释史，大滨皓《老子の哲学》（前揭）八章“无欲”有过整理。其中，因为王弼《老子注》有如下的解释：“得多〈名〉利而亡其身，何者为病也。”

所以最为流行的见解是，得的是“名、货”，亡的是“身”。例如，吕惠卿《道德真经传》（前揭）四十四章、诸桥辙次《掌中　老子の讲义》（前揭）“老子　下篇”第四十四章均作此解释。笔者以为，此三句如“名与身”→“身与货”→“货之得与亡”所示，作接龙式排列，故所得所亡都是“货”。成玄英《老子义疏》“名与身孰亲”章、大滨皓《老子の哲学》（前揭）八章“无欲”，虽然和上述思考过程不同，但都得出了相同的结论。

② 此处今本可参见（魏）王弼注、楼宇烈校释《老子道德经注校释》，第 19 页。

己生存的生存欲求，反而能够获得长且久的生存，以这种“天地”的存在方式为模范，不重视自己的身体，反而能使身体的存续获得成功。另外，前引《老子》第七十五章：

> 民之轻死，以其求生之厚也，是以轻死。夫唯无以生为者，是贤贵生。①

也和第七章的思想相当接近。说的是不求“求生”“贵生”，而“唯无以生为”，即只有不刻意运用人为、作为以追求生存的方法，让人民看重生死，才有可能实现真的养生。

还有，《老子》第七十六章有：

> 人之生也柔弱，其死也筋肕坚强。万物草木之生也柔脆，其死也枯槁。故曰，“坚强者死之徒也，柔弱微细生之徒也。”兵强则不胜，木强则恒。强大居下，柔弱微细居上。②

这是把“柔弱”的存在方式反而视作“生之徒”③，当作使养生成为可能的精神予以了高度评价，如同这一节前面所讨论的那样，可以将其理解为是依据无知、无欲、无为以实现养生的一种思想。

---

① 此处今本可参见（魏）王弼注、楼宇烈校释《老子道德经注校释》，中华书局2008年版，第184页。

② 同上书，第185页。

③ 第七十六章“兵强则不胜”的“不胜”，刘师培《老子斠补》、蒋锡昌《老子校诂》（前揭）第七十六章，依据《列子·黄帝》《淮南子·原道》等文献所引老聃或老子言作“兵强则灭，木强则折。”将其改为“灭”字。武内义雄《老子の研究》（前揭）“老子の研究（下）道德经析义”之“老子道德经　下篇”第四十二章、高亨《老子注译》（前揭）卷下第七十六章、陈鼓应《老子注译及评介》（前揭）之“注释今译与引述”第七十六章，采用这一新说，将“不胜”改为“灭”。然而，出土资料本均作“不胜”，而且在意思上也没有差别，没有改的必要。

“木强则恒”的“恒”字，马王堆乙本作“竞”，北京大学简作“核”，王弼本作“兵”，河上公本作“共”。通行本的“兵”或“共”因为意思难通，向来是引发讨论的焦点。黄茂材《老如上面所分析的那样，第一，老子把养生当作修道者因为能够把握“道”“德”而产生的结果来认可，对此采取积极的、肯定的态度。第二，老子把养生当作修道者因为能够达致无知、无欲、无为而获得的成果来认可，对此予以积极的肯定。

四 《老子》中的养生与政治

战国晚期，包括老子在内的道家思想家从外部摄取养生思想之初，他们并非百分之百完全赞同这种外来的新思想，一开始道家从过去的、传统的思想，尤其是从注重反人为、反刻意的立场出发，对“养生”的人为性、刻意性做出了独特的批判。尽管如此，老子等人对养生思想做出积极的、肯定的吸收，是因为他们认可把养生当作修道者因为成功把握“道”“德”而产生的结果，或者把养生当作修道者因为达致无知、无欲、无为而获得的成果。这以后，时代越晚，道家对于“养生”越加不做任何批判并予以支持。

然而，除了《老子》之外，战国时代道家养生思想中，有一个重要的特征——倡导养生思想的道家思想家在不少场合，把养生与政治看作绝不可能并立的二律背反，在此基础上，选择养生而排斥政治。

(接上页) 子解》、俞樾《诸子平议》根据上引《列子·黄帝》《淮南子·原道》等文献，把“兵”“共”改为“折”以后，“兵”“共”为“折”误字说成为普遍接受的见解。支持这一观点的例子，如果仅限于日本学者，有以下这些：金谷治《老子　无知无欲のすすめ》（前揭）“老子道德经　下篇”之76“人の生まるるや柔弱［柔弱の德（1）］”、小川环树《老子》（前揭）“老子　下篇”第七十六章、［日］楠山春树《老子の人と思想》（汲古书院2002年版）第六章第四节“思想形成の顺序”、神塚淑子《〈老子〉——〈道〉への回归》（前揭）第Ⅱ部第五章“柔らかく生きる（《老子》第七十六章、第七十八章）”。然而，既然马王堆两个本子已经出现，现在就必须据此做出考察。底本（马王堆甲本）的“恒”，我赞同《马王堆汉墓帛书〔壹〕》（前揭）“德经”之注释〔五九〕，认为可以视作“栕”的假借字。《说文解字》有“栕，竟也。亙，古文栕。”终了之意。乙本的“竞”是“竟”的假借字，北京大学简的“核”也是“栕”的假借字吧。而河上公本的“共”是“栕”“竟”的通假字，王弼本的“兵”则是“共”的讹传吧。

“木强则恒（栕）”的旨趣，接近于《庄子·人间世》的“夫柤梨橘柚……大枝折，小枝泄（苦）。……故不终其天年，而中道夭。”《庄子·人间世》的“宋有柚氏者，宜楸柏桑。……故未终其天年，而中道之夭于斧斤。”《庄子·山木》的“直木先伐”。想要表现的是那些从养生思想看不能享尽天年的树木。

（一）战国道家所见养生与政治的对立

具体而言，这种立场指的是，认为从事养生之道，和获取政治权力尤其是天下的统治权，通过行使权力实现天下、国家的统治，这两者之间存在尖锐的矛盾和对立，通过否定政治来提倡养生。

《庄子·让王》中有不少这类文章[①]，这里仅引用其中一章来加以分析。

> 韩魏相与争侵地。子华子见昭僖侯，昭僖侯有忧色。子华子曰："今使天下书铭于君之前，书之言曰：'左手攫之则右手废。右手攫之则左手废。然而攫之者必有天下。'君能攫之乎？"昭僖侯曰："寡人不攫也。"
>
> 子华子曰："甚善！自是观之，两臂重于天下也，身亦重于两臂。韩之轻于天下亦远矣。今之所争者，其轻于韩又远。君固愁身伤生以忧戚不得也。"僖侯曰："善哉！教寡人者众矣，未尝得闻此言也。"子华子可谓知轻重矣。[②]

这是和前面所引《吕氏春秋·审为》几乎相同的文章，成于战国晚期以前道家系统（道家先驱者）之手，这里借助子华子之口，把生命、身体的保护、维持和天下统治权的获得尖锐对立起来，并提出应该毋庸置疑的选择前者的立场。

子华子所提出的，在"左手攫之则右手废。右手攫之则左手废。然而攫之者必有天下"的前提下，毫无疑问必须选择放弃天下以保护、维持生命、身体的思想，看上去很单纯，但应该是在较晚的时代出现的养生思想。我在前文中指出，在类似的情况之下，几乎同时代的儒家的马王堆《五行》第十四章"说"文部分和墨家的《墨子·贵义》，虽然同

---

① 《庄子·让王》整体是西汉初期集合起来的多篇文章。其中多数取自编纂于战国晚期的《吕氏春秋》，然后进入《庄子》中，这里所引文章也见于《吕氏春秋·审为》。因此，可以认可其为战国晚期以前道家撰写的文章。

② （清）郭庆藩：《庄子集释》，中华书局 2012 年版，第 960—962 页。

样先排斥“天下”而追求生命、身体，但是，无论《五行》还是《墨子》都绝不把珍贵的生命、身体看作唯一的东西，而主张“仁”“义”等为更重要的价值。这些都是基于更早出现的儒家、墨家的传统思想，而对新出现的养生思想做出批判的产物。如前文所指出的那样，战国晚期的道家也对养生思想做过同样的批判。

不同于早期道家、早期诸子百家对于养生思想如此冷淡、复杂的态度，《庄子·让王》的养生思想基本上和《吕氏春秋·审为》相同，单纯地将养生与政治对立起来，赞成养生，并赋予养生几乎绝对的价值。

再举一些当时道家所撰写的其他文章。《吕氏春秋·重己》云：

> 今吾生之为我有，而利我亦大矣。论其贵贱，爵为天子，不足以比焉。论其轻重，富有天下，不可以易之。论其安危，一曙失之，终身不复得。此三者，有道者之所慎也。有慎之而反害之者，不达乎性命之情也。不达乎性命之情，慎之何益?①

《淮南子·俶真》云：

> 古之真人，立于天地之本，中至〈正〉优游，抱德炀和，而万物杂累焉，孰肯解构人间之事，以物烦其性命乎!②

---

① 参见许维遹撰、梁运华整理《吕氏春秋集释》，中华书局2016年版，第19—20页。《吕氏春秋·重己》，如下文所示，对早期道家作品《庄子·齐物论》的哲学加以批判，同时对新出现的养生思想加以鼓吹：“夫弗知慎者，是死生存亡可不可，未始有别也。未始有别者，其所谓是未尝是，其所谓非未尝非，是其所谓非，非其所谓是。此之谓大惑。若此人者，天之所祸也。以此治身，必死必殃。以此治国，必残必亡。夫死殃残亡，非自至也，惑召之也。寿长至常亦然。故有道者，不察所召，而察其召之者，则其至不可禁矣。此论不可不熟。”

这里把“死生存亡”视为齐同的哲学当作“大惑”加以批判，在此基础上，阐述了否定死亡、重视生存的养生思想（“寿长”）。因此，《吕氏春秋·重己》也是战国晚期道家的作品，本文引用文献中所见把养生和政治当作二律背反来把握的现象，我认为不是早期道家的传统的思想。

② 参见刘文典撰，冯逸、乔华点校《淮南鸿烈集解》，中华书局1989年版，第59页。《淮南子·俶真》的文章，是在《庄子·在宥》以下文章基础之上形成的：“故君子苟能无解其五藏(脏)，无擢其聪明，尸居而龙见，渊默而雷声，神动而天随，从容无为，而万物炊累焉。吾又何暇治天下哉。”

这些文章都将人“性命”即生命[①]的保持，和“为天子”“有天下”被人间社会的杂事（“人间之事”）所累，视为有着尖锐矛盾、对立的两件事，提倡养生的绝对价值。

还可以追加《淮南子·精神》的例子：

> 夫〔无〕以天下为者，学之建鼓矣。尊势厚利，人之所贪也。使之左〔手〕据天下图，而右手刎其喉，愚夫不为。由此观之，生尊〈贵〉于天下也。圣人食足以接气，衣足以盖形，适情不求余，无天下不亏其性，有天下不羡其和。有天下，无天下，一实也。[②]

这篇文献使用了和上述《吕氏春秋·审为》《庄子·让王》《墨子·贵义》、马王堆《五行》第十四章“说”文部分等文献相同的话题，不认可《墨子》、马王堆《五行》那种把伦理价值的存在置于生命、身体之上的做法，和《吕氏春秋》《庄子》一样把个人的养生与天下的政治对立起来，主张应该仅仅选择养生。在战国晚期到西汉初期的道家文献中这类主题的文章绝不在少数。

（二）《老子》所见养生与政治的交错

不同于具有以上特征的战国晚期到西汉初期道家普通的、一般的养生思想，《老子》的养生思想，基本上不把个人生命、身体的保护、维持和天下统治权的获得矛盾、对立起来。相反，在不少场合把养生和政治视为相互依存、相互对待，互相交错展开的内容来提倡。

首先，我们来看一下本文到目前为止引用、讨论的《老子》各章，完全不涉及政治领域的各种问题，仅仅讨论养生的篇章，仅限于第四十

---

① 道家思想家，常常使用“性命”“性命之情”等技术术语，把养生思想用“不失性命之情”等词汇来表达。道家所谓的“性命”意味着人身体的生命，所谓的“情”意味着实情、事实。除了本文所引用的例子之外，例如，在《吕氏春秋》的《知度》《有度》；在《庄子》的《骈拇》《在宥》《天运》《缮性》《达生》《知北游》《徐无鬼》；在《淮南子》的《原道》《俶真》《精神》《本经》《齐俗》《诠言》《泰族》《要略》等篇中，也有重视“性命”“性命之情”的思想。

② 参见刘文典撰，冯逸、乔华点校《淮南鸿烈集解》，中华书局 1989 年版，中华书局 2013 年版，第 285—286 页。

四章、第五十章、第五十五章三章。

以某种形式或多或少与政治的各种问题形成对立，在此基础上讨论养生的文章，只有第三十二章和第五十二章两章。然而，第三十二章前半部分在把握无名之“道”的基础上讲“天下”政治，和后半部分有名之“万物”出现后的养生，形成万物生成论两个阶段不同主题的对比，而并不是两者之间的对立。第五十二章以下部分：

塞其兑，闭其门，终身不勤。启其兑，济其事，终身〔不来〕。①

给人感觉似乎稍稍设定了养生和政治间的对立。前半部分，基于对人（修道者）感觉、欲望的否定，描绘了与世界的合一（同时也是对“道”的把握），认为由此能产生出养生的结果；后半部分，描绘了让感觉、欲望发挥作用的“济其事”，亦即各种事业的推进，认为这会遮蔽阻断向人之本性的复归。考虑到后者“济其事”中插入了政治的主题，可以说这部分设定了养生与政治的对立。但是，《老子》所见两者对立仅见于此，而且只有略微感觉到的程度。

如上所述，第四十四章、第五十章、第五十五章三章完全不涉及政治领域的各种问题，仅仅讨论养生，而第三十二章和第五十二章两章以某种形式把养生和政治对立起来讨论，形成对比的是，本文到目前为止引用、讨论的《老子》各章中的多数，认为养生和政治（包括军事）没有关系，也不认为两者间存在矛盾、对立。认为两者相互依存、相互对待、相互交错展开，将两者同时予以提倡者，是第三章、第七章、第十章、第十二章、第二十八章、第三十章、第七十五章、第七十六章总计八章。这里，作为有代表性的例子，我们再次对第三章、第七章、第十二章、第三十章、第七十五章做出分析，以确认这一节的主题。

《老子》第三章如下所示：

是以圣人之〔治也，虚其心，实其腹，弱其志〕，强其骨。恒使

① 此处今本可参见（魏）王弼注、楼宇烈校释《老子道德经注校释》，中华书局 2008 年版，第 139—140 页。

民无知无欲也，使〔夫知不敢。弗为而已，则无不治矣〕。[①]

《老子》第十二章如下所示：

> 是以圣人之治也，为腹不〔为目〕。故去彼取此。[②]

这两章明确表示，所谓“圣人之治”理想统治的内容是，“实其腹……强其骨”以及“为腹”之类的养生活动。而且，第三章被引用段落的上文和下文讲的都是理当如此的政治行为。

《老子》第七章如下所示：

> 天长地久。天地之所以能〔长〕且久者，以其不自生也，故能长生。是以圣人退其身而身先，外其身而身存。不以其无〔私〕与，故能成其私。[③]

这里，以“天地”的“其不自生”的存在方式为范本，由此得出“圣人”的“退其身而身先”的政治，和“外其身而身存”的养生，是同时并行导出的。因此这是一种养生和政治相互依存、相互对待，相互交错展开的思想。

《老子》第三十章如下所示：

> 以道佐人主，不以兵强〔于〕天下，〔其事好还。师之〕所居，楚棘生之。善者果而已矣，毋以取强焉。果而毋骄，果而勿矜，果而〔勿伐〕，果而毋得已居。是谓〔果〕而不强。物壮而老，是谓之不道。不道早已。[④]

---

① 此处今本可参见（魏）王弼注、楼宇烈校释《老子道德经注校释》，中华书局2008年版，第8页。

② 同上书，第28页。

③ 同上书，第19页。

④ 同上书，第77—78页。

这里，上段、中段是批判战争的政治思想，下段是养生思想。为这两者提供根据者都是“道”的哲学，具体而言是不可“强、壮”的柔弱谦下的伦理思想。因此，在这一章中，养生和政治的关系不构成任何的矛盾、对立，而是相互补充的，这是因为两者的成立都是以“道”的哲学为根据的。

《老子》第七十五章如下所示：

> 人之饥也，以其取食税之多也，是以饥。百姓之不治也，以其上有以为〔也〕，是以不治。民之轻死，以其求生之厚也，是以轻死。夫唯无以生为者，是贤贵生。①

这一章，将人类所遭遇的巨大困难，从因为重税而导致的饥饿、政治社会的混乱、求生轻死的风潮这样三个侧面作了论述，前二者是政治的问题，后者是养生的问题。老子是如何考虑养生与政治之关系的，因为这里并未明示，只能做出推测，如果依据上面所讨论的结果，还是得作这样的设定吧，即两者并不矛盾、对立，而是相互依存、相互对待、相互补充的关系。

上面，对本文到目前为止所引用、讨论的《老子》各章养生思想作了重新分析，可以确认其中的多数，养生与政治的关系是相互补充的。

接下来，对本文尚未引用、讨论的《老子》两章中的养生思想，注重从养生与政治之关系的角度作些考察。

其中之一是《老子》第十三章：

> 宠辱若惊，贵大患若身。何谓宠辱若惊。宠之为下，得之若惊，失〔之〕若惊，是谓宠辱若惊。何谓贵大患若身。吾所以有大患者，为吾有身也。及吾无身，又何患。故贵为身于为天下，若可以托天下矣。爱以（为）身为天下，如可以寄天下矣。②

这一章末尾的两句话说的是这样一个主题，把“为身”这件事［第

---

① 此处今本可参见（魏）王弼注、楼宇烈校释《老子道德经注校释》，中华书局 2008 年版，第 184 页。

② 同上书，第 28—29 页。

二句的"以（为）身"意思相同]，和"为天下"之事进行比较，只有较之后者的政治，更"贵"更"爱"前者养生的人物，才有可能"托""寄""天下"的政治。[①] 这两句话中养生和政治的关系，前一阶段，并非上面所讨论的那种矛盾、对立，最多只是对比、相异而已，后一阶段，是养生与政治相互依存、相互对待、相互交错展开的关系。从这个意义上讲，第十三章可以说具备了《老子》养生思想的基本特征。之所以说《老子》

---

① 理解第十三章章末二句"故贵为身于为天下，若可以托天下矣。爱以（为）身为天下，如何（可）以寄天下矣。"之际必要的事项是，第一，了解贯穿这一章的思想环境，第二，正确地阅读这一章以及和这一章相关的文献。第一点，在正文中已经作了阐述，这里再作一个简单的概括，《老子》以前道家思想史的思想环境在于，把个人的养生（"为身"）和天下的政治（"为天下"）当作矛盾、对立的关系来把握，肯定"身"而否定"天下"的态度是普遍的。例如，《吕氏春秋·贵生》有"天下，重物也。而不以害其生，又况于它（他）物乎。"这是第十三章形成的直接前提。虽然在第十三章中这样的思想环境非常显著，但老子并非原封不动地加以认可和继承，而是试图加以修正。——一开始采取的是这样的态度，即把养生和政治形成对比、对照，较之政治，更选择重视养生的态度（前一个阶段）。这继承的是以往的道家路线。接下来，如"若可以托天下矣。……如何（可）以寄天下矣。"所示，指出只有最重视"吾身"者，才适合把"天下"交给他，变成了政治和养生都加选择的态度（后一阶段）。这样一来，理所当然的是，被肯定了的"天下"政治，因为是由最重视"吾身"之养生的人来从事的，因此最为重要的问题就是实现包含我在内的天下所有人的养生。实际上，本文所引用的《吕氏春秋·贵生》已经做了这种思想史上的转换，但《吕氏春秋》中对"天下"政治加以否定的因素还很强。《老子》第十三章不仅继承《吕氏春秋》上述思想并在理论上更进一步，而且将这种新的养生思想嵌入《老子》全书，最终克服了养生和政治上的矛盾、对立。

第二，这个部分前后构成漂亮的对文，二句话说的是同样的意思。关于"为身"，郭店本前一句此处缺字，后一句作"以身"，马王堆甲本、乙本前一句是"为身"，后一句是"以身"，北京大学简前后两句都作"以身"，通行本（王弼本）前后两句都作"以身"。相同的文章见于《庄子·在宥》，前后两句均作"以身"，《淮南子·道应》前后两句均作"为身"。由此可见，各文本"以身"当从马王堆两本读作"以（为）身"，把"以"看作"为"的假借字。养生意义上的"为身"，在道家中多写作"治身""理身"。第十三章这里是为了配合"为天下"的文字表达而有意识使用了"为身"的表达方式吧。"为身"下的"于"字，是用于表达比较的助词。郭店本前一句此处缺字，后一句未见"于"，马王堆两本前一句都有"于"，后一句均无，北京大学简前后两句均无"于"，通行本（王弼本）前后两句均无"于"。此外，《庄子·在宥》前后两句均有"于"，《淮南子·道应》前后两句均无"于"。由此可见，我认为"于"字应从马王堆两本前一句，《庄子·在宥》篇的前后两句，前后两句均有"于"才是文本的本来面貌。但即便没有"于"字，前后比较的意思也完全读得出来。"为天下"下的"若"字或"如"字，就是接续词"则"。综合以上的分析，这两句应该读作"故贵为身于为天下，则可以托天下矣。爱为身于为天下，则可以寄天下矣"。采用这一读法时最值得参考的是金谷治《老子　无知无欲のすすめ》（前揭）之"老子道德经　上篇"之13"宠辱には惊くが若し（世俗の价值よりわが身が大事）"的解释。

如果以第一点思想环境为背景，进而展开第二点各种文献的解读，把这两点结合起来，那么，不仅能够理解第十三章养生思想的显著特征，也有助于把握《老子》整体养生思想的动向。

第十三章的养生与政治，前一阶段并非矛盾、对立，而是对比、相异，是因为第十三章并没有把个人“为身”之养生和对“天下”人民加以统治的政治视为尖锐的矛盾、对立关系，在否定政治的同时来提倡养生。

与这两段话类似的文章，多见于战国晚期到西汉时代（之后也是如此）的道家文献中。其中最早的是《吕氏春秋·贵生》：

> 尧以天下让于子州支父，子州支父对曰：“以我为天子犹可也。虽然，我适有幽忧之病，方将治之，未暇在天下也。”
>
> 天下，重物也，而不以害其生，又况于它（他）物乎！惟不以天下害其生者也，可以托天下。①

对此加以模仿改写后的作品是《庄子·让王》：

> 尧以天下让许由，许由不受。又让于子州支父，子州支父曰，“以我为天子，犹之可也。虽然，我适有幽忧之病，方且治之。未暇治天下也”。
>
> 夫天下至重也，而不以害其生，又况他物乎！唯无以天下为者，可以托天下也。
>
> 舜让天下于子州支伯。子州支伯曰，“予适有幽忧之病，方且治之，未暇治天下也”。
>
> 故天下大器也，而不以易生，此有道者之所以异乎俗者也。②

---

① 参见许维遹撰、梁运华整理《吕氏春秋集释》，中华书局2016年版，第38页。

② （清）郭庆藩：《庄子集释》，中华书局2012年版，第956—957页。含有与《老子》第十三章末尾两句话相同或者类似文章的道家文献，其他也不少。例如，也见于《庄子·在宥》《淮南子》的《道应》《诠言》，《文子·上仁》。这里，引用《庄子·在宥》中的文章。

故君子不得已而临莅天下，莫若无为。无为也而后安其性命之情。故贵以（为）身于为天下，则可以托天下。爱以（为）身于为天下，则可以寄天下。故君子苟能无解其五藏（脏），无擢其聪明，尸居而龙见，渊默而雷声，神动而天随，从容无为，而万物炊累焉。吾又何暇治天下哉。

这里包含着和《老子》第十三章相同的两句话，是比第十三章（成书于战国晚期）稍晚的时期形成的西汉初期道家的文章。养生与政治的关系，如“君子不得已而临莅天下”所示，对政治的态度变得柔和了，但又如“吾又何暇治天下哉”所示，与《老子》相比，政治批判的因素依然很强。

可以说《老子》第十三章是受《吕氏春秋·贵生》影响之后形成的，《吕氏春秋》《庄子》中子州支父、子州支伯说的话，把养生和政治当作尖锐的矛盾和对立来把握，作者们真实的想法是要克服这些矛盾和对立的。与之相比，《老子》第十三章中这两者关系显然要柔和得多了。

《吕氏春秋》《庄子》对于矛盾、对立加以克服的方法，是选择个人的养生，认为较之天下政治更重养生的人物才反而适合把天下政治托付给他，这是以反向言说的、辩证法的方式来消解矛盾和对立。由此，统治天下的政治课题只能是人的“养生”，能够从事天下政治的统治者只能是亲自从事“养生”的人。可以说，这是由道家养生思想所打开的新的政治思想。而《老子》第十三章末尾两句话的后一阶段，把养生和政治视为相互依存、相互对待、相互交错展开的关系，可以说是继承《吕氏春秋》对矛盾、对立加以克服的方针后形成的。就是说，一方面，个人的养生，因为存在和政治的对比、相异，以此为媒介被克服后转向天下人民的养生，同时另一方面，天下的政治，因为存在和养生的对比、相异，以此为媒介被克服后转向人民的政治。至少，这种可能性在上述《吕氏春秋·贵生》、《老子》第十三章、《庄子·让王》等道家养生思想中已经种下胚胎了。

其中之二是《老子》第五十九章。

> 〔治人事天，莫若啬。夫唯啬，是以早服。早服，是谓重积德。重积德，则无不克。无不克，则莫知其极。莫知其极〕，可以有国。有国之母，可以长久。是谓深根固柢，长〔生久视之〕道也。[①]

如文章开头的“治人”所示，基本上可以说这一章是以政治思想为主题的。为此，统治者必须克制奢华靡费，采用“啬”这种谨慎的最佳的方法，尽快地使自己具备“道”。这样的话，统治者既可以拥有国家，

---

① 此处今本可参见（魏）王弼注、楼宇烈校释《老子道德经注校释》，中华书局 2008 年版，第 155—156 页。

也可以使国家长久延续下去。[①] 然而，从稍早前的战国晚期之前开始，文中的“啬”是节约精气、精力的意思，而“长久”“长生久视”是不老长寿的意思，都属于养生思想上的技术术语。看得出，“啬”及“长久”“长生久视”等，在第五十九章带有养生思想上和政治思想上的双重意味。因此，第五十九章有着这样的构造，以试图使个人生命、身体获得长生的养生之术为基础，在此基础上展开国家统治的长久化、国家存续的长久化的政治课题——这正是养生与政治相互补充的交错关系。

（三）《老子》所见作为人生最终目标的养生

如上所述，除了《老子》，战国晚期到西汉初期的道家养生思想，很多都是把养生和政治视为尖锐的矛盾、对立的关系，在否定政治的基础上提倡养生。与之形成对照的是，《老子》的养生思想基本上不是这样的。即养生和政治之间并不视为矛盾、对立的关系，不如说两者是相互依存、相互对待、相互交错展开的。

这究竟是为什么呢？我们回过头来考察，如上所述，以《老子》为代表的道家从摄取养生思想的战国晚期之前开始，对于这种外来的新思想，他们站在重视道家过去传统的立场，对养生做出了独特的批判，认为养生不可以是人为的、刻意的。后来，在其他诸子百家也全都认可养生思想的大势中，道家也渐渐改变了批判的立场，开始变得认可养生，把养生当作修道者因为达到了“道”“德”及无知、无欲、无为的境界而获得的成果。《老子》作为战国晚期到西汉初期集合道家思想后形成的文

① 第五十九章的“有国之母，可以长久。”说的是如果把握了国之母的“道”，就能使国之存续得以“长久”的政治思想。“是谓深根固柢，长〔生久视之〕道也。”与之相关的表达是《庄子·缮性》“不当时命而大穷乎天下，则深根宁极而待。此存身之道也。”可见，这是一种通过深刻牢固地把握“根柢”之“道”而使自己的生命、身体保持“长生久视”的养生思想。那么这两者究竟是一种怎样的关系呢？老子的真意究竟体现在两者中哪一方呢？如果注意到本章中政治思想的“长久”和养生思想的“长生久视”属于同样的表达方式，具有同样的意思，就能知道，两者不仅相互依存相互对待，在用词上，也体现着政治的同时养生，养生的同时政治，这样一种相互渗透的意思，老子对两者都加以肯定，而且有意识地制造出重复的印象。对第五十九章章末政治与养生这种双重意味做出阐述者，在老子研究史上，似乎始于河上公《老子注》。后面还有，苏辙《老子解》五十九章（焦竑《老子翼》五十九所引）、冯振《老子通证》（前揭）之“老子通证下篇”五十九章、木村英一《老子の新研究》（前揭）第三篇第三章老子道德经（五十九章）。

献，其中的养生思想除了若干残渣是例外，对养生思想几乎都做了积极的、肯定的提倡，正是因为有上述的过程，才导致了这一结果。

另一方面，除了《老子》之外，对战国时代一般的道家思想家而言，政治这种事情是最令人讨厌的人为、作为，获得政治权力、特别是获得统治天下的权力，通过行使这种权力来实现对天下、国家的统治，正是从心底加以唾弃、讨厌的事。战国晚期到西汉初期，一般的道家，把个人的养生视为与天下政治有着尖锐矛盾和对立的关系，选取养生而排斥政治，正是这段历史的如实反映。不仅如此，一般的道家，尽管遇上战国混乱的终结和秦汉帝国的诞生这样的时代大变革，但也难以调整、克服上述养生与政治间的矛盾、对立，将这种矛盾、对立的思考当作传统道家思想的核心之一始终坚持下去。

不同的是，尽管《老子》是在比战国晚期稍早的时期开始成书的文献，但基本上没有采取类似对天下政治加以唾弃的、排斥的态度，而是把政治和养生并列，走向了对政治予以积极肯定的方向。其主要原因在于，在《老子》哲学中，“道一万物”这样一种“主宰一被主宰”的关系，在政治思想上，可以简单地平移为“天子一万民”这样一种“统治一被统治”的关系，因此，《老子》的政治思想，一开始是依据“道”的哲学或者有着血缘关系的柔弱、谦下、无欲、无为等伦理思想倡导出来的。简单地说，在《老子》那里，养生也是“道”的体现，政治也是“道”的体现。

在这样的背景之下，《老子》中出现了对养生思想给予极高评价的现象，把养生看作人生最终目标予以绝赞的文字。此举一例，即《老子》第十六章：

> 致虚极也，守静表〈笃〉也，万物并作，吾以观其复也。天〈夫〉物云云，各复归于其〔根。曰静〕，静是谓复命。复命，常也。知常，明也。不知常，妄。妄作，凶。知常容，容乃公，公乃王，王乃天，天乃道。〔道乃久〕，没身不殆。[①]

---

① 此处今本可参见（魏）王弼注、楼宇烈校释《老子道德经注校释》，中华书局2008年版，第35—37页。

这里论述的是，“吾”（修道者）达致彻底的“虚、情（静）”的结果，即一齐生长起来的“万物”，之后沿着以下的修道过程：

容→公→王→天→道→久→没身不殆

最终完成了“没身不殆”之养生的实现。① 对于老子而言，“没身不殆”也许就是养生的完成形态，这样，养生被置于比“天”之实现或“道”之实现更高的位置，可以看作人生之最终目标、绝对境界。

此外《老子》第三十三章：

知人者知也，自知〔者明也。胜人〕者有力也，自胜者〔强也。知足者富〕也，强行者有志也。不失其所者久也，死不妄（亡）者寿也。②

---

① 第十六章下段“知常容，……没身不殆。”部分是这么一篇关于养生的文章。想要上溯到“知常”，就会中间夹着“复命”，与“情（静）”相关联，因此，修道者（“吾”）如果能够实现彻底的“虚、情（静）”，最后就会到达“道”的高度，让自身体现“道”的永久性（“久”），同时自己一生都不会遇到危险的境地（“没身不殆”）。

“王”字，自古以来说法很多。例如，武内义雄《老子の研究》（前揭）“老子の研究（下）道德经析义”之“老子道德经 上篇”第十六章，认为是“生”的误写，马叙伦《老子校诂》（前揭）卷第一之第十六章，认为是“周”的误写。此外，劳健《老子古本考》［朱谦之《老子校释》（前揭）“老子道经”十六章所引］、陈鼓应《老子注译及评介》（前揭）“注释今译与引述”十六章，认为是“全”的误写，这个说法比较有说服力。然而，出土资料各本均作“王”，而且高明《帛书老子校注》（前揭）“道经校注”十六，也对劳健说作了尖锐的批判，因此这些说法都不恰当。还是遵从以往的说法作“王”为是。另外，按“王”字做出解释者中，如苏辙《老子解》十六章（焦竑《老子翼》十六章所引）、诸桥辙次《掌中 老子の讲义》（前揭）“老子 上篇”第十六章所示，有把“王”理解为“往”（人之往归）的说法，如武内义雄所批判的那样，不恰当。但是，苏辙等人的解说，似乎在探索不把第十六章的“王”指向现实的王，而是指向作为理想王者的理念。

章末“没身不殆”，意为终生不会遇到危险的境地。但是，因为上文说的是，修道者成为“道”自身，其结果是使自身拥有了“久”这种“道”的属性，因此这里不仅仅指的是长寿者，或许还加入了宗教的意味，即把永恒的生命当作生存者。关于这个问题，可以参照成玄英《老子义疏》致虚极章、神塚淑子《〈老子〉——“道”への回归》（前揭）之第Ⅱ部第二章“‘道’に复归する（《老子》第四十章、第十六章、第五十二章、第二十八章）”。

② 此处今本可参见（魏）王弼注、楼宇烈校释《老子道德经注校释》，中华书局 2008 年版，第 84 页。

也是几乎同样的例子。[①] 第三十三章整体上概述了四种人的类型。即“知、明”的人、“有力、强”的人、“富、有志”的人、“久、寿”的人。虽然不清楚前三者是否是并列的或者渐进的，但可以说最后“久、

---

① 第三十三章“不失其所者久也”的“其所”，即自己应处的场所。在养生思想中指的是天生所赋予的生命、身体，在政治思想中指的是君主在国家中的地位等。“不失其所”就是不失去自己应处的场所。如果重视的是政治思想，那么就和第二章：“〔万物昔（作）而弗始（治）〕也，为而弗志（恃）也，成功而弗居也。夫唯〔弗〕居，是以弗去。（此处今本可参见王弼注、楼宇烈校释《老子道德经注校释》，第6—7页。）”的“弗去”大致同义。第二章说的是，在万物有“昔（作）、为、成功”之成果的基础上，正因为“圣人”不占有不贪功，所以才不会失“去”。《周易》困卦《彖传》“险以说（悦）。困而不失其所，亨，其唯君子乎。”中“不失其所”的意思也很接近。“久”这个字，又见于第七章、第十六章、第四十四章、第五十九章。意为以“道”的永恒不灭性为根基的养生思想可以实现生命、身体的不老长寿，政治思想可以实现国家长久延续。第二章似乎包含着养生和政治双重的意涵，但基本上还是养生。这一句大意是，珍重、守护自己天生所赋予的生命、身体的人，可以获得长生（珍重、守护自己在国中地位的君主能够让国家长久地存续下去）。

“死不忘（亡）者寿也”的“忘”（马王堆甲本）字，马王堆乙本亦作“忘”，北京大学简、通行本（王弼本）作“亡”。流传至今的河上公本虽作“亡”，但据注文可知原来作“妄”的可能性很高［参照马叙伦《老子校诂》（前揭）卷第二第三十三章］。“忘”“妄”“亡”三字是同音通假。把此字作“妄”字解释者有，河上公《老子注》、朱谦之《老子校释》（前揭）“老子道经”三十三章；作“忘”字解释者有高亨《老子注译》（前揭）卷上三十三章。虽然在这段文字中两种意思都解释得通，但并不十分合适。我觉得，如高明《帛书老子校注》（前揭）“道经校注”三十三所示，作“亡”字解，把底本（马王堆甲本）的“忘”字当作“亡”的假借字为好。但是，这个“亡”不是死亡的意思，而是灭亡、消灭之意吧。所谓“不忘（亡）”可能是以下三者中的一种，第一，或许指的是相对于生命、身体的精神、灵魂；第二，或许指的是让一生活出光彩的人生态度、生活方式；第三，或许指的是作为君主留下的功绩、恩泽，也可能是三者全部。第二种为福永光司《老子》（前揭）“上篇（道经）”第三十三章所采用。第三种为高延第《老子证义》［奚侗《老子集解》（方勇整理，上海世紀出版集团2007年版）上篇三十三章所引］之第三十三章、奚侗《老子集解》（前揭）三十三章、高亨《老子正诂》（前揭）卷上三十三章、加藤常贤《老子原义の研究》（前揭）第四部之六十八“自らに胜つことを实行すれば名は永远である（33）”等所采用。其中，论证较为详细的高亨《老子正诂》，举出《春秋左氏传·襄公二十四年》以下的例子：“古人有言曰，‘死而不朽’。何谓也。……‘大上有立德，其次有立功，其次有立言。’虽久不废，此之谓不朽。”高亨认为《老子》第三十三章“死不亡”就是《春秋左氏传》的“死而不朽”。《老子》虽然不认可儒家的“德”及世间的“言”，但对立“功”常常予以肯定，考虑到这一点，不妨认可两者之间存在共同之处。所谓“寿也”，因为上文说的是“死”，因此不可能指的是生命、身体的长寿。如上所述，这或许指的是，第一，灵魂的永生，或第二，生存方式的永承，或第三，政绩的永续，三者中的某一项或者全部。这一句的大意是，即便身体死亡灵魂也不会消失的人能够永远活下去（或者，即便死了之后，在位期间建立的功绩依然不灭的君主能够获得永生）。这里，交叉采用了第一和第三种解释。顺便指出，“道”的哲学是以上两句的基础，这一点无需赘言。

寿”的人，是综合了前三者并立于其顶点的人的类型。王弼《老子注》关于“不失其所者久也”，是这样论述的：

以明自察，量力而行，不失其所，必获久长矣。[①]

这种解释，毋庸置疑是站在第一类型和第二类型的基础之上，最后突出了养生的地位。我觉得这个解释基本上是正确的。第三十三章的最终目标在于倡导一种“死不亡者寿也”的养生，和“不失其所者久也”主要指生命、身体的养生即“养形”不同，这已经超越了生命、身体的养生，进入了更高层次的死后也永恒存续的，圣人的灵魂、精神的养生亦即“养神”[②] ——《老子》养生思想最后所达到的正是这个地方。

如上所示，本文对《老子》所见养生思想作了多角度的探讨。

《老子》的养生思想，从数量上看未必多。但是，其中的大部分说的是，通过对作为根源之“道”“德”的把握，或者通过达致与“道”有密切关系的无知、无欲、无为，就能够实现养生思想所企求的“长生久视”。可以说这是《老子》养生思想一个显著的特征。此外，可以说《老子》养生思想中还有一个显著的特征，那就是，基本上不把个人生命、身体的保护与天下统治权的获得视为矛盾、对立的关系，而认为养生和政治之间存在着相互依存、相互对待、相互交错展开的关系。

在此之上，《老子》中进而萌发出了一些领先时代的新的养生思想。例如，对养生予以极高的评价，把养生看作最高的最终的人生目标，除了战国初期到中期的养生家杨朱、子华子、詹何之外，这是始于《老子》并被后代所继承的重要思想中的一种。此外，虽然《老子》养生思想几

① 此处今本可参见（魏）王弼注、楼宇烈校释《老子道德经注校释》，中华书局 2008 年版，第 84 页。

② 如第三十三章所示，包括《老子》在内的道家养生思想中，有的地方“养神”或“养心”同时登场，请参照拙著《道家思想的新研究——以〈庄子〉为中心》下（前揭）第十章第三节之二“‘气’的一元论和‘养生’‘养心’”。试举一例，成书于西汉初期的《庄子·刻意》（与《老子》一部分内容大约相同时代）中有：

故曰：“形劳而不休则弊，精用而不已则劳。劳则竭。”水之性，不杂则清，莫动则平，郁闭而不流，亦不能清，天德之象也。故曰：“纯粹而不杂，静一而不变，淡而无为，动而以天行。”此养神之道也。

乎说的都是“养形”亦即生命、身体的不老长寿，但其中也提倡以灵魂、精神在死后继续永存为内容的养生即“养神”，这也是领先时代的新的尝试之一。

从这个意义上讲，《老子》的养生思想，永远不会失去在养生思想史上经典的位置。

“庖丁解牛”申论*

陈少明

把宰牛同养生联系起来，亏庄子才想得出来。通过讲故事来论道理，在先秦诸子中比比皆是，不是庄子的独创。但庄子的特别之处，不仅是情节生动，更在于其道理超凡脱俗。他不像孟子那样孜孜不倦追求向善的伦理说教，也绝非韩非子以成功为导向的善恶冷漠的行为策略，而是超越是非与成败的形上学宣言。相对而言，孟子大气，韩非子冷峻，而庄子睿智。这种叫作庄子寓言的文体，几乎是创造了一种哲学式样。因此，读庄子不是一般美学意义上的欣赏，而是一种哲学思考的训练与检验。我们对庖丁解牛的解读，就当再做一次经典复习的功课吧。

一 文本

庖丁解牛见之《庄子·养生主》，内容如下：

> 庖丁为文惠君解牛，手之所触，肩之所倚，足之所履，膝之所踦，砉然向然，奏刀騞然，莫不中音。合于桑林之舞，乃中经首之会。
>
> 文惠君曰：“譆，善哉！技盖至此乎？”庖丁释刀对曰：“臣之所好者道也，进乎技矣。始臣之解牛之时，所见无非［全］牛者。三年之后，未尝见全牛也。方今之时，臣以神遇而不以目视，官知止而神欲行。依乎天理，批大郤，导大窾，因其固然。技经肯綮之未

* 本文系中山大学“三大建设”专项资助成果。

> 尝，而况大軱乎！良庖岁更刀，割也；族庖月更刀，折也。今臣之刀十九年矣，所解数千牛矣，而刀刃若新发于硎。彼节者有间，而刀刃者无厚；以无厚入有间，恢恢乎其于游刃必有余地矣，是以十九年而刀刃若新发于硎。虽然，每至于族，吾见其难为，怵然为戒，视为止，行为迟。动刀甚微，謋然已解，如土委地。提刀而立，为之四顾，为之踌躇满志，善刀而藏之。”文惠君曰：“善哉！吾闻庖丁之言，得养生焉。”①

同庄子许多寓言一样，庖丁解牛也十分玄妙。玄在于它以道进技、超越技能的观念展示。而妙则在于它故事生动、情节神奇。对此等华章，注《庄》大家自然不会轻易放过。不过，相对而言，前期注家更贴近文本，如郭象，仅以“以刀可养，故知生亦可养”概括其旨。②而随着时代迁移，解者对它的重视与发挥，似乎有不断加强的趋势。较夸张之论，有佛门憨山的说法：“此乃一大譬喻耳。若一一合之，乃见其妙。庖丁喻圣人，牛喻世间之事。大而天下国家，小而日用常行，皆目前之事也。解牛之技，乃治天下国家，用世之术智也。刀喻本性，即生之主，率性而行，如以刀解牛也。”③“故结之曰：‘闻庖丁之言，得养生焉。’而意在至人率性顺理，而无过中之行，则性自全，而形不伤耳。善体会其意，妙超言外。此等譬喻，唯佛经有之，世典绝无而仅有者，最宜详玩，有深旨哉。”④今人钟泰推崇儒家，则谓“故庄子言‘养生’，犹孟子言‘养性’，非世俗之所谓养生也。世俗之所谓养生，养形而已矣”⑤。也就是说，憨山视其喻治世理事，钟泰则比作修心养性，视角因立场而异。然视角不同，跨度甚大的注解，表明文本存在很大的理解空间。与传统注家将它放在整篇《庄子·养生主》中一起疏解不同，当代论者则有对

---

① 参见（清）郭庆藩《庄子集释》，中华书局1961年版，第117—124页。下文出现的“庖丁解牛”篇原文，恕不再一一出注。

② 同上书，第124页。

③ （明）释德清：《庄子内篇注》，华东师范大学出版社2009年版，第65页。

④ 同上书，第66页。

⑤ 钟泰：《庄子发微》卷1，上海古籍出版社1988年版，第64页。

之做专文讨论之举，较著名者如庞朴的《解牛之解》，新义迭出。[①]

本文在前哲时贤所发明的基础上，继续解牛之解。作者的问题是：庖丁所好之道，究竟是解牛之道，还是通过解牛得以体现之道？如果是后者，道意味着什么？与此相关，是器与技的关系，对道的把握提供什么样的洞见？最后，事件对养生的启发，到底是一种隐喻，还是意义的直接呈现？依故事诸要素，按技、道、器、命诸问题，下文展开逐步分析。最终指向，可能涉及技术哲学、形上学以及生命意义的深度理解。

二　技术

见识庖丁手舞足蹈、神乎其技的解牛表演之后，文惠君的第一个反应是：“譆，善哉！技盖至此乎？”而庖丁的回答“臣之所好者道也，进乎技矣”，虽然区分道、技概念之不同，但随后的解释，依然是对其操刀经验的真切描述：“始臣之解牛之时，所见无非［全］牛者。三年之后，未尝见全牛也。方今之时，臣以神遇而不以目视，官知止而神欲行。依乎天理，批大郤，导大窾，因其固然。”由此可见，在文惠君未有“善哉！吾闻庖丁之言，得养生焉”的结论之前，把道看成技的内在意义，完全合乎逻辑。

即使力辩养生为养性而非养形的钟泰，也对其技术意义有独立的评论：

> “所见无非牛者”，用心之一也。《达生篇》承蜩者之言曰：“虽天地之大，万物之多，吾不反不侧，不以万物易蜩之翼，何为而不得！”彼云唯蜩翼之知，此云“所见无非牛”，正一意也。后世如张旭之善草书，见担水者争道，见公孙大娘舞剑器，而书皆大进，抑亦可谓所见无非书者矣！盖诚用心于一艺，即凡天下之事，目所接触，无不若为吾艺设者。必如是能会万物于一己，而后其艺乃能擅

① 陈赟的《论“庖丁解牛”》《中山大学学报》（社会科学版）2012年第4期，也颇有理趣。

天下之奇，而莫之能及。技之所为进乎道者，在此。[①]

钟泰把庖丁解牛同张旭草书相提并论，对“所见无非牛”的说法，同通常理解略有出入，但其目的在于说明，所有精湛技艺的养成，都有一个专心致志、聚精会神的训练过程，都有类似的把客观经验内在化，最终达致对事态的完美掌控。任何行当之出类拔萃者由此而来。

“所见无非［全］牛者”，应指在学习的初级阶段，你还没学会对对象的控制，找不到所谓“抓手”处，对象整个“堵”在你的眼前，它只是作为一个有待克服的障碍而存在。而“三年之后，未曾见全牛也”，意味着经过一定程序的训练后，你已经掌握相关的工作技能，在处理事物时能够不被外在的表象所迷惑，直达事物的关键，让问题迎刃而解。而“以神遇而不以目视，官知止而神欲行”则是进入高级阶段，它超越外部感知，掌握了只能意会不可言传的操控技能，精准施为，达到出神入化的境地。事实上，庄书对神奇之技的描写一直情有独钟。例如，轮扁对桓公言“斫轮，徐则甘而不固，疾则苦而不入。不徐不疾，得之于手而应于心，口不能言，有数存焉于其间。臣不能以喻臣之子，臣之子亦不能受之于臣，是以行年七十而老斫轮”[②]，强调的是得心应手，不可言传。又如，“郢人垩慢其鼻端若蝇翼，使匠石斫之。匠石运斤成风，听而斫之，尽垩而鼻不伤，郢人立不失容”[③]，所体现的则是高度默契、神工鬼斧的传奇。

不过，具有现代经验主义倾向的哲学观察，更乐于把它理解成所有操作训练的基本进程及节奏。它不限于神奇的技能，也包括人伦日用之间的生活经验。汉学家毕来德就把这“所见无非全牛者”，“未尝见全牛也”，以及“以神遇而不以目视”，描述为人类技能训练普遍经历的三个阶段。他举例说，倒一杯水，使水不溢出水杯；切几片面包，使每片面包厚度均匀同时完整，同样会经历类似的练习过程，更不用说像练骑车、说外语或者弹钢琴等更复杂的训练。在毕来德看来，庄子借庖丁之口所

---

① 钟泰：《庄子发微》，上海古籍出版社 2014 年版，第 68 页。

② （清）郭庆藩：《庄子集释》，中华书局 1961 年版，第 491 页。

③ 同上书，第 843 页。

概述的，正是这种普通经验的升华。他强调说：

> 我不是说那些在实验室里进行的实验，也不是说我们在生活过程中，或是在某一职业中积累起来的那些经验，也不是我们某一次，在某个特殊场合所感受到的某种具体的经验。我所谓的经验，指的是我们一切有意识的活动的基础。我们非常熟悉的这一基础，但一般并不注意它，因为它离我们太近，而且太过普通。我们平常不关注它，但是可以逐渐去察觉它，去认识它。这需要培养一种特殊的注意力，而要读好《庄子》，正好需要培养这样的注意力。①

虽然传统《庄子》注家也不否认技是道的经验呈现，但毕竟是把施技当作妙道的一个例证，甚至可以是借以学道的一种途径，而不会把焦点放在技之道上。所以，只有神技才能承担载道的重任，普通的雕虫小技绝不会有见道的本钱。毕来德把眼光向下转移，他着眼的就是一切日常操作的共通经验。所以，他强调对这种道要通过“看”来获得，借助现象描述而得以传达。这个道，自然不是听而不闻、博而不得、观而不现的形上学对象。他把道译作“运作”，即内在操作过程。道便不是能笼罩万有的形上本体，而只是技的内在运作与逻辑。从概念上看，它的涵盖范围似乎是缩小了。但从经验上看，它应该更具普遍性，因为它更为普通人所能理解与运用。虽然，讲技之道逻辑上并不否定有超技之道的存在，但视角的转移，则让现代哲学体现其在庄学领域的存在感。

作为汉学家，毕来德的观点固然不同于传统庄学，但也不是西方理性主义的翻版。他心仪后期维特根斯坦那种“不要想，而要看”的思考方式，并把这种思路同随处见道的庄子哲学结合起来。同时，这种对技的重视，可以说是一种技术哲学的揭示。只是这种技术哲学关注的并非逻辑实证主义那种机械生产式的技术，而是一种有个性的技艺，是与人的本性更契合的一种事业。其意义将在后面继续讨论。

---

① ［瑞士］毕来德：《庄子四讲》，宋刚译，中华书局2009年版，第11—12页。

三 道体

庄子虽在汉代归为道家，但庄书中的道不是老子的道，不像是一个意义统一的范畴，《齐物论》"是非之彰也，道之所以亏"[①] 的"道"，与《知北游》中"每下愈况"[②] 之"道"，用法就很不一样。但庖丁"臣之所好者道也，进乎技矣"的回答，不管你如何理解其道的含义，它不折不扣就是一个哲学概念。这道技关系就像道器结构一样，是对称的。哲学家们更有理由把它往更加形而上的方向上阐释。而且，也能做到有理有据。不信，我们来看看庞朴的《解牛之解》。庞先生把解牛之道，理解为一种实践哲学。他同样并不受神乎其技的传述所炫惑，但也非对技术操作要义作哲学探讨，而是以解为喻，揭示更广泛的哲学问题。他从庖丁对三种运刀能力的描述中，看到族庖、良庖和道庖所代表的三种境界或水平。在排次最高的道庖那里，其境界已经如此：

> 刀与牛，牛与人，不再是对象、工具、主体三者鼎立对立的关系，而是浑然一体，无分内外彼此，不知手之运刀、刀之解牛而牛竟解，或者说，已经由解牛行而不是行解牛了。[③]

达到此一境界不是一朝一夕之功，而是一个漫长的学与练的过程。他用辩证法的正、反、合诠释庖丁的解牛三段论。第一阶段，所谓"所见无非牛者"的牛，还是一个混沌，而人是一个莽汉，以物观物，故不得其门而入。第二个阶段，之所以能"未尝见全牛也"，是因为牛是已经分析开来的合成物，而人是只知分解世界的理智者，主客以此凑成了所谓的理性主义。而第三阶段的牛是"天理"，人是"神欲"，以天合天，故而"技经肯綮之未尝"。其第一阶段和第三阶段，对象牛都是以整体面

---

① （清）郭庆藩：《庄子集释》，中华书局 1961 年版，第 74 页。

② 同上书，第 750 页。

③ 庞朴：《解牛之解》，载《当代学者自选文库·庞朴卷》，安徽教育出版社 1999 年版，第 456 页。

貌出现，主体人都是全身心地投入。这显然是黑格尔式的辩证法模式的运用，可也类似禅宗式的"见山是山""见山不是山"与"见山又是山"的三段式的影子。由此，庞先生引申出对理性主义的二元对立的批评。

用黑格尔的辩证法诠释庖丁解牛的经验历程，在着眼于时间性这一点上，颇有见地。不过，更重要的还不在对解牛经验的解释是否具有确切性，而在于对道的性格的把握，强调它的实践性而非思辨性。中文中的道，作为哲学范畴，是一个与西方的逻各斯大致对称的概念。两者都是在漫长的思想史上演化出具有形而上特征的思想范畴，但追溯各自原本的词义，却有道路与言说的不同。道的原始意义是路，"人生在世，除了行走以外，更多的活动是在行各种事。行事正是生命的行走。所以，行走之路的道字，很自然地便引申为行事之路，以及所行之事之路，成为一个抽象名词'道'，指称各种活动及事物的法术、规范、法则等等"①。而《老子》"道可道"中的后一个"道"（说）的含义，则是从前者引申出来的后起义。在西方，由赫拉克利特引入而后由被亚里士多德定型的逻各斯，"多被用来表示事物的定义或公式，以致铸成了西方各门学科的名字都以 - logy 缀后的习惯。所有这些，以及由此更引申开去的哲学的、神学的种种解释……万变不离其宗，都并未跳出言谈及展示言谈让人来看这个原始樊篱"②。西式理性的根源由此而来。

依此，人首先是践道，其后才能论道。其实，在中国传统中，从《易传》"形而上者谓之道，形而下者谓之器"开始，道器并举，道是相对于器而言的。其无踪无影、无声无臭、无色无味、无轻无重的玄妙性格，也由此而生。老子"非常道"的那个道，是这种性格的集中写照。虽然，从韩愈到章学诚，对道器关系中孰轻孰重有不同于传统的主张，但是，道器互相界定的思想结构并无改变。庞朴对"解"牛的诠释，其思想突破在于，从道器关系转变到道技关系上来。器与技都有经验的性格，但器是经验的对象（工具或产品），而技则是经验的过程。后者才是

---

① 庞朴:《解释之解》，《当代学者自选文库 · 庞朴卷》，安徽教育出版社 1999 年版，第 433 页。

② 同上书，第 435 页。

与经验的主体“不可须臾离也”① 之道，是人操控的生命过程。而前者器，则可能脱离人而存在，成为人的异己之物。它也是当今技术哲学反思的对象。实践性的道，不同于思辨性的道，它是实践哲学。实践哲学可以包含但不限于技术哲学。因此，这个“道体”之“体”，不是道之体，而是体道之体。

四 器观

孔子说：“工欲善其事，必先利其器。”② 谈庖丁解牛，自然也不能忽略那把刀。庖丁对刀的描述，占故事很大的篇幅，“良庖岁更刀，割也；族庖月更刀，折也。今臣之刀十九年矣，所解数千牛矣，而刀刃若新发于硎。彼节者有间，而刀刃者无厚；以无厚入有间，恢恢乎其于游刃必有余地矣，是以十九年而刀刃若新发于硎。虽然，每至于族，吾见其难为，怵然为戒，视为止，行为迟。动刀甚微，謋然已解，如土委地。提刀而立，为之四顾，为之踌躇满志，善刀而藏之”。这则文字包含三层意思，第一层，是用刀所向披靡而自身毫发无伤的辉煌战史；第二层，是运刀的心得，无厚入有间，游刃有余，而关键时刻则动刀甚微，迎刃而解；第三层，是收刀的动作与洋洋自得的表情。表面上看内容颇为丰富，但仔细一想，你会发现它缺少对刀本身卓越品质的描述。既没有说它用什么材料以及靠什么技术锻制而成，也没说它如何具有吹毛断发的神效。质言之，问题的重点不是神器，而是神技。只要是庖丁出场，即使一把普普通通的刀，都能使出不凡的神效来，因为他掌握了用刀的要领。

事实上，庄书描写了不少神人神技。本来只要是技就少不了器，但相关的器都同样很普通。例如，“匠石运斤成风，听而斫之，尽垩而鼻不伤，郢人立不失容”③。这够神了吧，但就是没说“斤”是什么“斤”。“津人操舟若神”④ 中，孔子对颜回操舟是否可学的答案，也是着眼于技

① 参见（唐）孔颖达《礼记正义》，北京大学出版社 1999 年整理本，第 1422 页。

② 程树德：《论语集释》，中华书局 1990 年版，第 1075 页。

③ （清）郭庆藩：《庄子集释》，中华书局 1961 年版，第 843 页。

④ 同上书，第 641 页。

术训练的要义。其实，庄子不仅不重器，甚至有轻器的倾向。《庄子·天地》中，当子贡为用笨拙的工夫灌溉农田的老农提供高效机械的信息后，得到的回应竟是："吾闻之吾师，有机械者必有机事，有机事者必有机心。机心存于胸中，则纯白不备；纯白不备，则神生不定；神生不定者，道之所不载也。吾非不知，羞而不为也。"① 也就是说，庄子一派的轻器，不是对器的重要性的疏忽，而是有意限制器对生活的意义。在这一点上，庄子与道家前辈老子一脉相承：

> 天下多忌讳，而民弥贫；民多利器，国家滋昏；人多伎巧，奇物滋起；法令滋彰，盗贼多有。②
>
> 小国寡民。使有什伯人之器而不用；使民重死而不远徙。虽有舟舆，无所乘之；虽有甲兵，无所陈之。使民复结绳而用之。③

与之对比，则是同为显学的墨家对器的重视。墨家工匠出身，这个派别很可能就是小手工业者组成的团体。他们无论操器还是制器，均本领高强。《墨子》书最后一组文章，即《备城门》等十一篇，几乎都是介绍城械建设与布阵防卫的知识，技术含量很高。《墨子·公输》篇还记载墨子为制止楚国侵鲁的计划，而同公输斗器，展示其艺高一筹的操器本领。不唯此，墨家还以善器之士为例，讨论明君任贤举能对政治的重要性。强调出身农与工肆之人，也能为管理国家做出贡献。如果说，墨家重器是重视文明发展的基础，即物质生产技术的创造与运用，那么，道家轻器则代表对与文明发展过程相伴随的问题的一种反思。

当然，器不仅是工具，还有礼器。工具是由器的物理性质决定的，礼器则是观念的象征，是传承或约定的某种价值符号。从象征最高政治权威的鼎到不同社会阶层人士的服饰，均有礼的意义。道、墨在工器的态度上相对立，但对待礼器的立场，则一致站在儒家的对立面。墨家主张"非乐""非葬"，就是因为器用的成本太高，从功利角度看是一种浪

① （清）郭庆藩：《庄子集释》，中华书局1961年版，第433—434页。

② 陈鼓应：《老子注译及评介》，中华书局1984年版，第275页。

③ 同上书，第344页。

费。庄子则嘲笑“衣以文绣”送入大庙的牺牛是无意义的牺牲。儒家重器，既重工器，更重礼器。孔子说：“唯器与名，不可以假人，君之所司也。名以出信，信以守器，器以藏礼，礼以行义，义以生利，利以平民，政之大节也。若以假人，与人政也。政亡，则国家从之，弗可止也已。”①这与其正面看待文明的意义，同时把礼看作文明成就的表现有关。不仅如此，孔子还以器比人，一会儿说管仲小器，一会儿评价子贡就是“器也”。他甚至还有“君子不器”之说，指望君子识大体，有通才，不局限于某种具体的事务能力。而庄子“有机事者必有机心”的说法，意味着，问题不在器，而在制器者的心思上。后世器识、器量、器度等评鉴人物的词汇，由此而来。②

回到庄子，虽然像槔之类构造复杂、成本不菲且心事缜密才能运用的利器，他是不稀罕的。但基本的工具，还是需要的。不仅庖丁解牛需要刀，“匠石运斤”需要斧头，甚至庄子妻死时，他鼓盘而歌也要用盘。解牛之后，那“提刀而立，为之四顾，为之踌躇满志，善刀而藏之”的谢幕表演，显示庄子也很珍惜那把刀。庄子需要的是一件简单的工具，在长期的运用中捉摸到其发挥作用的秘诀，征服外物，得心应手。这样，他也不用担心复杂的器的使用，导致手段支配目的，甚至削弱人固有的能力。海德格尔在分析人与世界的关系时，把工具运用的“称手”，理解为生活的“上手状态”。他以锤子的使用为例：

> 对锤子这物越少瞠目凝视，用它用得越起劲，对它的关系也就变得越原始，它也就越发昭然若揭地作为它所是的东西来照面，作为用具来照面。锤本身揭示了锤子特有的“称手”，我们称用具的这种存在方式为上手状态。③
>
> 仅仅对物的具有这种那种属性的“外观”做一番“观察”，无论这种“观察”多么敏锐，都不能揭示上手的东西。只对物做“理论

① （唐）孔颖达《春秋左传正义》，北京大学出版社 1999 年整理本，第 691 页。

② 参见拙作《说器》，《哲学研究》2005 年第 7 期。

③ ［德］马丁·海德格尔：《存在与时间（修订译本）》，陈嘉映、王庆节译，生活·读书·新知三联书店 1999 年版，第 81 页。

上的"观察的那种眼光缺乏对上手状态的领会。使用着操作着打交道不是盲目的，它有自己的视之方式，这种视之方式引导着操作，并使操作具有自己特殊的把握。①

工具不是用来观察的，而是用来操作的。进入运用状态工具不是一般的工具，更是人的身体器官的延伸，操纵它宛如支配自己健康的手脚。所以庄子很珍惜，用完要"善刀而藏之"。更奇妙的，还有无形的工具——语言。语言比任何工具更内在于身体。当庄子通过匠石与质人的关系，来比喻他与惠施论辩之默契时，我们完全可以认为，他把语言也当作一种"器"，是生活甚至是抓捕意义之器。语言作为工具，同样必须对其如何运用了如指掌，才能透彻理解其意义：

桓公读书于堂上。轮扁斫轮于堂下，释椎凿而上，问桓公曰："敢问，公之所读者何言邪？"公曰："圣人之言也。"曰："圣人在乎？"公曰："已死矣。"曰："然则君之所读者，古人之糟粕已夫！"桓公曰："寡人读书，轮人安得议乎！有说则可，无说则死。"轮扁曰："臣也以臣之事观之。斫轮，徐则甘而不固，疾则苦而不入。不徐不疾，得之于手而应于心，口不能言，有数存焉于其间。臣不能以喻臣之子，臣之子亦不能受之于臣，是以行年七十而老斫轮。古之人与其不可传也死矣，然则君之所读者，古人之糟粕已夫！"②

依轮扁之意，一种脱离经验的文字，正如不在"上手状态"中的工具一样，没有真正的工具价值。而语言艺术的激活，同其他技能的运用一样，其得心应手的状态，是不假思索的。这种能力与任何概念规则无关，因而也没法用一般语言进行传授。一部《庄子》，在汉语文学中的成就，堪称是登峰造极。

---

① ［德］马丁·海德格尔：《存在与时间（修订译本）》，陈嘉映，王庆节译，生活·读书·新知三联书店1999年版，第81—82页。

② （清）郭庆藩：《庄子集释》，中华书局1961年版，第490—491页。

五 养生

庖丁解牛见之《庄子·养生主》，故事以文惠君之言作结："善哉！吾闻庖丁之言，得养生焉。"但什么是养生？则是一个既没有概念明示，但又不得不寻问的课题。事实上，如前文所示，历代注家也多咬住这些字眼咀嚼不放。郭象说"以刀可养，故知生亦可养"，憨山说"意在至人率性顺理，而无过中之行，则性自全，而形不伤耳。善体会其意，妙超言外"。钟泰则说："故庄子言'养生'，犹孟子言'养性'，非世俗之所谓养生也。世俗之所谓养生，养形而已矣。"一看便知，这些答案里面存在养生、养形与养性的区别。其实，即便在《庄子》中，也有养形与养性的不同偏好。例如，《庄子·刻意》所言"吹呴呼吸，吐故纳新，熊经鸟申，为寿而已矣；此道引之士，养形之人，彭祖寿考者之所好也"①。而《庄子·大宗师》则说："子之年长矣，而色若孺子，何也？"回答："吾闻道矣。"② 这闻道不就是养性吗？

钟泰说法是有理有据的。纵观《庄子》尤其是内七篇，庄子对人之形或貌，持有独特的观点。身残可以保命，《庄子·人间世》中的支离疏"夫支离其形者，犹足以养其身，终其天年，又况支离其德者乎！"③ 而形残也不碍德全，《庄子·德充符》集中写了很多"兀者"（王骀、申徒嘉、叔山无趾等）或"恶人"，即身体残缺或者形貌丑陋的人，最能体现人的价值。相貌是天然的，《庄子·养生主》中公文轩见右师而惊曰："是何人也？恶乎介也？天与，其人与？"曰："天也，非人也。天之生是使独也，人之貌有与也。以是知其天也，非人也。"④ 因此，养生不是养形，而是养性。养性的关键，则在养情。生命不仅有形，而且有情。庄子的理解，体现在他与惠施的争辩中：

---

① （清）郭庆藩：《庄子集释》，中华书局1961年版，第535页。

② 同上书，第251页。

③ 同上书，第180页。

④ 同上书，第124页。

> 惠子谓庄子曰：“人故无情乎？”庄子曰：“然。”惠子曰：“人而无情，何以谓之人？”庄子曰：“道与之貌，天与之形，恶得不谓之人？”惠子曰：“既谓之人，恶得无情？”庄子曰：“是非吾所谓情也。吾所谓无情者，言人之不以好恶内伤其身，常因自然而不益生也。”惠子曰：“不益生，何以有其身？”庄子曰：“道与之貌，天与之形，无以好恶内伤其身。今子外乎子之神，劳乎子之精，倚树而吟，据槁梧而瞑。天选子之形，子以坚白鸣！”①

“有人之形，无人之情。有人之形，故群于人，无人之情，故是非不得于身。眇乎小哉，所以属于人也！謷乎大哉，独成其天！”② 情与“好恶”“是非”相关，不是单纯的自然生命，而是指涉社会生活道路的选择或趋避。因此，解庄者用刀喻生，强调养刀如养生也合乎逻辑。“彼节者有间，而刀刃者无厚；以无厚入有间，恢恢乎其于游刃必有余地矣。”这也是对生命成长过程的深刻体验。《庄子·齐物论》对人生的描述，尽是惊险的警句：“其寐也魂交，其觉也形开，与接为构，日以心斗”，“一受其成形，不忘以待尽。与物相刃相靡，其行尽如驰，而莫之能止，不亦悲乎！终身役役而不见其成功，苶然疲役而不知其所归，可不哀邪！人谓之不死，奚益！其形化，其心与之然，可不谓大哀乎？”③ 这样看，养生决非养形，而是学会在人情险恶的人间世机敏的生存着。

把避危趋安看作养生的要义，自然可以自圆其说。但结论若仅限于此，似乎有些消极。而且，那是把故事全当隐喻解读的结果，如果情节本身有它的描述意义，这种看法至少与庖丁“踌躇满志”的神情很不协调。重温故事开篇：“庖丁为文惠君解牛，手之所触，肩之所倚，足之所履，膝之所踦，砉然向然，奏刀騞然，莫不中音，合于桑林之舞，乃中经首之会。”手舞足蹈，音声和谐，就是一场艺术表演，故引来文惠君由衷赞美：“譆，善哉！技盖至此乎？”这技自然是神技，但不只解牛而已。

---

① （清）郭庆藩：《庄子集释》，中华书局1961年版，第220—222页。

② 同上书，第217页。

③ 同上书，第51、56页。

前文提及的“匠石运斤成风，听而斫之，尽垩而鼻不伤，郢人立不失容”[①]“斫轮，徐则甘而不固，疾则苦而不入。不徐不疾，得之于手而应于心，口不能言，有数存焉于其间”[②] 还有“津人操舟若神”[③] 等，似乎是一种更有普遍意义的经验。什么叫神技？“以神遇而不以目视，官知止而神欲行。”“口不能言，有数存焉于其间”的那种入神体验，一种无意识而又合目的的行为状态。其效能不仅令观者惊奇，表演者也自得其乐。结束时，庖丁还来个舞台亮相：“提刀而立，为之四顾，为之踌躇满志，善刀而藏之。”

生命应当是快乐的。快乐难以定义，但可以尝试描述。从引起快乐的原因分类，它除了身的快乐与心的快乐外，还有一种身—心互动的快乐。身的快乐指生物性的满足，心的快乐系精神性的享受，身乐需要身体（健康）与资源的配合，心乐则是超越个体的身体满足的思想追求。两者的差别在于，前者是本能的，而后者是习得的。而身—心之乐就是既以身体能力为条件，但也需要思想的理解与行为的训练才能获得。[④] 例如，体育与艺术表演。《庄子》中的神技，就类似于这种竞技行为。那个匠石与质人合作的表演，与今天的飞刀杂技相比，不是更惊心动魄吗？差别还在于，庄子笔下这些身怀绝技的人，并非职业表演者，而是为自己的生计而忙碌着的人。同时，他们也不同于那些混日子无所用心的闲人，而是专注于自己劳作的人。他们在日积月累中不断提升自己的手艺，精益求精。既可自乐，也能娱人，其操作过程便成为美的展示过程。事实上，后世许多竞技性表演，也源于某些日常生活或生产活动。即便它依然是生产劳动的基本环节，其在产品价值上，也是手工的高于机械的。

因此，把养生理解为游世，虽然不能说是错的，但有它的不足，没能展现生命快乐的一面。如果说纯粹的身乐是生物性的，而纯粹的心乐是神性的，那身—心之乐肯定是人性的。庄子的人生理想，是拆除人与自然的双重障碍，一重是礼俗的，另一重就是机械的。后者也是隔离人

---

① （清）郭庆藩：《庄子集释》，中华书局1961年版，第843页。

② 同上书，第491页。

③ 同上书，第641页。

④ 参见拙作《论乐：对儒道两家幸福观的反思》，《哲学研究》2008年第9期。

与世界的屏障，是让人渐渐离开大地的原因。美好的生活，是人与自然直接的接触。在生活的过程中，使用最简便的工具，便能保持人的天性。如何保持人的天性："曰：'何谓天？何谓人？'北海若曰：'牛马四足，是谓天；落马首，穿牛鼻，是谓人。故曰，无以人灭天，无以故灭命，无以得殉名。谨守而勿失，是谓反其真。'"① 去掉生活中多余的东西，焕发生命中固有的能量，就是返璞归真，就有美好与快乐。

依文本之线索，通过对技、道、器、命诸要素的分析，我们把庖丁解牛的结构完全打开。其中，每个环节都有它独特的意义。技不仅是能力的神奇展示，也是道的一次次运行的见证。从道器之道转变为道技之道后，道从寂静无形的思辨对象，进入经验实践的领域，成为活生生的力量。在器与技之间，虽然技需要器的支持，但器更需要在技的操作过程中，表现其应有的功能，故器最终由技来定义或完成。无论器还是技，其操作者或使用者，是有生命力的人。因此，施技与生命的关系，一方面，是学会在应变中克服命运的重重阻力，另一方面，由此而展示身心协调的复杂的生命潜能。一句话，在庖丁解牛中，技艺、形上学与生命意义是三位一体的。庖丁所好之道，就是焕发生命活力的意义之路。

① （清）郭庆藩：《庄子集释》，中华书局1961年版，第590—591页。

养生之道:《庄子》中的哲学治疗

[美]罗汉·西克里(Rohan Sikri) 著　王玉彬 译

对于中国战国时期各哲学流派的自我修养模式的重要性，学者们近来已经进行了充分的论述①。只要浏览一下宽泛意义上哲学谱系中的文献（包括儒家、墨家和道家的经典），就会发现一个不断出现的明确表述自我规范性模式的问题指向。这些问题在本质上是认识论，关系到一个有修养的自我如何组织知识结构（不管通过继承还是体悟的方式）。它们也有着重要的本体意蕴，通过世界和自我在和谐系统中的合一而凸显出两者的本质。例如，常被人提及的意为整全或完美的人格的"君子"，在其儒家语境之中，主要基于自身的能力以"学"古圣先贤的知识技能②。这种关乎知识的继承能力转而又对修养的规范进行了强调，如"乐"是和谐行为的最终、最好阶段③。一方面，《孟子》这样的文本则接着详尽阐述了修养工夫以人类本质或曰"人性"为形上理据。另一方面，墨家在这个论题上则坚持宣称修养行为应该通过厉行节俭和功利主义逻辑下的伦理来进行。在墨家那里，"君子"不再称颂规范性的习俗或制度，而代之以论证出一套准许对给定准则进行连贯性评价的示范标准。

将《庄子》放在自我修养模式中论述，是一个充满了困难和矛盾的

---

① 关于儒家的自我修养问题，参见 Ivanhoe 2000、Ames 1988、Ames 1994a、Ames 1994b；关于《墨经》中相关主题的关注，参见 Robins 2012、Loy 2013、Fraser et al. 2011；对于道家自我修养问题的相关讨论，参见 Kjellberg 2007、Schwitzgebel 1996、Yearley 2005、Roth 1991；关于其他哲学传统（比如法家）中的相关问题，参见 Ivanhoe 2011。

② 孔子在《论语·公冶长》中曾很自得的自我评价说，所有人都"不如丘之好学也"。

③ 论者在论述修养的规范性进路时，常会引用《论语泰伯》中的"成于乐"这一说法。对于这个论题的精彩论述，参见 Cook 1997。

尝试。这本早期道家文献似乎是上述趋向的一个例外，它对君子模式的直言嘲讽或为其激烈反体制思想中最引人瞩目的地方。然而，如果我们注意到战国时期医学和哲学传统的交会，就会发现这些关于自我修养的哲学叙述无不根植于更基本的哲学和治疗之间的互通——即便在《庄子》这样的文本中也不例外。在下文中，我将确证在《庄子》中存在一种关于哲学治疗的独特话语，这将引导我们将之与以自我修养问题为核心的丰富论辩联系起来。我的论述将循着以下思路进行：首先，通过综述夏德安（Donald Harper）研究医学文献的重要发现，对战国时期医学与哲学传统的交汇情况进行说明。我特别引述了与哲学思考密切相关的涉及服食、吐纳的动态过程的“养生”传统。接着，我认为阅读《庄子》“内篇”可以分为两个步骤：第一，我们可以释读出一个诊断性框架（diagnostic frame），主要关注的是《庄子·齐物论》中那些消解认识论框架（该框架被认为有病理学效果）的段落；第二，作为前述批判的结果，文本提供了一个预测性框架（prognostic frame），作者们提出了一个与“养生”的治疗性目的相关的、积极的哲学思维模型。我的论证的一个重要意涵在于，它走出了将《庄子·齐物论》——这篇在很多情况下难以索解的篇章——视为展示关于“辩”的全然否定性叙述的惯常观点。学者们认为，庄子对与“辩”相关的二元思维的激烈批判，直接将他推向了反哲学的位置。这种批判的显著结果被认为与对“无为”模式的大力阐扬有关。与之不同，我认为《庄子·齐物论》对“分”之方法的批判并不意味着对哲学的大规模放弃，毋宁说为更灵活、明晰的哲学方法的提出奠定了基础。在批判性的《庄子·齐物论》之后，我们看到的是一个典范式的庄子式形象——庖丁，他的技艺恰恰内蕴于他一贯的分解和区别世界的能力之中。而且，在其关于分解技巧的冥思之后，庖丁还表达了体会到如何“养生”的心满意足之情。

一　学派的交殖：中国经典时代的医学—哲学著作

夏德安在研究马王堆和张家山汉墓出土的医学作品时，曾提醒我们注意中国战国时期哲学和医学传统的交殖（*cross-fertilization*）[①] 现象。正如他所力证的那样，这类文本以养寿为中心，并依据在约略同时被各哲学流派广泛共享的目标而道出了其宗旨——“养生”或曰滋养生命[②]。与之相似，通过对《黄帝内经》的研究，文树德（Paul Unschuld）揭示了儒家与调和论者（Syncretist）的主要语汇对早期系统化医学经典的普遍准则之形成的重要影响。在这里，儒家学者深恶痛绝的“乱”，或者说失序（可以说，战国时代的大部分哲学见解都对之深恶痛绝），就由其政治和社会色彩而被转化为关乎病理学的医学理解。正如文树德指出的，《素问》即证实了这种借用，不仅使用了“乱”这个词语，它所提供的治疗方法也是如此——比如针灸疗法及其蕴涵的脉学设想，显示出哲学理解中基于功能中心与从属部分的稳固关联而成就的健康与和谐的概念叠合。

让我们看一下医学和哲学文献中概念叠合的一些简单例证。如上所述，尤其是儒家与调和论者/黄老学派文献中的“乱”，在《黄帝内经》这本第一部中医学的体系化经典之中颇为值得注意。在他对《素问》的广泛研究中，文树德对这个词汇进行了详细的讨论，阐明了儒家国家治理的复杂结构，及其之后在黄老和法家的“法”模型中的展演，从而为身体病理学的治疗方法奠定了基础。例如，《素问》77 篇为我们提供了明确的例证，一个医师引述了“论裁”的主要方法，即被称为“圣人之术”的“必有法则”[③]。在这篇文章所建言的针灸疗法中，我们能看到更多基于“法则”之运用的采取哲学方法进行论裁的明确暗示。实际上，文树德断定《素问》中针灸的重要性能够证实医师和更传统的儒者之间的互动关系。《素问》对针灸的论述提供了“义”这一关键词之应用的唯一语境，在其中，这一指示着“正确或适宜的行为”的儒家核心德性被转化成了重建人身体中诸器官与中心之间“正确”或“适宜”的机体功能的医学性目的。医师制定人类机体的脉学的意图，由此就在关乎组织的明

---

① Harper 1997, 44. “Early Chinese Medical Literature. The Mawangdui Manuscripts.” *London*: *Kegan Paul Int.*

② Ibid. 6.

③ 《素问》77，转引自 Unschuld 2003, 343。Unschuld, Paul U. 2003. “*Huang Di Nei Jing Su Wen*”: *Nature*, *Knowledge*, *Imagery in an Ancient Chinese Medical Text*: *With an Appendix*: *The Doctrine of the Five Periods and Six Qi in the Huang Di Nei Jing Su Wen*: Univ of California Press。

显的官僚制度意识中（an overtly bureaucratic sense of organization）——正如儒家术语“义”所蕴示的那样——被建立起来了。我们看到，基于同样的“术语转化”[1]，儒家文献广泛使用的意为秩序井然的国家或好的管理的“治”，在医学领域则意味着治愈的过程[2]。

然而，脉学以及与之伴生的治疗方法在中国的经典时代隶属于其他医学传统。文树德指出，在以人类中心主义为基底的儒家的秩序与群体导向的主流地位影响下，《黄帝内经》向来与道家的理论模式不一致。出于对“道”更多的生态化理解，道家倾向于对人类和人造价值体系的去中心化。这种后来的理论倾向，正如我们在夏德安关于出土医学文献的研究中所看到的那样，似乎建立了一个有关养寿体系的互补性传统。与《素问》对身体的结构性阐释及它们的哲学补证也即关于社会和谐的儒家模式不同，道家思想因为强调“身”与“神”的健康而显示出了与治疗模型的密合。以如此方式演示自身，按照夏德安的说法，治疗性方法意味着对“包括服食、行气、导引和房中”[3] 的养生术的整体分析。这部分医学文献充斥着通过“心灵—思想”（心）之冥思而滋养生命（养生）的方法（方）。夏德安通过将之归因于医学传统自身的地位而强调这个习语（养生）的重要性，但是，与《黄帝内经》中明显的关于治疗和疾病的人类中心主义样态不同，道家取而代之的将“精神—明照”（spirit-illumination）或者说神明视为了治疗的目的。

对于探讨以“神明”为追求的哲学与卫生模式的交汇而言，《管子·内业》这样的哲学文本是非常合适的文献资源。在这个方面，《内业》中的道家宇宙论基础恰好是衍生精神健康状态之“方”。因此，这个文本就可以通过既异又同的两种语域去阅读——首先，设定“生”的本质或者说“精”能够通过由“天”而“渊”的扩充而统御所有的“凡物”；其次，通过将这种宇宙秩序的和谐视为内蕴于个体之中而且是能够实现的，

---

① Unschuld 2003，340.

② 儒家对“治”的论述，参见《论语》的《宪问》《泰伯》《卫灵公》等篇章；《孟子》的《梁惠王上》第七章，《梁惠王下》第十二、十三、十六章，《公孙丑上》第二、四、六章，《公孙丑下》第十五、十九、二十二章；《荀子》的《修身》第二、三、四章，《不苟》第七、十章，《荣辱》八—十一章，《非相》第七章。“治”在医学文献中的使用，参见 Unschuld，340。

③ Harper 1997，6.

提供了一种养寿的程式。结果就是，如果“心”因为欲望过度而“烦”“乱”，这种养生法则和调理方法的缺失也便导致了病理学的产生。

二 《庄子》对“哲学家—医师”的拒斥

《庄子》这本道家经典在一开始似乎标志着与哲学疗法的悖离。我们看到，“内篇”对“辩”也即哲学思辨有着严厉批判，并不遗余力地消解儒家克治“乱”的方法。它的出人意料的结论似乎是说，通过对“知”的精密系统与固定分类的运用而追求秩序的企图，本身即为一种严重的病理学。结果就是，《庄子》追求的是不再构造“辩”之辩证法所滋生的“伤”“殆”等分解性心灵状态。这种智力演练真得完全将此文献置于治疗框架之外了吗？或者说，另一方面，《庄子》中批判性章节之后的建设性模式能否为哲学治疗的论题提供一种重要的修正？我们在下文中将试图回答这些问题。

就本文的目的而言，我们或许更应转而关注于这类文本：显然是对“医”、医生的无情批判，以及对世界可被那些应用“方法”的人（天下之治方术者）有效管理、统治或治愈的看法的抛弃。在“内篇”题为“在人世之中”（《人间世》）的篇章中，颜回向孔子请教自己是否应该前往陷入困境的卫国。卫君是一个看不到自己过错的人，致使他的国家堕入了悲惨的境地。颜回向孔子汇报说“整个国家内尸体遍布沼泽，就像成堆的蕉叶一样”[①]。他将自己的处境类比为一个门口有很多“病人”的医生（医门多疾），并认为“对标准和原则的反思”（思其则）能够“治愈”（瘳）卫国。这段对话中的医学回响是清晰的，在身体之“则”与国家之“瘳”的耦合中，我们也看到了对哲学治疗模式的最佳陈述。实际上，原文中“思”（思考、念虑或反思）的品性应被归入指示着“知”之严格界定框架的术语群。

《庄子》一书对“哲学家—医师”传统的反对，在“杂篇”《天下》

---

① Ziporyn 2009，4：1。所有译文均出自 Ziporyn 2009 或笔者本人。对原文的引用根据哈佛—燕京引得。Ziporyn，Brook，*Zhuangzi*：*The essential writings with selections from traditional commentaries*：Hackett Publishing，2009。

对“治方术者”的论述中得到了更明确的展示。尽管《天下》很可能出自后人之手[①]，但其篇首语却与颜回的观点一致，他们都将具有如此倾向之人的特点明确界定为“方”：

> 世界上有很多人致力于方术（治方术者），并且认为自己的才能是最完美的。但说到底，古人所说的“过程的艺术”（道术）到底在哪里呢？
>
> （天下之治方术者多矣，皆以其有为不可加矣。古之所谓道术者，果恶乎在?[②]）

上文所说的具有医学内涵的“方”，以及它在这段话中的使用显然再次表明了文本作者对“哲学家—医师”的形象非常熟悉。然而，“内篇”与“杂篇”的相关段落都是反对这种模式的。孔子回应颜回说，他将会使自己遭受刑戮，并说为了遵循“道”，必须“不掺入任何无关的东西”（不欲杂）。这里，将什么视作“杂”即为对“标准和原则”的应用（思其则）。在对颜回整个治疗计划的说服之中，孔子说“杂”会导致“冲突”（扰），接下来就会产生“焦虑”（忧）。“医”在本质上反而成了病症的提供者。在同样的逻辑下，《庄子·天下》的开篇部分因为支持“方法的艺术”或“道术”而反对管理/治疗之“方术”。

我们不妨对哲学家治愈混乱的意图的病理学表现进行更为深入的探究。《庄子》“内篇”《养生主》的开篇将“知”的能力视为对人的生命的“危害”。更进一步，危殆与知识之间的关系是合二为一的——一个人越是试图在遇到混乱状况的时候运用知识，险情就会越发滋生[③]。在《庄子·人间世》的另一段落中，“殆”这个词被用来表达“在地上划出直线

① 关于《庄子》诸篇的写作时间的最新讨论，参见 Klein 2010。Klein，Esther. 2010. “Were there “Inner Chapters” in the Warring States? A new examination of evidence about the Zhuangzi.” *T'oung Pao* 96 (4–5): 4–5。

② （清）郭庆藩：《庄子集释》，中华书局2016年版，第1060页。编者按：原文并未交代引文出处，根据出版社要求，我们寻找合适的底本对引文进行了校改。

③ 吾生也有涯，而知也无涯，以有涯随无涯，殆已，已而为知者，殆而已矣。（《庄子·养生主》）

并试图循之前进”[①]（画地而趋）的危险。这样，我们就可以构造出如下可信的“言外之意”：一个用“衍生原则和标准”（思其则）的方式应对“混乱”局势的哲人也便将自己定位为“医”了。他是基于对“知”具有疗效的理解去行动的。这种认知是呆板的，就像一个人试图走直线的“方法”那样。还有，最重要的是，《庄子》宣称在面对这种模式的时候：“危险啊！危险啊！”（殆乎！殆乎！）

三　作为病理学的哲学之“辩”

鉴于我们已经看到“思”这个词意味着建立在其疗效假定基础上的“思考”，《庄子·齐物论》将此模式以其功能转化为关于“辩”的更富技术性的结构。换言之，我们看到的是对哲人论辩之“治疗性”方法的批判性评价——一种明确被认为等同于由赞成（“是”，字面意思为“就是这样”）和反对（“非”，字面意思为“不是这样”）的二分而造成的现实形式。

《齐物论》将这种二分法与技巧和顽固两个范畴联系了起来。例如，下面是对“无限”之“道”以及与之相对的关涉着构建确定性归属范畴（为是）之界限的描述：

> 现在，道路之间从来没有任何边界（封），语言从来没有任何规则（常）。它是通过对什么是“是”，什么是“正确”（为是）的定义建立起来的；于是就有了各种界限（有畛）。
>
> （夫道未始有封，言未始有常，为是而有畛也。[②]）

“为是”的方法存在于在经验所固有的变动性之上确立界限的过程中，换言之，“道”“从来不会有边界”（道未始有封），渺小的实体借之而变得可被识别。在《庄子·齐物论》中，与哲学分辨能力或说“辩”相关的这种界限的模式化（patterned，常）结构就很清晰了。在“我们

① Ziporyn 2009，4：19。
② （清）郭庆藩：《庄子集释》，中华书局2016年版，第89页。

的思想的每日缠斗”（日以心斗）一语中，文章将“决定什么是这个与什么不是这个”（司是非之谓）的能力诊断为一种嗜好。“辩”或者说区别因此就是确立“分”，并试图将“什么是这个”（是）与“什么不是这个”（非）呈现出来。文章反复强调这种分类的人为性和勉强性特征，并将这种方法与易于犯错的“已经完成的心灵—思想”（成心）联系了起来。

葛瑞汉（Angus Graham）与更晚近的陈汉生（Chad Hansen）等学者已经对此进行了论述，那就是庄子对哲学划分方法的批判是如何为揭露“是—非”区分的“指示性”（indexicality）的根本目的服务的[①]。作为“指示”，这种哲学区分基于这种语境，人们从中通过其名称而“挑出”事物，之后“选择”这个是“这个”而那个“不是”[②]。与其指示性相关，《庄子·齐物论》这样的文本又揭示了一切哲学论辩的语境依赖特征。陈汉生因此而将文中“启示”（明）这个概念等同于“所有语言都是索引性的”的认知。

如果我们对战国时期哲学和医学论述中“方”的使用情况的设想是正确的，《庄子·齐物论》因为所有语言都是索引性的这个观点而提及“方”就大有意味了：

> 对于事物来说，没有任何东西不是“那个”（彼）；对于事物来说，没有任何东西不是“这个”（是）。如果用“那个”的方式去处理，人们无法看到任何东西；只有当某物被自己认识的时候，人们才将之认识为“这个”。因此可以这样说：“那个”从“这个”中显现（彼出于是），“这个”跟随着“那个”（是亦因彼）。这是“这个

① 关于《庄子》中明确的“指示性”主题，参见 Hansen，Chad. 2000. *A Daoist Theory of Chinese Thought*：*A Philosophical Interpretation*：Oxford University Press，USA，282 – 285，Graham，Angus C. 1969，“Chuang-tzu's Essay on Seeing Things as Equal”，*History of Religions* 9（2/3）：137 – 159. 以及 Graham，Angus Charles. 1989. *Disputers of the Tao*：*Philosophical argument in ancient China*：Open Court La Salle，Ill，177。对陈汉生、葛瑞汉运用此观念的进一步解释，参见 Ziporyn，Brook. 2012. *Suny Series in Chinese Philosophy and Culture*：*Ironies of Oneness and Difference*：*Coherence in Early Chinese Thought*；*Prolegomena to the Study of Li*：SUNY Press，169 – 170。

② 参考的是葛瑞汉对“辩”的语法分析。参见 Graham，Angus C. 1969. “Chuang-tzu's Essay on Seeing Things as Equal”，*History of Religions* 9（2/3）：137 – 159。

和那个”一起产生的“方式”（方）。

（物无非彼，物无非是。自彼则不见，自是则知之。故曰：彼出于是，是亦因彼。彼是方生之说也。[①]）

“是/非”两项因此就经由“观点主义”（perspectivalism）——将所有的“分”和“辩”与它们从中产生的一系列条件相关联——而被呈示出来了。这种观点的一个必然推论是，关于所有这种区分的合理性的认知，使得一个事物在可能的境况中同时是“这个”（是）和“那个”（彼）（也就是说，特殊的条件决定了一个人如何感受某物，即便这种感受与另一个人是对立的）。另一个人断定属实的，与某人自己的判断具有认识论状态下的等价性，特别是当按照这种“方”而两种判断完全对立的时候。一个家庭或许会因为客人使用餐具吃饭而认为他“很有教养”，与此同时，在其他时间和地点努力持守关于教养经验的这位客人，或许会通过用手进食来展示她的最佳素养。在一个宴会上非常糟糕的餐桌礼仪，在另一个上或许就是优雅的礼节。

四　养生的辩证法——以庖丁为例

通过上述的批判性章节，学者们认为《庄子》倡言的是对哲学思维的大规模放弃。对基于僵硬、二分之类别的知识模式的抛弃，经常被用来佐证《庄子》赞同的是反哲学经验的、在其积极演示层面被理解为根本无法言喻的“道”[②]。虽然这种“神秘主义”的解读或许是令人信服的，但对于追寻《庄子·齐物论》的意蕴来说，却一定不是唯一有效的进路。《庄子·齐物论》及“内篇”的相关段落提供了一种明确的后批判的（post-critical）方法，以及将这种方法付诸实践的治疗方式所组成的模式。我们或许因为遗弃了哲学而显得不足，然而，还是要尝试对文献中

---

① （清）郭庆藩：《庄子集释》，第71页。

② Lisa Raphals认为庄子在《齐物论》中的姿态有三种解释学可能：反理性主义（葛瑞汉）、相对主义（陈汉生）以及怀疑主义（Raphals）。对于这三种解释的综合性论述，参见Raphals，Lisa. 1994. “Skeptical Strategies in the” Zhuangzi “and” Theaetetus “.” *Philosophy East and West* 44（3）：501 -526。

的哲学治疗框架进行解释。

为了这个目的，让我们通过辨识“内篇”文本中的两种趋向来进行总结。首先，存在一个诊断性框架，使得《齐物论》等篇的作者们鉴识内在于被理解为“辩”的哲学论争之中的病理学后果成为可能。前述段落已经很清楚地表达了这一点。然后，我们又在预测性框架的构造中发现了第二种趋向，文章提供了规范性的建议，也就是与“精神的培育”或“滋养生命”（养生）目标相关联的哲学思考。在这两种疗法——诊断性和预测性的——范围内解读《庄子》对“辩”的批判，就能破除上文所述的一些解释困境。为“辩”的批判性诊断打开了全新的空间，治疗性对策在其中得到了清楚表达——一种复原哲学论辩之病理学结构的范畴的典型使用场景。那些关于治疗方法的更积极构想不能由关于什么是实情（是）与什么不是（非）的实质断言所构成。毋宁说，它们参与辅助了为一系列哲学演练、理性方法开药方的更大努力，这直接朝向着精神健康的目标。

如果我们回顾一下先前的讨论，会发现预测性框架的迹象在《齐物论》中就已出现了，文本明确指明了是非二元的转换，它们的消极效果，以及在索引词“是”和“彼”之间更明确的区别。文本说：“对于事物来说，没有任何东西不是‘那个’，没有任何东西不是‘这个’。”此外，“是/彼”二者的术语转换依照事物内在的自发性或如此性（so-ness，然）而打开了“陈述”或“判断”（谓）的大门。

然而，《庄子》中最富说服力的预测性表达是在专注于“养生”目标的篇章中出现的。依据这些篇章，解释者接下来的任务就是，依循养生模式中显而易见的治疗性目标，尝试阐释上文中识别出来的论裁方法。这里，庖丁的例子是关键证明。

通过一系列无与伦比的典范性技巧动作，庖丁为我们提供了如何做出恰切区分的绝佳说明。他从早期对世界整体的不成熟感受开始描述他的进境，之后是圣人般的经验，世界在那里不能被还原为如此不相关的实体。在后面的阶段中，分解的艺术不能通过深层的看或知识（视、知）来进行。知的感觉在这里似乎相当于一种有关观念的坚硬、固执的僵化概念，这是庄子所反对的。庖丁面对每个“乱团”“困难”时的反应，不再是“已完成的思想”（成心）的具象化过程。他的技艺因此予之以极妙的操作性，以及应对变化的环境的丰富手段。他“顺着天然的构造，击打大的骨缝，引导刀刃通过大的空隙，并且如其所是的跟随事物”。他对刀的灵巧使用具备“足够的空间来游戏”，这种方法似乎每时每刻都在生成一系列的选择。这种技艺的辩证对应物应该在其概念化实体之中同样具备可供选择的有效性。文章用庖丁的形象召唤圣人的分类的流动性，就像庄子在《庄子 · 齐物论》中论述的那样，允许人们“永不衰竭的回应”（应无穷）。或者，我们在依顺自发性之判断的程式中看到了这种方法的存在。

庖丁的说明拥有“养生”的明确效果。可以说，在“内篇”中这是一个毫无疑问的明晰主题——所有段落都体现着“养生的主导地位”（养生主）的篇名，而且核心篇章中有很多被描绘为不受“伤/害”影响的“精神化存在” （神人）[①] 模型。考虑到我们在前面提及的庄子对方士（recipe-masters）的一贯蔑视，将这些养神的状态与养寿实践联系起来似欠妥当[②]。认为《庄子》颇感兴趣于对象征着神仙崇拜支流的不朽的隐秘追求，无疑是似是而非的——整本书中只有两段涉及了这个问题[③]。剩下的另一种可能，我们在预测性框架中曾经讨论过，是明确表达一个关于哲学治疗的议题。一旦我们意识到文本对治疗辩证法的强调，这就是一个被创造出来的令人信服的实情了。

---

① 例如，姑射之山的神人（Ziporyn，Brook. 2009. *Zhuangzi*：*The essential writings with selections from traditional commentaries*：Hackett Publishing，1：12）以及无用的樗树（同上，1：14 - 15）。

② 关于《庄子》对养寿卫生传统之背离的重要讨论，参见 Harper，Donald. 1997. “Early Chinese Medical Literature. The Mawangdui Manuscripts.” *London*：*Kegan Paul Int.* 115。

③ 《庄子》中“仙”的迹象，在《庄子 · 逍遥游》篇首的宇宙飞翔场景中就有展现。然而，正如夏德安论证的那样，大鹏的形象并不更多的意味着精神修炼的模型，一如被给定的一系列视角（想必也包括关于人类的那些）所无法适应的奇异性那样。

“德性论”和“人情论”

——从老子到庄子和黄老

王中江

在东周子学乃至整个中国思想的大传统中，说到人性问题，我们想到的往往是儒家，这种先入为主的印象需要加以调整了。且不说在佛学世界中有一个复杂的“佛性论”[①]，就是在道家、道教的思想世界中，“人性”（可称为“德性”“道性”）也是一个重要的视域，只是它的表现方式和形态跟儒学、佛学有所不同罢了，这也就是为什么这一问题开始受到道家、道教思想的研究者们注意的原因，其中围绕庄子的人性论以及特征、围绕唐代以来道教的“心性论”而展开的讨论相对多一些。[②] 在这里，我关心的是早期道家“德性”和“人情”观念的演变和变异，更具体地说，主要是想讨论一下早期道家思想史中“德”“自然”“天”和“人情”等几个概念，看一看这几个观念在同其他观念的紧密关联中，是如何从《老子》开始并向《庄子》和黄老学的不同方向演变的。这样做，当然是首先设定了《老子》（包括简本）是处在这一演变链条的开端，而《庄子》和黄老学都是之后的产物。从《老子》之后，道家思想以放射状分化而形成的多种谱系和儒家一样是十分复杂的，虽然东周晚期的思想

---

① 有关这方面，参阅印顺《如来藏之研究》，台湾正闻出版社 1981 年版；赖永海：《中国佛性论》，上海人民出版社 1988 年版；［日］月轮贤隆《仏性について》，载《仏教の思想》(2)，角川文库 1995 年版等。

② 有关这方面，参阅傅斯年《性命古训辨证》，载《中国现代学术经典・傅斯年卷》，河北教育出版社 1996 年版；徐复观《中国人性论史・先秦篇》，上海三联书店 2001 年版；唐君毅《中国哲学原论・原性篇》，中国社会科学出版社 2005 年版；［日］栗田直躬《中国思想における自然と人间》，东京岩波书店 1996 年版；［日］森三树三郎《上古から汉代までの性命观の展开—人性论和と命运观の历史》，东京创文社 1971 年版；张广保《金元全真道内丹心性论研究》，生活・读书・新知三联书店 1995 年版等。

家没有对道家分化出多少种支流做出概括。受思想内部自我扩展的驱动，加上同其他学派的竞争和社会激烈变化的刺激，《老子》的一些概念在之后变得十分多样和丰富，这在有关人类本性及存在方式的“德”“自然”和“天”等概念上看也同样如此。

一 《老子》中的“德”“天”和“自然”

《老子》这部深邃的格言集中没有出现“性”字这一事实，说明了在老子的时代，“人性”还未成为当时思想史的主题。孔子只是偶然地谈论到了“性”，同样也说明了这种情况。但正如孔子已经具有了某种程度的人性观那样，老子也以“德”的观念表现出一定的人性思想，并成为后来《庄子》“德性”、黄老学“内德”（与此相对是“刑德”之德）思想的来源。

相比于对《老子》之“道”的研究来说，我们对“德”的概念关注则少了一些。显然，“德”字也是《老子》一书的关键词之一。在王弼本《老子》中，“道”字有76个用例，“德”字有43个用例。在只有1600多字的郭店简本《老子》中，“德”字和“道”一样，都减少了许多，“道”字的用例有26个，“德”字的例子也少了不少，只有以下3个地方的8个例子：

> 含德之厚者，比于赤子。[①]（甲组，王弼本第五十五章）
>
> 上德如谷，……广德如不足，建德如□，□真如愉。[②]（乙组，王弼本第四十章）
>
> 修之身，其德乃真。修之家，其德有余。修之乡，其德乃长。修之邦，其德乃丰。[③]（乙组，王弼本第五十四章）

① 高明：《帛书老子校注》，中华书局2016年版，第89页。编者按：原文并未交代引文出处，根据出版社要求，我们寻找合适的底本对引文进行了校改。

② 同上书，第21—23页。

③ 同上书，第86页。

第一个地方的用法，是把品德高的人比之于"赤子"，言外之意是说"赤子"先天具有美好的德性；第二个地方的用法，是列举有所不同的三种"德"——"上德""广德"和"建德"，这是对"德"进行分类；第三个地方的用法，是说一个人通过修养和实践而达到的"德"的境界有"真""有余""长"和"丰"。在这三个地方的用法中，第一种用法跟人的先天"德性"具有密切关系。结合通行本《老子》来看，第一个地方说的"含德之厚者"，就是有德的人，是"重积德的人"，是"上德""恒德"甚至是有"玄德"的人。问题是赤子的先天之"德"来源于哪里？

从通行本来看，人的美德离不开修养，而圣人则是最善于保持美德的人。但我们不能由此就说，在《老子》中，人的"德"完全是后天的产物而没有先天的根据。这就要回到上面谈到的简本《老子》说的"含德之厚者，比于赤子"这句话。把这句话跟帛书本说的"抟气至柔，能婴儿乎"（甲本；王弼本第十章作"专气致柔，能婴儿乎"），"我泊焉未兆，若婴儿未咳"（甲本；王弼本第二十章作"我独泊兮，其未兆，如婴儿之未孩"），"恒德不离，复归婴儿"（甲本；王弼本第二十八章作"常德不离，复归于婴儿"）相对照，可以看出它们具有高度的相似性，前半句说的是"有德者"的具体境界——"我泊焉未兆""恒德不离"和"抟气至柔"等，后半句说的是这种境界之高犹如"婴儿"。通行本《老子》中赞美"赤子"和"婴儿"美德就是以上4个例子，但这4个例子对我们认识它的"德性论"很有帮助。我们先看看老子所赞美的"赤子"和"婴儿"之"美德"是什么。

"含德之厚"意义上的"赤子"之美德，在《老子》中具体是指"骨弱筋柔而握固""精之至也"及"和之至也"：

> 含德之厚者，比于赤子。蜂虿虺蛇弗螫，据鸟猛兽弗捕。骨弱筋柔而握固，未知牝牡之会而朘怒，精之至也。终日号而不嗄，和之至也。[①]（帛书乙本，第五十五章）

① 高明：《帛书〈老子〉校注》，中华书局2016年版，第89—94页。

其中的“柔弱”，是老子强调的两个相一致的重要“美德”。在《老子》看来，现实事物中能够体现柔弱美德的，除了一般意义上人的生命、草木的生命和水之外，再就是“赤子”和“婴儿”了。老子说的“抟气至柔，能婴儿乎”，直接把“婴儿”看成“至柔”的象征之一。老子说的“常德不离，复归于婴儿”，其“德”与此类似，是“知雄守雌”：

> 知其雄，守其雌，为天下溪。为天下溪，恒德不离。恒德不离，复归婴儿。（甲本，第二十八章）①

“雌”代表的是不同于“刚强”之“雄”的“柔弱”的美德。作为婴儿美德的“精之至”的“精”及“和之至”的“和”，可以解释为“强烈的生命力”和“身心的高度和谐”。在老子看来，最有生命力的事物，也就是最柔弱和最和谐的事物。老子赞美的“纯朴”“朴实”“不争”“甘居下流”的美德，比如说“知其白，守其辱，为天下式。为天下式，恒德不忒。恒德不忒，复归于无极”（帛书乙本，王弼本第二十八章）。跟“柔弱”“至精”“至和”是统一的，跟“我泊焉未兆，若婴儿未咳”说的“淡泊”“单纯”的美德也是统一的。由此我们可以推断，老子对婴儿、赤子的心理和行为方式可能有不少的观察，从其简单、天真、纯朴中得到了启发，产生了“以婴儿为典范”“向婴儿学习”（或“向赤子学习”）的价值观。后来《庄子》的作者，则是在对自然的观察中得到了启发，产生了“向天学习”“师法天”的价值观。

为什么新生婴儿单纯和朴实，合乎逻辑地说，就是因为他来自后天的东西最少，来自先天的东西最多。因此，老子赞美的婴儿、赤子之美德或德性，应该是与生俱来的“先天性”。说它是父母给的，这是常识性的（生育上的）解释，而不是哲学上的解释。在哲学上，老子虽然没有直接说婴儿和赤子的“德性”根源于什么，但他对万物根源的说明，可以说间接地回答了这一点。在老子眼里，“道”既是万物的生成者，又是万物的最高养育者，有至上的美德（“玄德”）。万物既然根源于“道”，万物的一切美德自然也来源于道，它分别表现万物中，这就是事物的

① 高明：《帛书〈老子〉校注》，中华书局2016年版，第369页。

“德”。

在《老子》的概念体系中，“德”是从属于“道”的，它比“道”的地位要低，故有“失道而后德”的说法。一般认为，老子的“德”具有“道”产生万物分别为事物赋予“特质”“特性”的意义。《老子》中说的“朴散而为器”，如果把“道”理解为“大朴”，那么散开之后的“器”也许可以说就是具有不同之“德”的事物，这可从《文子·精诚》说的“道散而为德”得到印证。《管子·心术上》解释“德”说：

> 德者，道之舍。物得以生生，知得以职道之精。故德者，得也。得也者，其谓所得以然也。①
>
> 道也者，动不见其形，施不见其德，万物皆以得，然莫知其极。②

在《庄子》中，这种思维被一般化了。但我们需要承认，在老子那里，这一点是暗含的，或者说不是直接给予的。《老子》中说的“天得一以清，地得一以宁……”，是事物从“一”中分别“得到”不同的“清”“宁”等特性，这可以说是事物得到了不同的“德”（“得”）。这个“得”的用法，在后来的道家思想演变中，就成为万物分有“道”而各具其“德”的思维方式。《凡物流形》认为草木之“生命”和禽兽之“鸣叫”都是从最高的“一”之中“得到”的“特质”：“草木得之以生，禽兽得之以鸣。”《黄帝四经·道原》也把事物看成从“道”中分别获得自己的“特质”：“一度不变，能适蚑蛲。鸟得而飞，鱼得而游，兽得而走。万物得之以生，百事得之以成。”

“德”作为具体事物的特质，是对“道”的分有，这还可从《老子》的“复归”观念中得到认识。在道家看来，事物一旦现实化，它就有是否能够实现自己的内在之“德”的问题。先天的东西不能保证它在后天就一定能够实现，事实上它还可能丧失或变质。老子提出的“复归”观念，即“返本论”，就是对于现实中发生的这种实际情况而提出的补救方

---

① 孙中原：《管子解读》，中国人民大学出版社2015年版，第98页。

② 同上。

法。如《老子》第十六章说的“夫物芸芸，各复归其根，归根曰静，静曰复命”，第二十八章说的“复归于朴”和“复归于无极”，第三十七章说的“化而欲作，吾将镇之以无名之朴”，第十九章说的“绝仁弃义，民复孝慈”，第五十二章说的“用其光，复归其明，无遗身殃，是为袭常”，第八十章说的“使民复结绳而用之”，等等。其中说的“复”“复归”都是要求事物、人类回到根源处，回到它原本的“德性”上。上面谈到的“复归于婴儿”，是以具体“婴儿”之美德来代表事物共同禀受的美德。由于老子的强烈政治意识，他要求保持天然美德的人，首先是圣人和侯王。在《老子》中，我们看到，不仅民和百姓是同统治者圣人和侯王相对的，就是“人”有时也相对于圣人和侯王。如所谓“治人事天莫若啬”（第五十九章），“圣人执左契，而不责于人”（第七十九章），“人多技巧，奇物滋起”（第五十七章）等，其中说的“人”，明显是相对于统治者圣人而言。当然，从根源处而论，人人都具有共同的“德性”。

老子的“德”除了万物“各得其性”的意思外，还有养育万物之外的意思。在《老子》中，“德”对于万物的重要作用是“养育”，用《老子》的话说就是“道生之，德畜之”（王弼本，第五十一章）的“畜”。徐复观把这里的“畜”解释为“蓄积”，可能不确切。[①] 这里的“畜”是《诗·小雅·我行其野》中说的“尔不我畜，覆我邦家”之“畜”的用法，意为“养育”。它同《老子》第三十四章描述“大道”的根本作用说的“衣养万物而不为主”中的“衣养”类似。“畜”作为“养育”的意思，还可以从以下的用法得到求证，即《管子·心术上》说的“化育万物之谓德”的“化育”、《文子·道德》说的“物生者，道也；长者，德也”的“长者”“畜之养之，遂之长之，兼利无择，与天地合，此之谓德”“夫道德者，所以相生养也，所以相畜长也……”，等等。

人类把自己的“德”表现出来，一般来说就是人的行为。同样，在老子的社会政治生活秩序中，统治者所要表现出来的行为，跟百姓和民所要表现的行为，也是不相同的。正如“道”的活动方式是“无为”那样，统治者作为圣人最需要的履行的是“无为”（“为无为”）。与此相对，万物和民的行为方式如何呢？这就涉及了老子的“自然”观念。对

---

① 徐复观：《中国人性论史·先秦篇》，上海三联书店2001年版，第298页。

于老子的“自然”观念，我们有比较多的讨论。[1] 简单地说，我们既不要把它混同于近代以来“物理客体”意义上的“自然”，事实上有人把它们混同起来了。但也不要认为它同“物理客体”没有关系，“自然”的行为是作为物理客体的万物发出的。“自然”的意思是“自发活动”（一般解释为“自己如此”）。根据我们的研究，老子或道家中的这种“自己如此”，在最广泛的范围上，是对“万物”的活动方式和状态的描述，它是陈述“万物”的谓词，这是《老子》中“道法自然”（简本甲组中已有这句话，通行本属第五十五章）这一论断的确切意思，即“道遵循万物的自发活动”。[2] 说“自然”指的是“万物”的“自然”，《老子》本身就有内证：

> 圣人欲不欲，不贵难得之货，教不教，复众之所过。是故圣人能辅万物之自然，而弗能为。（甲组，通行本属第六十四章）[3]

这里明确有“万物之自然”的表述，这是不可否认的。《老子》第五十一章说的“道之尊，德之贵，夫莫之命而常自然”，这句话的恰当解释是，“道”受到万物的尊重，“德”受到万物的珍爱，是因为它们不命令万物而让万物能够自发活动。[4] 跟“万物之自然”相一致，在社会中，“自然”指的是百姓和民众的行为方式，典型的例子是简本《老子》说的“成事遂功，而百姓曰我自然也。”（王弼本，第十八章）。《老子》第二十三章中说的“希言自然”，意思是统治者少发号施令合乎百姓的“自然”。实际上，在《老子》中，跟“自然”一词意义一致的词汇还有“自化”“自定”“自均”“自宾”：

---

① 参见池田知久《中国思想史のおける“自然”の诞生》，载《中国——社会与文化》第八号，1993 年；王博《老子“自然”观念的初步研究》，《中国哲学史》1995 年第 3、4 期合刊。

② 关于老子“道法自然”的详细讨论，请参阅王中江《道与事物的自然——〈老子〉“道法自然”实义考论》，《哲学研究》2010 年第 8 期。

③ 刘钊：《郭店楚简校释》，福建人民出版社 2005 年版，第 12 页。

④ 陈鼓应氏对这句话的解释是：“‘道’所以受尊崇，‘德’所以被珍贵，就在于它不加干涉，而顺任自然。”参见陈鼓应《老子注译及其评价》，中华书局 1984 年版，第 263 页。

道恒亡为也，侯王能守之，而万物将自化。化而欲作，将镇之以亡名之朴。夫亦将知足，知［足］以静，万物将自定。（简本甲组，王弼本属第三十七章）①

道恒亡名，朴虽微，天地弗敢臣，侯王如能守之，万物将自宾。天地相合也，以逾甘露。民莫之令〈而〉自均焉。（简本甲组，王弼本属第三十二章）②

在老子思想中，圣人“无为”和百姓“自发活动”最典型的对应关系，是下面这段话：

是以圣人之言曰：“我无事而民自富，我无为而民自化，我好静而民自正，我欲不欲而民自朴。”（简本甲组，王弼本属第三十二章）③

在这段话中，民众自发活动的方式，有“自我变化”“自我端正”“自我富裕”和“自我纯朴”等。老子政治思维的最深刻之处，就是统治者不干涉和控制百姓和民众而使其自我选择和发展，以此“无为”而达到“无不为”的结果。这同“道”遵循“万物”的“自发活动”是相一致的。道产生万物而不控制万物，也不占有万物，而是让万物自我变化，这是“道”的美德。这同万物由“道”产生、万物“尊道”，复归于“道”并不矛盾。因为“道”与万物的关系是双向的，就像父子关系是双向的那样。万物和百姓的“自发活动”，受到的是万物和百姓的“内在之德”的驱动。只是，在《老子》中，事物的“德性”和事物的“自然”两者之间的对应关系还没有“明朗化”，至少在概念之间的关系上是这样。

① 刘钊：《郭店楚简校释》，福建人民出版社2005年版，第13页。

② 同上书，第15页。

③ 同上书，第23页。

二 《庄子》的发展:人性之"真"与"德""自然"和"天"

老子建立的“德”和“自然”观念，在《庄子》中都发生了什么变化呢？这是下面我们要重点探讨的问题。为了方便起见，我们不去区分《庄子》不同篇目究竟代表的是庄子本人的思想，还是代表了他的后学或思想倾向不完全相同的人的思想，在不矛盾的情况下，我们统一使用《庄子》中有关“德”“性”“情”“自然”和“天”等概念的材料。

《庄子》中当然有社会和政治思想，还有黄老学的因素。但就其整体而论，相比于《老子》这部书，“个人”和“自我”如何自由地存在是《庄子》这部书的主题。庄子对“个人”和“自我”有高度的觉醒和自觉，他对人的心灵和精神世界（如何才是最好的境界）的关心，远远超过了他对社会和国家（如何才是最好的）状态的关心。在《庄子》中，“道”还是高高在上的“道”，但“德”明显被具体化了，“性情”“心”也成了它的主要论题，这反映了战国中期之后思想史对人的内面性的更加自觉趋势。在《庄子》中，“德性”的核心内容又跟“自然”真实的“天（性）”结合起来。《庄子》充分展开了“无所造作”意义上的“天”这一概念，它不仅把老子中的“自然”变成了“天”的谓词或者同义语，而且也用“无为”来描述“天”，而在《老子》中“无为”则是“道”和“圣人”的活动方式。“自然”与“无为”通过“天”这一桥梁变成了类似的东西。王充把“自然”与“无为”两个概念合二为一，他的先导是《庄子》。

在《老子》的思想中，万物和人同“德（性）”的关系，不是被直接陈述出来的，是其中暗含的，或者是可以从逻辑上推出的。但到了《庄子》，万物和人同“德”的关系，不仅是在直接界定中呈现出来的，而且“德”与“性”这两个概念也明确地结合了起来。在《庄子》中，“道”作为根源性的本根或本体，它仍然是宇宙和万物的生成者和统一者，万有的事物根本上都是来源于、“得于道”，这从“形非道不生”（《庄子·天地》）、从“夫道，于大不终，于小不遗，故万物备”（《天道》）等陈述中都可以看出。当然，庄子对“道”有更多的描述和说明，丰富和扩大了“道”的意义脉络。在《老子》中，“德”的基本意义之一是“万物”的“畜养者”，它协助“道”，扮演了类似于保姆的角色，但在《庄子》中，这一点被淡化了或者不被强调了。一个新的事实是，《庄子》中的“德”明确具有了使具体事物分别得以“产生”的意义。《庄子·天地》篇说：“泰初有无，无有无名。一之所起，有一而无形。物得以生，谓之德。”在这里，事物“得以”凭借的总根源被说成是“一”，它是“道”的异名，而“德”则是指万物分别分有了“一”而产生的各自不同的具体事物。换言之，事物各有其生，也就各有其“德”；事物各有其德，也就各有其生。正是在这种意义上，《庄子·庚桑楚》篇说：“道者，德之钦也；生者，德之光也。”《庄子·天地》篇说：“故形非道不生，生非德不明。”“德”的光辉是在具体事物的产生和存在中展现的。“德”分别赋予了不同事物的生命和形态，它是“道”通过“德”分化的结果。《庄子·齐物论》说：“夫道未始有封，言未始有常，为是而有畛也。请言其畛：有左有右，有伦有义，有分有辨，有竞有争，此之谓八德。”这里列出了“八德”，实际上，事物有多少种类，就有多少不同的“德”。

为具体事物赋予了生和形，同时也就是为具体事物赋予了不同的特性，《庄子》把这明确称为“性”。《庄子·庚桑楚》篇说：“性者，生之质也。”这句话是在上引的“道者，德之钦也；生者，德之光也”之后说的，它是《庄子》把“德”与“性”直接联系起来的一个例证。类似的例证，在《庄子》中我们还可以看到的有：

形体保神，各有仪则谓之性。性修反德，德至同于初。①

彼民有常性，织而衣，耕而食，是谓同德。一而不党，命曰天放。故闻在宥天下，不闻治天下也。在之也者，恐天下之淫其性也；宥之也者，恐天下之迁其德也。天下不淫其性，不迁其德，有治天下者哉。②

---

① （清）郭庆藩：《庄子集释》，中华书局2016年版，第430页。

② 同上书，第342—343页。

把"德"缩小到在人类身上，它就是赋予人类的生命，与之相应的"性"则是人类生命的共同本质。以上这两个例子，说的就是人类的"德"和人类的"性"。

《庄子》中的"性"，同时也是它所说的人类的"实情"（"情"的一种用法）。如《庄子·则阳》篇说的"遁其天，离其性，灭其情"、《在宥》篇说的"昔尧之治天下也，使天下欣欣焉人乐其性，是不恬也；致命尽情，天地乐而万事消亡，万物复情，此之谓混溟"等用法，这是把"性"与"情"直接联结起来的明显例子。单从形式上比较，《庄子》中的这种"性"和"情"，跟荀子的说法也不相同。荀子是把"情"看成"性之质"（"性者，天之就也；情者，性之质也；欲者，情之应也"。《荀子·正名》）在《庄子》中，"性"是"质"，亦是"实情"。

至此，我们一直没有说到《庄子》中的"德""性"和"情"在道德和伦理上的具体所指。我们一般说道家是"自然主义"的，而且正是在这种意义上，它抵制儒家的仁义和礼乐路线，我指的是《庄子》中所代表的一种强烈倾向。这种倾向要求一种更高的、更加超然的"道德"价值，它不同于儒家所说的"道德"，这在《老子》竹简本中照样有效。简本同样又批评儒家的倾向，当然不像《庄子》那么强烈。池田知久氏的最新一篇论文讨论了郭店《老子》是如何批评儒家的，[①] 当然我不同意他把简本《老子》的文献往后拉的做法。《庄子》中照样使用了《老子》的"自然"一词，但这部书的"自然"已经同《老子》的"自然"拉开了距离，把这个书的"自然"用例列出来，可如下所示：

> 吾所谓无情者，言人之不以好恶内伤其身，常因自然而不益生也。[②]
>
> 夫至乐者，先应之以人事，顺之以天理，行之以五德，应之以自然。然后调理四时，太和万物。四时迭起，万物循生。[③]

---

① 池田和久《郭店〈老子〉对于〈大学〉"八条目"的批判》，在"2010洛阳老子文化国际论论坛"上的学术报告。

② （清）郭庆藩：《庄子集释》，中华书局2016年版，第227页。

③ 同上书，第505页。

吾又奏之以无怠之声，调之以自然之命。①

汝游心于淡，合气于漠，顺物自然而无容私焉，而天下治矣。②

古之人，在混芒之中，与一世而得淡漠焉。当是时也，阴阳和静，鬼神不扰，四时得节，万物不伤，群生不夭，人虽有知，无所用之，此之谓至一。当是时也，莫之为而常自然。③

知尧、桀之自然而相非，则趣操睹矣。④

老聃曰："不然。夫水之汋也，无为而才自然矣；至人之于德也，不修而物不能离焉。若天之自高，地之自厚，日月之自明，夫何修焉！"⑤

真者，所以受于天也，自然不可易也。故圣人法天贵真，不拘于俗。愚者反此。不能法天而恤于人，不知贵真，禄禄而受变于俗，故不足。⑥

《庄子》一书中，"自然"一词总共有8个例子，比简本《老子》的3例多5例，比王弼本《老子》多3例。从《庄子》这部书的总量来说，"自然"这个词显然用得太少了，加上其他肯定性的合成词——自得、自适、自本、自根、自喜、自正、自壮、自化、自生、自高、自厚等，"自"字结构的合成词也不算多。为什么会这样，下面我们会做出解释。我们先看一下《庄子》中的"自然"是指什么。比之于《老子》的"自然"主要是指"万物"和"百姓"的"自发活动"或"自己如此"来，《庄子》中"自然"一词的这种意义当然还有，如其中的"顺物自然而无容私焉，而天下治矣"，这句话里的"自然"就是如此。但《庄子》中的"自然"，大都变成了"原本的未经过人为加工的真实的东西或状态"这种意义。《庄子·秋水》篇说的"牛马四足，是谓天；落马首，穿牛鼻，是谓人"这段话，就是这种用法的典型例子。正是在这种意义上，

① （清）郭庆藩：《庄子集释》，中华书局2016年版，第509页。

② 同上书，第300—301页。

③ 同上书，第550—551页。

④ 同上书，第576页。

⑤ 同上书，第712页。

⑥ 同上书，第1207页。

"无为"（当然不是全部）同"自然"合流了，而不再像《老子》中那样，它单纯指道或统治者的活动方式，而是指"没有人为性的自然而然性"。

在《庄子》中，这样的"自然"和"无为"来自哪里呢？它们根本上是来自道，但更直接地是来自于"天"或"天地"。《庄子》在把"天""天地"看成自然世界中两个最大的有形之物的同时，更主要地是把它们看成没有任何"有为性"的"自然而然"的存在及活动的典型。《庄子·至乐》篇说："天无为以之清，地无为以之宁。故两无为相合，万物皆化生。芒乎芴乎，而无从出乎！芴乎芒乎，而无有象乎！万物职职，皆从无为殖。故曰：天地无为也而无不为也。人也孰能得无为哉！"

荀子批评庄子"蔽于天而不知人"，这在一定意义是恰当的。但荀子是否意识到了，《庄子》之所以"蔽于天"，恰恰是为了克服儒家"蔽于礼乐"的教化。在《庄子》看来，"礼乐"是违背"天"的人为性之物，而且太人为，以至于形式化、虚伪化。只有用跟这种人为性不同的非人为的"天"，才能能克服儒家的"礼乐"之"伪"。《庄子》相信"自然而然"、不加人为的东西是最好的，也是最高的"道德"，即"至善"。说它是"至善"，是因为这种"善"完全是自然而然表现出来的，而不是有意识表演出来的。由于《庄子》把这样的"天"作为最重要的符号，与此相类似的"自然"符号也就退到了从属的位置上了。如果说《庄子》的思想确实是"自然主义"，那也主要是由"天"而不是由"自然"概念所代表的"自然主义"；我们还必须加上的限制是，这是一种把"自然"人文化、道德化和价值化的"自然主义"。① "天然的"既然是最好的、最有道德的，那么它就是人类学习道德的最好老师和榜样。这是自然主义者比较一致的倾向，也是密尔批评自然主义的主要所在。②

为什么"天"是最好的，《庄子》大都用"自然而然"、没有"人为性"来回答。这里的"人为性"，当然不是指人什么都不做。《庄子》的

---

① 道家的"自然人文化"，是"上德不德"、是"端正而不知以为义、相爱而不知以为仁"（《天地》）这种意义上的人文，它强调的是"无为"的仁和义。刘笑敢氏是从另外的角度来探讨道家的"人文自然"。参见刘笑敢《老子古今》，中国社会科学出版社2006年版。

② 参见密尔（John Stuart Mill）《论自然》，鲁旭东译，吴国盛校，载《自然哲学》第2辑，中国社会科学出版社1996年版。

作者不可能完全否定人类为他所需要的物质生活条件而进行任何工作，“天”不能自然而然提供人类所需要的一切东西，虽然庄子赞美原始状态，但即使在那种状态，人类也得为自己的生存做一些事情。在《庄子》中，我们看到了作者贬低人类技术的倾向，也看到了他歌颂“自然力量”的伟大。在太阳的强烈光照之下和倾盆大雨面前，谁还能对蜡烛发出的光和灌溉机械汲取的水感到自豪。但我们必须清楚，庄子对技术的抑制，主要由于它对“人类”心灵的不良影响。现在我们已经知道，“人为性”的技术对自然的造成“破坏”，已经威胁到人类自身的生命。庄子的想象力是非常强的，但他仍难想象到现代的技术力量。《庄子》对“人为”技术的抑制，主要是忧虑它对人类“心灵”的腐蚀，或者是“机事”导致的“机心”，或者是“混沌”被开凿而导致的死亡悲剧，儒家的“礼乐”文明导致的是类似的后果。历史的这种演进既然是违背“天”的自然而然法则的，那么“历史的起点”自然就更合乎“天”的状态。在《庄子》中，我们看到了这种“自然而然”的“天”的理想，又是以人类的原始自状态来表现的：

> 故至德之世，其行填填，其视颠颠。当是时也，山无蹊隧，泽无舟梁；万物群生，连属其乡；禽兽成群，草木遂长。是故禽兽可系羁而游，鸟鹊之巢可攀缘而窥。夫至德之世，同与禽兽居，族与万物并。恶乎知君子小人哉！同乎无知，其德不离；同乎无欲，是谓素朴。素朴而民性得矣。[①]

这是大家熟悉的《庄子·马蹄》中想象的美好的人类原始状态。在这种想象中，我们看到，“原始的”“最初的”是最“自然”的，因而也

---

① 在《老子》中，我们已看到“小国寡民”对技术使用的限制和人群彼此分离不相往来的简单关系。《庄子》引用了《老子》这段话的一部分，并将其置于更具体的一种历史时间中：“子独不知至德之世乎？昔者容成氏、大庭氏、伯皇氏、中央氏、栗陆氏、骊畜氏、轩辕氏、赫胥氏、尊卢氏、祝融氏、伏羲氏、神农氏，当是时也，民结绳而用之。甘其食，美其服，乐其俗，安其居，邻国相望，鸡狗之音相闻，民至老死而不相往来。若此之时，则至治已。”《庄子·缮性》的描述是又一个例子：“当是时也，阴阳和静，鬼神不扰，四时得节，万物不伤，群生不夭，人虽有知，无所用之，此之谓至一。当是时也，莫之为而常自然。”参见（清）郭庆藩：《庄子集释》，中华书局 2016 年版，第 342—344 页。

就是“最好的”。

在《庄子》中，“天”作为“自然而然”是最好的，更进一步说是因为“天”是“本真”，是最高的“真实”，用它的词汇说即“真”（还有代表了“实”的“情”）。对《庄子》的“真”概念我们已经有所讨论。我们知道，《老子》一书言“真”甚少，但它使用了很多“善”字，也赞美婴儿的纯朴。与此不同，《庄子》引入了“真”概念。我们这里关心的是“真”与“天”的关系和“天”与人的“德性”的关系。在《庄子》那里，“真”根源于“天”，这从下面这段话可以明显看出：①

> 真者，所以受于天也，自然不可易也。故圣人法天贵真，不拘于俗。愚者反此。不能法天而恤于人，不知贵真，禄禄而受变于俗，故不足。②

《庄子》的“道”当然也是“真”和“信”（“有情有信”），这种思想在《老子》中已经有了。如《老子》描述道明确说“道之为物……其精甚真，其中有信”（第二十一章）。但在《老子》中，还没有把“天”看作“真”的表述，而在《庄子》中，“真”主要是以“天”来代表的，这当是中国“天真”概念的主要思想来源。③《老子》赞美的“素朴”，在《庄子》中也主要是以“天”来体现的。与“真”相反是的“伪”，“伪”是“人为”的东西。因此，《庄子》反对的“人为”，又是跟“真”对立的“伪”。这样，《庄子》思想中的“天”与“人”的背反，就变成了“真”与“伪”的对峙，如说：“为人使易以伪，为天使难以伪。”（《庄子·人间世》）

现在我们回到“天”的“真”同“德”和“性”关系上来。在《庄

① 有关这方面，参见陈静《“真”与道家的人性论》载陈鼓应主编《道家文化研究》第十四辑，生活·读书·新知三联书店1998年版、［韩］李康洙的《庄子的心性观》（同上）；林明照《庄子“真”的思想析探》，台湾大学哲学研究所硕士学位论文，2000年；陈鼓应《庄子人性论的真与美》（未刊稿）。

② （清）郭庆藩：《庄子集释》，中华书局2016年版，第1207页。

③ 顾炎武《日知录·破题用庄子》中指出“五经无真字”，段玉裁注《说文》的“真”字，说经典只说“诚实”，诸子百家乃有真字。

子》中，我们可以看到，“德”的更直接的来源也是“天”，因此，天的“真”，同时就是“德”之“真”，也是“人性”“人情”之真。下面的几段话，说的就是“德”“天”“性”共同体现在“人”的身上，它们都是人的内面性的东西：

真者，精诚之至也。不精不诚，不能动人。故强哭者虽悲不哀，强怒者虽严不威，强亲者虽笑不和。真悲无声而哀，真怒未发而威，真亲谓笑而和。真在内者，神动于外，是所以贵真也。[①]

天在内，人在外，德在乎天。知天人之行，本乎天，位乎得，蹢躅而屈伸，反要而语极。曰：“何谓天？何谓人？”……故曰：“无以人灭天，无以故灭命，无以得殉名。谨守而勿失，是谓反其真。”[②]

不开人之天，而开天之天。开天者德生，开人者贼生。不厌其天，不忽于人，民几乎以其真。[③]

道者，德之钦也；生者，德之光也；性者，生之质也。性之动谓之为，为之伪谓之失。……圣人工乎天而拙乎人，夫工乎天而俍乎人者，唯全人能之。[④]

以“真”“情（实）”“信”为“天”的美德，要求“人”遵循“天然”的真，或者回到自身天赋的“真”中，这是庄子“天人合一”的一种意义。《庄子》中的“真人”就是与天合一的人：“是之谓不以心捐道，不以人助天，是之谓真人。”庄子的“心灵观”和“精神修炼”整体上是克服“人为物役”的“心”，恢复人的本真之德和天。[⑤] 至此，《庄子》的“德”“自然”和“天”跟《老子》如何相联系又有何不同，我们应该有了基本的认识了。下面我们就来讨论黄老学的“德”“人情”

---

① （清）郭庆藩：《庄子集释》，中华书局2016年版，第1026—1027页。

② 同上书，第587—589页。

③ 在《庄子》中，“真人”是最能体现“天之真”的“人”：“古之真人！以天待之，不以人入天，古之真人！”（《徐无鬼》）同上书，第636页。

④ 同上书，第804页。

⑤ 参见陈鼓应《〈庄子〉内篇的心学——开放的心灵与审美的心境》（上、下），《哲学研究》2009年第2、3期。

和"自然"跟《老子》的关系。

三 黄老学中的"德"和"人情"

如果说《老子》的思想在《庄子》中主要是向人的"个体化"和"个人性"方向发展，那么与之不同，在黄老学中它则主要是向社会化、政治化方向发展。① 向个体和个人发展，个人的自由、逍遥、内面性的自觉、生命的尊严和精神境界就成了思考的重点，"德""天""自然""性情"和"心"等观念就是在此展开的；向社会化、政治化发展，政治秩序的建立，社会的动员和功效，个人利益的实现和国家的强大就成为思想史关注的重心，"德""自然"和"人情"等观念也是在此而推演的。总而言之，庄子的哲学是个人主义式的和"精神性"的，它是个人心灵的良师益友；黄老学是社会性和政治性的，是帝王的高级助手。单就社会政治哲学而言，黄老学在继承《老子》的一些东西的同时，显然也发展了它的一些东西。前者如"道""无为""自然"的观念；后者如"一""德""法""人情"和"因循"等观念。

黄老学的"德"概念，大体上是在三个维度上运用的，一个维度是作为"道"在具体事物上的落实而成就的不同事物的各自特性。《管子》四篇中说的"德者，道之舍""物得以生的德"的"德"是这样，《韩非子·解老》篇说的"德者，内也……身全之谓德，德者，得身也"的"德"是这样，《黄帝四经·道原》篇说的"鸟得而飞，鱼得而游，兽得而走。万物得之以生，百事得之以成。人皆以之，莫知其名。人皆用之，莫见其形"之"得"（"德"）也是这样。《韩非子·杨权》篇说的"道不同于万物，德不同于阴阳"的"德"，是说万物各有不同的特性，而不能限于"阴阳"这两种特性上。黄老学之"德"的第二个维度是指君主的"为政之德"，如说"王天下者有玄德"（《黄帝四经·六分》）、"天下太平，正以明德，参之于天地，而兼覆载而无私也，故王天下"（同上）

① 这里我们不去纠缠黄老学这个概念的复杂情形，我想做出的工具性定义是，凡是以老子思想为基础，融合了其他子学，如儒、墨、名、法、阴阳等，不管融合程度高低或多少，也不管是否言称黄老，总体上都可以看成黄老学的谱系，广义上的黄老学也可以包括韩非子的法家。

等。特别是《黄帝四经·君正》中有这样一段所说：“一年从其俗，二年用其德，三年而民有得……一年从其俗，则知民则。二年用其德，民则力。三年赋敛，则民有得。四年发号令，则民畏敬……俗者顺民心(也)。德者，爱勉之也。”这样的“德”，当然有儒家之“德”的成分，对儒家思想吸收比较多的齐鲁黄老学著作《管子》更是如此。跟第二个维度紧密相关，黄老学“德”概念的第三个维度是同惩罚（“刑”）相对的“奖赏”意义上的“德”。第二个维度的“德”受到的主要是儒家的影响，第三个维度的“德”受到的是儒、法的共同影响，只是儒家以教化的“德”为主，以奖赏的德为主，以惩罚的刑为辅，而黄老学的“德”则采取“德刑”并行的立场。这是黄老学对儒家的改造，也是跟老子治道不同的地方。这是黄老学的“刑德之学”：

> 不靡不黑，而正之以刑与德。春夏为德，秋冬为刑。先德后刑以养生。①
>
> 刑德皇皇，日月相望，以明其当。……天德皇皇，非刑不行，穆穆天刑，非德必倾。刑德相养，逆顺乃成。②
>
> 天因而成之。夫并时以养民功，先德后刑，顺于天。③

这一维度的“德”，显然是“法律”意义上的，更具体言之是“奖赏”和“惩罚”上意义上的，也就是《韩非子·二柄》自设问和回答的“德”：“何谓刑德？曰：杀戮之谓刑，庆赏之谓德”。在儒家那里，也有以奖赏和惩罚为德与刑的看法，但同黄老学不同的是，儒家是以“德”为主，以刑罚为辅助，但黄老学特别是像韩非子，并没有这样的区分，韩非子甚至还认为，刑罚也是爱民的重要方式：“圣人之治民，度于本，不纵其欲，期于利民而已。故其与之刑，非所以恶民，爱之本也。”（《韩非子·心度》）

以上这三个维度的“德”，在黄老学中不是孤立的存在，它们同

---

① 陈鼓应：《黄帝四经今注今译》，商务印书馆2013年版，第217页。

② 同上书，第265页。

③ 同上书，第223页。

“道”“无为”“人情”等观念具有结构上的关联。如第三个维度的“德”，直接是来源于“法律”，间接是来源于君主，因为君主是依法而治的保证，君主如果不能依法——“过极失当，变故易常”，那么君主就不会有“德”——“德则无有”（《黄帝四经·姓争》）。《管子·四时》篇更明确地说明了贤人之德与奖赏之“德”的关联：

> 道生天地，德出贤人。道生德，德生正，正生事。……德始于春，长于夏；刑始于秋，流于冬。①

当然，这里又指出“德”的根源在于“道”。

从以上可以看出，比之于《老子》和《庄子》，黄老学对老子之“德”的最大转化是把“德”同“法律”制度（落实为奖赏和惩罚）结合起来。不能说老子是反对法律制度的，虽然王力氏曾有这种看法。②《老子》中提到的法律的地方只有“法令滋彰，盗贼多有”一处，这里的说法只是对“法令滋彰”表达了不满，不是说法律不需要。不过，《老子》并没有对“法律”做出安排，这使得他的君主“无为”的政治期望缺乏制度上的“保证”和可操作性的工具。不管哪种黄老学，也不管其程度如何，它们都为“无为”提供了“法律”上的可行性。通过“法律”使“无为”成为可操作的政治智慧。因为有客观的非人格的“法律”在起作用，“君主”只要“无为”就可以了。为了把法律有效地落实在政治实践中，黄老学把“无为”同循名责实的严格官僚考核技术结合起来；为了使君主乐意接受“无为”，黄老学还把君主的“无为”变成了个人安逸和享受的代名词。这种考虑的意图，暗含了对君主权力的限制。

“法律”的奖赏之德为什么对“人”是有效的，黄老学提供了另外两个根据，一个根据是形而上的，一个根据形而下的。形而上的根据，是把“道”看成“法律”的根源。“道生法”这一命题是黄老学把法与道结合起来的一个典型表述。在最高权力还没有分化的条件下，君主就是

---

① 黎翔凤：《管子校注》，中华书局2015年版，第856页。

② 参见王力《老子研究》，天津市古籍书店1998年版。

“立法者”，他是把终极性的道具体转化为人间成文法的代表，《管子·任法》篇说的“夫生法者，君也”的“生”，应该从这种意义上来理解。在早期法家人物那里，“法”说到底就是成文法，他们没有为“法”寻找更高根据的冲动。战国中后期之后，接受了道家之“道”的黄老学——如《管子》《黄帝四经》和韩非子等，纷纷为法家赋予了超验性的绝对根据。他们这样做的目的，我认为是，道是绝对的，通过它可以建立起法律的绝对权威；道是客观和普遍的，通过它可以加强法律的普遍有效性。

法律的普遍有效性，是对于政治共同体的每一个人而言的，尽管社会中总难免有个别的“反常分子”。从“道”获得的普遍法律，之所以对每一个人都是适用的，这因为内在于每个人的“德性”，最终是来源于共同的“道”。《史记·孟子荀卿列传》记载说：“慎到，赵人。田骈、接子，齐人。环渊，楚人。皆学黄老道德之术，因发明序其指意。故慎到著十二论，环渊著上下篇，而田骈、接子皆有所论焉。”这里的“道”，在黄老学中既是形而上的，又是形而下的。《四库全书总目提要》称：“道德之为刑名，此其转关，所以申韩多称之也。”“转关”即把“道”和“德”都落实在了具体事物的“形名”上，也就是法律的形名上了。

在黄老学的逻辑中，来源于“道”的人类之德，既不同于老子的，也不同于《庄子》的。这不仅是因为黄老学罕言“性”而多从“人情”上立论，[①] 而且因为它对“人情”的规定主要在于人的“自然欲望”方面，而不是所说的“德”的美德方面。在黄老学中，“人情”被一致地界定为对利益的向往和对危害的避免（“趋利避害”）、对生命的渴望和对死亡的厌恶（“好生恶死”）。这些倾向对人来说是先天自然的：

> 夫凡人之情，见利莫能勿就；见害莫能勿避。[②]
>
> 民之情莫不欲生而恶死，莫不欲利而恶害。……民，利之则来，

---

① 黄老学也谈到“性”，如《管子·内业》篇说的“内静外敬，能反其性，性将大定”、《韩非子·难势》篇说的“炮烙以伤民性”、《八经·参言》说的“民之性，有生之实，有生之名”、《显学》说的“智，性也；寿，命也。性命者，非所学于人也”等就是如此。不过，这些说法没有把“性”与“趋利避害”结合起来。

② 黎翔凤：《管子校注》，中华书局2015年版，第1015页。

害之则去。民之从利也，如水之走下，于四方无择也。①

人之可杀，以其恶死也，其可不利，以其好利也。②（《管子·心术上》）

凡人之情，得所欲则乐，逢所恶则忧。此贵贱之所同有也。③（《管子·禁藏》）

黄老学还用一个更一般性词汇“自为”来概括人情的这种自然倾向。“自为”的意思是每一个都是“为自己考虑的”：

人莫不自为也，化而使之为我，则莫可得而用。是故先王不受禄者不臣，不厚禄者不与入。人不得其所以自为也，则上不取用焉。故用人之自为，不用人之为我，则莫不可得而用矣，此之谓因。④

人皆自为，而不能为人。故君人者之使人，使其自为用，而不使为我用。⑤（《尹文子》佚文）

不受禄者，天子弗臣也；禄泊（薄）者，弗与犯难。故以人之自为□□□□□□□□□。（《黄帝四经·称》）⑥

以往的研究者把黄老学的“人情论”，看成类似于荀子的“人性恶”的模式，这是不恰当的。虽然黄老学的“人情”跟荀子所说的作为欲望的“人性”有共同的地方，但黄老学不认为“人情”是“恶”的，自然也没有改造和克服它的问题；荀子认为人性的自然发展是恶的，因此主张“化性起伪”。肯定“人情”，进一步的问题就是如何最大限度地满足

① 黎翔凤：《管子校注》，中华书局2015年版，第1169页。

② 同上书，第764页。

③ 同上书，第1012页。

④ 许富宏：《慎子集校集注》，中华书局2014年版，第24—25页。

⑤ 《群书治要译注》第22册，中国书店出版社2012年版，第78页。

⑥ 陈鼓应：《黄帝四经今注今译》，商务印书馆2013年版，第353页。《吕氏春秋·离谓》的记载的故事是对人的“自为”的一个很好注释：“齐有事人者，所事有难而弗死也，遇故人于途。故人曰：‘固不死乎？’对曰：‘然。凡事人以为利也。死不利，故不死。’故人曰：‘子尚可以见人乎？’对曰：‘子以死为顾可以见人乎？’是者数传。”

人情。对黄老学来说，以法律为依据的“惩罚”是完全符合“人情”的。①

首先，因为人情是趋利和乐生，所以法律的奖赏是有效的；因为人情是避害和恶生，所以法律的惩罚是有效的。如《韩非子・八经・因情》说：“人情者，有好恶，故赏罚可用。赏罚可用，则禁令可立而治道具矣。”至此，黄老其次，学依据法律“奖赏”的“德”就同“人情”统一了起来。

其次，我们已经知道，在《庄子》中，人的真实的“性”和“情”是“德”，也是“天”，其具体的内容是“真”等美德。黄老学说的“人情”，抽象地看，可以说是“情”，也可以是说“人性”，但我还没有找到具体的文献根据来证明黄老学的“人情”是“天”，也是“德”。我的意思是，黄老学没有直接这样说，而不是说它的思想在逻辑上不能做出这样的结论。从形式上看，黄老学罕言“性”，也罕言“天性”之“天”。从它说的“人之趋利，犹水之就下”的“人情”而言，这说的应该就是自然的“人性”，也是人的“天”。《吕氏春秋・执一》篇记载田骈“以道术说齐王”有“因性任物而莫不宜当”的论断，这里的“因性任物”，在黄老学中就是“人情”。黄老学的“人情”与“德”的关系也同样。我们看到的是“道”与“众物”关系的说法：“道者，扶持众物，使得生育，而各终其性命者也。”（《管子・形势解》）

最后，我们来看看黄老学的“自然”跟“人情”的关系。黄老学除了接受《老子》中的“自然”“自均”“自知”“自宾”“自胜”“自化”“自正”“自富”“自朴”“自来”等词汇外，还增加了一些新的“自”字合成词汇，如“自命”“自定”“自清”“自理”“自生”“自壮”“自试”“自成”“自施”“自正”“自作”“自喜”“自循”“自至”“自往”“自和”“自为正”“自为名”“自为舍”（道法）等。这些词汇从不同侧面说明的都是“人”的行为的“自发性”选择和结果。正如《史记・货殖列传》引用的那段著名论述：“故曰：天下熙熙，皆为利来；天下攘攘，皆为利往。”夫千乘之王，万家之侯，百室之君，尚犹患贫，而况匹

① 有关黄老学的法律观念与人情的关系，请参阅笔者的《黄老学的法哲学原理、公共性和法律共同体理想》，载《清华哲学年鉴》，当代中国出版社 2008 年版。

夫编户之民乎！”我借用马斯洛的“自我实现”这个词来概括黄老学所使用的“自”字合成词的一般意义。[①] 只是，在黄老学中，“自我实现”(self-actualized) 是以利益为中心的自我选择及其结果，它同亚当·斯密的“经济人”的行为、同滕尼斯所说的“利益社会”中“人”的行为方式、同哈耶克所说的“自发性秩序”中人的行为等也许有可比较之处。[②] 或者可以借用哈耶克的“自发性”，把黄老学所说的“自然”等概括为人的“自发性活动”。这种活动是在人的内面性的“人情”驱动下而产生的，是内在于“为自己考虑”的这种“自为”的。据此，黄老学的无为和法律统治，从内面性上说是因循“人情”，从外在表现说是“因循”人的“自然”等。

结　语

以上我们以《老子》为出发点，探讨了早期道家德性观念如何从老子的“德”等观念经过《庄子》的“德”“天”和“性情”发展到黄老学的“人情论”的。通过这一讨论，我们还可以说，在“德”、人性和“自然”等观念上，黄老学不仅同《老子》而且同《庄子》都是很不相同的。

① 参见马斯洛《动机和人格》，华夏出版社 2003 年版。

② 参见亚当·斯密《原富》，商务印书馆 1981 年版；滕尼斯《共同体与社会》，商务印书馆 1999 年版；哈耶克《自由秩序原理》，生活·读书·新知三联书店 1997 年版。

尊重不同的生活方式:《庄子》的差异伦理学

黄　勇*著　崔亚琴 译

我认为，我们所熟悉的大多数伦理学或多或少可以称为共同性伦理学（ethics of commonality），因为它们假定，在一切与道德有关的方面，所有人即使不完全相同，至少也是相似的。因此，我们对一个人所做的事如果是正确的，那么我们对于其他人所做的同样事就必然也是正确的，而我愿意别人对我做的事，其他人也必定愿意我或别人对他们做这样的事。本文认为，这种也许曾经有其合理性的伦理学在我们这个全球化程度越来越高的时代已经不再适用。身处地球村，我们每天与之打交道的人们可能有着完全不同于我们的观念理想、兴趣爱好、风俗习惯以及文化宗教。共同性伦理学已经遭到强烈批评，这点在当代哲学中尤为明显。不过，所有批评都带着典型的相对论色彩，人们几乎因此丧失了做出任何道德评判的能力。本文受中国最重要的道家经典之一《庄子》①的启发，试图提出一种差异伦理学（ethics of difference），在充分关注个体差异的同时避免限入相对主义（至少不是任何一种我们所

---

*　黄勇，香港中文大学哲学系。本文英文稿刊于《美国宗教学会会刊》（Journal of the American Academy of Religion），2010 年 3 月，第 78 卷，第 1 期，第 65—99 页。艾文贺（P. J. Ivanhoe）、刘笑敢、君特·沃尔法特（Gunter Wohlfart）、黄百锐（David Wong）、吴光明（Kuang-ming Wu）等人阅读了本文初稿并提出批评性意见，笔者从中获益良多，在此致以诚挚谢意。同时，笔者也要对该刊提出建设性意见的匿名审稿人表示衷心感谢。

①　有哲学家庄子（公元前 399 年—前 295 年），亦有哲学著作《庄子》。《庄子》现存 33 篇，分为内篇（共 7 篇）、外篇（共 15 篇）及杂篇（共 11 篇）三部分。学界普遍认为，除了少数一些段落之外，内七篇系出自庄子之手；而外、杂篇则主要出自庄子门人及其追随者之手，虽

熟悉的、成问题的相对主义)。根据这种差异伦理学，行为在道德上正确与否，最终应当取决于该行为的接受者。

本文提出的这种差异伦理学承认并尊重人们在观念理想、兴趣爱好、风俗习惯、文化宗教等方面存在重要差异。根据差异伦理学，判断我们(及其他任何人)对他者的作为或无作为的道德准则，不是我们(或其他任何人)作为行为主体(做出行动或控制自己不做出行动的人)若处于行为客体的位置是否愿意接受同样的行为，而是我们(或其他任何人)实际的行为客体(接受我们行为的人或受到我们行为影响的人)实际上是否愿意接受这样的行为。此外，由于不同行为客体之间可能存在的差异，同样的行动，对待某个人是道德的，但对待另外一个人却可能是不道德的。本文将通过对《庄子》的重新诠释来阐发这样一种差异伦理学。

因此，我的讨论虽然可能在很大程度上看起来像是在做经典释义，但我所强调的是经典在实践及理论层面的当代意义。就实践而言，我们如今生活在关系日益密切的地球村，原本在种族、文化及宗教等方面相隔遥远、彼此间存在巨大差异的人们，日益成为必须在日常生活中相互打交道的近邻。然而，就理论而言，我们所熟悉的大多数伦理学，无论是古代的还是当代的，都无法帮助我们应付这样的日常交往，因为它们在很大程度上都是我所讲的共同性伦理学。这种伦理学强调一切人的共同性，从而使我们对行为客体的独特性没有给予足够的重视。

(接上页)然其中也可能包含一些庄子的文字。为了确定外、杂篇的作者、创作年代及其与内篇的关系，学界已经做了大量的文本研究。作为当代最受尊重的庄子研究专家之一，刘笑敢对这些文本研究作了评价，同时提出了自己的划分(参见 Liu Xiaogan. 1994. Classifying the Zhuangzi Chapters. Ann Arbor: Center for Chinese Studies, university of Michigan，尤其是第三章)。本文探讨庄子的差异伦理学，主要考虑的是作为文本的《庄子》而不是作为哲学家的庄子，因此无须特别处理文本的作者问题。但总的来说，本文基本上以内七篇为据。文章也会引用一些外、杂篇的段落，它们跟内篇尤其是其中第二篇即《齐物论》的思想是一致的。学界一致认为，《齐物论》是内篇最为核心的一章。(当然，这并不是说，外、杂篇中与内篇思想不一致的文字就没有价值。)像其他篇名一样，"齐物论"可能是后加的。不过，它还是相当准确地反映了这一核心篇章的中心主题，后者在我看来也是庄子差异伦理学的精髓之所在。所谓"齐物论"，可有两义：其一，"论物之齐"；其二，"物论之齐"。当代很多学者主张，这两者都是题中应有之义。笔者曾撰专文指出，"论物之齐"是唯一的确解[参见——2008. "What Does Qiwulun Mean (in the Zhuangzi)?" The Journal of Chinese Philosophy and Culture No. 3: 362-370]。

接下来，在对共同性伦理学及其问题进行简短的讨论之后，我将介绍庄子的差异伦理学，以便取代共同性伦理学。我们首先分析《庄子》中三个有名的故事（它们都跟因忽略行为客体的独特性所引起的灾难有关）以及庄子试图从中引出的道德哲学：内在本性不同的事物具有相同的价值。在庄子看来，我们中的许多人都有他所谓的“成心”，即倾向于把我们自己的对错标准当作普遍的对错标准。重要的是，将我们的心从这种“成心”中解放出来，从而做到心如明镜：如实反映事物，而不是将我们自己的偏见投射其上。接着，我们将讨论与庄子差异伦理学相关的两个问题。(1) 根据差异伦理学，我们对待他者的行为不是由我们自己的对错标准来判断，而应该取决于行为对象的对错标准。那么，差异伦理学有没有为道德自主留下空间？(2) 差异伦理学要求，在慎重考虑对待他者的行为时，应当认识行为客体的独特性。那么，这种认识是否可能？最后，我们简要概述庄子差异伦理学及其对差异政治学的意义（结论）。

一 共同性伦理学及其问题

我们所熟悉的大多数伦理学可以被称为共同性伦理学，因为它们假定行为主体和行为客体在道德方面是相似的。例如，道德律令，“你若愿意别人对你这样做，你就应该对别人做同样的事情”，即通常所谓的“金律”，及其有时也被称作“银律”的否定表述：“你若不愿意别人对你这样做，你就不应当对别人做同样的事情”，二者基于如下理念：作为行为主体的我所喜欢或不喜欢的东西，也就一定是作为行为接受者的他者所喜欢或不喜欢的东西。“金律”（无论是肯定表述还是否定表述）基于上述这一理念是成问题的。正如艾伦·葛维兹（Alan Gewirth）所指出：

> 主体对自己作为接受者的意愿可能与接受者所希望受到的对待并不一致……因此……这可能［对接受者］造成单方面的伤害……比如，金律可能准许一个喜欢他人与其争论或密谋的人跟他人争吵或使其卷入关系网，而不用考虑他者实际上的本人意愿。（Gewirth 1980：133）

因为“金律”明显成问题，所以当代许多哲学家通过各种尝试对它进行修正。例如，马尔寇斯·辛格（Marcus Singer）用他的“一般原理”对“金律”进行了解释：对一个人而言是正确的，必须对任何处于相同或类似情况下的人来说都是正确的。因此，待人是否恰当的道德标准，并非由我们希望别人以同样方式对待我们的意愿决定。恰恰相反，它要求一个人“以‘无偏见的理性旁观者’的视角判断每个人的行为，包括他自己的行为”（Singer 1963：302）。“金律”因此被解释为：“像无偏见的理性旁观者要求你做的那样对待别人。”为了避免他所看到的“金律”所存在的问题，艾伦·葛维兹的解决办法是，根据他所说的一般的一致性原理使其“合理化”。这个原理就是：“行为要符合接受者以及你自己的一般权利”（Gewirth 1978：135）。为了避免同样的问题，哈尔（R. M. Hare）提出想象的角色换位：把自己置于其行为客体的位置。不过，哈尔的角色换位并不是要去理解客体的真实感受，而是要去了解，从同情而无偏见的观察者角度来看主体和客体的“当然感受”是什么。他认为，这是一种任何道德推理都必需的普遍化要求：我们的行为必须是我们准备接受的行为，因为它是“规定其他人在相似情形之下当如何行动的原则例证”（Hare 1963：88－89）。①

值得注意的是，辛格、葛维兹以及哈尔都是康德主义哲学家。因此，他们为重新表述“金律”所采取的各种策略都受到康德伦理学的引导就不足为怪了。康德伦理学也许是最具代表性的共同性伦理学。康德认为，为伦理学奠基的道德原理丝毫不能考虑一切实际的或潜在的行为主体与行为客体所处的任何特殊情况。他主张，“我们必须仅仅在纯粹理性概念的先天性中寻找义务的基础，而不是在人的本性或者人所处的周遭环境中寻找。……人的道德义务的基础根本不借助于任何关于人的（人类学意义上的）经验知识，却赋予作为理性存在的人以先天律令”（Kant 1956：57）。我们已经看到，“金律”的基本问题在于，行为主体可能把他/她的特定兴趣看作他/她的行为客体的兴趣。如果道德义务仅仅源于

① 对当代学者修正金律的这三种努力的批判性考察，参见 Huang，Yong. 2005. “A Copper Rule versus the Golden Rule：A Daoist-Confucian Proposal for Global Ethics.” Philosophy East and West 55/3：394－425。

对每个理性存在者（所有人都是理性存在者）来说都是一样的理性，而非源于因人而异的“人的特别天性”或者“某种感情和倾向”，那么，“金律”的危险就可以避免（康德，1956：93）。这样就不难理解，为什么当代许多修正“金律”的哲学家会诉诸康德。

然而，康德的想法有一个明显的问题：如果道德原则完全源于普遍的理性意志，因而跟道德主客体的任何特殊性无关，那么，它如何落实于实践？毕竟，我们认为一种行为道德或不道德，原因在于它对客体——不是作为理性的存在者而是作为经验的存在者——来说是对或错。行为客体不同于行为主体：后者必须是理性的存在者，而前者则不一定。既然行为主体遵循源自“无知之幕”（借用康德主义哲学家约翰·罗尔斯的术语）的道德原则，那么，他/她的行为便缺乏处理行为客体之特殊性的能力。① 正是在这一意义上，我认为黑格尔对康德的批评依然正确，而

① ［英］托马斯·希尔（Thomas E. Hill，Jr.）最近提出，“不管某些学说对康德而言何等珍贵，如果我们把这些不必要的学说从康德伦理学的核心中剥离出去，然后使他的某些抽象概念更加具体”（Hill，Thomas Jr. 2000. Respect，Pluralism，and Justice：Kantian Perspective. Oxford：Oxford University Press：62），那么，我们就可以发展出他所谓的“康德式多元主义”。希尔的康德式多元主义对康德思想的两个方面加以扩充：理性主体和尊重人。一方面，“康德伦理学以理性主体为出发点，并要求尽可能将其从特定的文化信奉和偏好中抽象出来，因此，论证应当倾向于支持一种保护自由与容忍多样性的相对开放的社会”（同上：30）；另一方面，“我们所珍惜和尊重的人具有两种必不可少的价值——（a）必要的生活手段和（b）自我认同的基础方案——就此而言，基础方案和生活手段本身符合对他人应有的尊重，那么，我们就假定了不干涉他人及帮助他人的理由”（同上：78）。在这里，尽管一个人在履行不干涉他人的职责时，能够只作为理性主体，但要完成帮助的义务，也就是说，以适当的方式帮助他人，那么，他/她就必须是一个将行为客体作为经验存在来了解的经验主体。虽然我对从康德那里发展出这样一种多元主义的可能性，以及它在多大程度上还是康德主义稍有怀疑，但这一定是一种值得欢迎的尝试。不过，这样一种康德式多元主义只有在我们对待同样理性的道德客体时才管用，因此，当我们与非理性的道德客体诸如严重智障者、动物甚至植物互动时我们便无所适从。我认为，尽管理性是道德主体的先决条件（我们无法让一个非理性的存在者对它所引起的后果负责），但它显然不是道德客体的前提（我们可以让一个理性的存在者对其行为负责，即便其行为对象是非理性的存在者）。关于从康德出发对人类对待动物的另一种考察，参见 Broadie，Alexander and Elizabeth M. Pybus. 1992. “Kant's Treatment of Animals.” In Immanuel Kant：Critical Assessments. Vol. III：Kant's Moral and Political Philosophy，ed. Ruth F. Chadwich. London and New York：Routledge，Regan，Tom. 1999. “Broadie and Pybus on Kant.” In Immanuel Kant：Critical Assessments. Vol. III：Kant's Moral and Political Philosophy，ed. Ruth F. Chadwich. London and New York：Routledge，以及 Pybus，Elizabeth M. and Alexander Broadie. 1999. “Kant and the Maltreatment of Animals.” In Immanuel Kant：Critical Assessments. Vol. III：Kant's Moral and Political Philosophy，ed. Ruth F. Chadwich. London and New York：Routledge。

康德思想的当代辩护者尚未对此做出充分回应：就康德对理性意志的规定而言，“义务自身只有抽象的普遍性，它的规定是无内容的同一，或者说，抽象的肯定，即无规定。这是因为，义务构成道德自我意识的本质要素或普遍要素，而道德自我意识则只在自身之中与自身相关”（Hegel 1991：135）。黑格尔对康德的批评要点在于，康德的道德原则缺乏内容而流于形式，因此不足以规定我们对他者之行为的道德价值评判。

尽管康德伦理学一直很有影响，但它还是受到许多当代哲学家的抨击，尤其是所谓的后现代主义者，包括已故的斯坦福大学哲学家理查德·罗蒂（Richard Rorty）。罗蒂以彻底的反康德姿态表示，阅读康德的《道德形而上学基础》，正确的反应是“要么厌恶，要么哈哈大笑”（Rorty 2004：197）。然而，即使是罗蒂自己提出的伦理学也仍然属于共同性伦理学。在他看来，道德进步的可能性仅仅在于，提高“我们的能力，认识到彼此间越来越多的差异跟道德无关……认识到彼此互利合作的可能性以及减轻痛苦的需要跟人们在宗教、性别、种族、经济地位等方面的差异无关”（Rorty 1998：11）。对罗蒂而言，道德进步会扩大“我们”的范围，即把人界定为“我们”而非“他们”的范围。罗蒂认为，这可以通过情感进步得到实现，而情感进步就是“越来越有能力重视我们跟那些与我们非常不同的人们之间的相似性而非彼此的差异”（Rorty 1998：181）。当然，为了使自己的伦理学有别于康德伦理学，罗蒂马上指出，“重要的相似性并不在于人们分有了表征着真实人性的深层的真实自我，相反是那些微不足道的表面的相似性，比如，珍爱我们的父母和孩子。这些相似性甚至不能在任何真正的意义上把我们同许多非人类的动物区别开来”（同上）。比如，我们认识到，别人“如果被刺伤同样会流血。……他们同样会为自己的孩子和父母着急；他们同样有自我怀疑，受到羞辱时同样会失去自信”（Rorty 2000：11）。

罗蒂的要点在于，如果抛弃共同性的视角而仅仅关注差异的话，我们就不可能把“他们”界定为“我们”，随之而来则可能产生分离主义的危险。然而，在我看来，除非罗蒂坚持一种严格的消极自由概念——也就是说，要想成为道德的人，一个人所需要做的仅仅是不给他人带来任何伤害——否则，强调共同性必须同等地强调差异性。罗蒂经常讨论的一种共同性，就是没有人会愿意遭受痛苦。不过，正如威廉姆·巴斯米

(William I. Buscemi) 所指出，痛苦本身并非赤裸裸的事实。有些痛苦只有那些具有特定的宗教世界观与哲学世界观的人才会察觉到 (Buscemi 1993：144)。比如，所有挨饿的人都希望能吃饱。但是，如果我们忽略了不同的人之间存在着潜在的差异，我们就可能做一些不恰当的事：我们可能把肉类食物提供给素食者，而当饥饿的素食者拒绝了我们提供的肉食时，我们可能感到受了伤害。这里，罗蒂把认识这种差异的要求看作一种新要求，而认识共同性的要求则是与此相对的旧要求。他认为，“新要求比旧要求更难满足，而我不太确定，从相对容易的要求转到更严格的要求是否有充分的理由”(Rorty 2000：13)。①

有趣的是，罗蒂所认为的难以满足的、不必要的新要求，即“关注、尊敬人之特性”的要求，其实一点也不新。我们可以从《庄子》中找到这种要求。接下来，我将讨论《庄子》中的差异伦理学。差异伦理学关注人在观念理想、兴趣爱好、风俗习惯等方面的差别，承认他们具有同等价值，要求我们充分考虑到行为客体的这种独特性。当我们从事涉及他人的行动时，它要求我们，不能以自己喜欢的任何方式、包括当我们处于他们的位置时所愿意接受的方式行动，而是应当考虑实际的人即受到我们行为的影响的客体所愿意或不愿意的方式。换句话说，在判断我们对待他人之行为的道德恰当性时，真正重要的不是我们作为主体的意愿，而是客体或行为的接受者的意愿。②

---

① 对查德·罗蒂差异观的详细考察和批评，参见——2009. “Rorty's Progress into Confucian Truth.” In Rorty, Pragmatism, and Confucianism: With Responses by Richard Rorty, ed. Yong Huang. Albany: SUNY Press: Section Ⅳ。罗蒂对我的批评做出了回应，他赞同说：“对于我们所爱的人，我们会根据他们（在年龄、性别、德性、需要、爱好等方面）各种各样的经验差异，以不同的方式对待他们。如何对他人表达我们的爱，的确需要弄明白他们需要什么，以及什么对他们最有益……如果新要求说的就是：在知道如何待他/她之前对他/她多加了解，那么，我完全同意”(Cook, Scott. 2003. “Harmony and Cacophony in the Panpipes of Heaven.” In Hiding the World in the World: Uneven Discourses on the Zhuangzi, ed. Scott Cook. Albany: SUNY Press: 283)。

② 需要着重指出的是，庄子的差异伦理学一开始并不主张物（人）物（人）之间完全相异；相反，它承认他们之间的重要差别，并且我们需要关注那些跟我们的道德考量相关的内容；它同时强调，即使在共同性之域（比如，没有人愿意受到羞辱），也仍然可能有重要的相关差异（比如，不同的人因不同的事受到羞辱）值得我们关注。

二 庄子三则故事中的差异伦理学

我在另一篇关于庄子道德相对主义的文章中认为，时下关于道德相对主义的讨论常有行为主体相对论和评价者相对论,① 而庄子则提出了一种鲜见的相对论，即行为对象相对论。尽管所有的道德相对论都反对共同性伦理学，其侧重点却各有不同：行为主体相对论主张，行为在道德上的对错与主体的标准相关，评价者相对论认为行为在道德上的对错与评价者的标准相关，而《庄子》中的行为对象相对论则强调行为在道德上的对错跟行为对象的标准相关。行为主体相对论的问题显而易见，根据它的主张几乎不会发生不道德的行为，因为没有人会依照他/她自己的道德标准做错误的事（根据希特勒自己的道德标准来判断，他所做的一切一定都是正确的）。评价者相对论也不乏问题，因为一旦有两个及以上持有不同标准、因而对某个行为主体的行动做出不同道德判断的评价者，行为主体就会得到关于自己行为的两个或者更多不同的评价（这种情况是常有的事），那么这个行为主体就完全不知道自己的行为在道德上正确与否，也就不知道是否该做出这一行为。与此相反，庄子的行为对象相对论则是健全的理论，它不仅能够像西方读者所熟悉的两种相对论那样避免共同性伦理学的问题，而且可以避免这两种相对论各自的问题，同时又不会产生新的问题。本文将对此加以讨论。举个例子，让我们来考察一下我对他人造成伤害的行为。根据我的标准（根据以行为主体为中心的相对论），除了意志薄弱或其他异常情形之外，我的行为是对的；根据受害人的标准（根据以行为对

---

① 这一有名的道德相对论二分法得追溯到戴维·里昂斯（David Lyons）（参见 Lyons, David. 1982. “Ethical Relativism and the Problem of Incoherence.” In Relativism: Cognitive and Moral, ed. Michael Krausz and Jack W. Meiland. Notre Dame and London: University of Notre Dame Press.）。罗伯特·斯特莱弗（Robert Streiffer）对该分类进行了系统考察（参见 Streiffer, Robert. 2003. Moral Relativism and Reasons for Action. New York and London: Routledge.）。吉尔伯特·哈曼（Gilbert Harman），少数以道德相对论者自称的哲学家之一（被我们视为典型道德相对论者的大多数哲学家，包括理查德·罗蒂，并不承认他们是道德相对论者），为这两种道德相对论进行了辩护（参见 Harman, Gilbert. 2000. Explaining Value and Other Essays in Moral Philosophy. Oxford: Clarendon Press.）。黄百锐，另一位少见的自觉的道德相对论者，仅仅为评价者相对论作了辩护（参见 Natural Morality. 2006. A Defense of Pluralistic Relativism. Oxford: Oxford University.）。

象为中心的相对论），在通常情形下我的行为是错的；根据评价者的标准（根据一评判者为中心的相对论），我的行为可能对，也可能错，这得看谁是评价者以及他/她持怎样的标准。根据以行为对象为中心的相对论，评判我的行为并不以我自己或者任何评价者的标准为依据，而是根据行为对象即我的行为接受者的标准。在这里，确实不存在普遍的道德标准，因为，对持有某种标准的行为对象来说在道德上是正确的一种行为，对持有另一标准的另一行为对象来说则可能是错误的。然而，一个特定的行为是否道德，这一问题总要有一个明确的答案。行为对象相对论的关键在于，它不仅强调差异，而且强调事物的平等。[①]《庄子》第二篇篇名“齐物论”即提示了这一层意思。研究《庄子》的学者几乎公认《齐物论》为全书最核心的一篇。[②] 相应于《庄子》中的这种独特的道德相对主义（以行

---

① 可能有人会问，《庄子》是否犯了从“是”（事实）引出“应当”（价值）的错误：怎么能够从物与物事实上不同得出物与物价值上相同的结论？但是，《庄子》并没有说，因为物物不同，所以它们具有相同的价值；相反，它只是说，物物不仅相异而且具有相同价值。事实上，这是古人所有的三类知识之一，庄子对此特别推崇（《庄子·齐物论》）。笔者曾仔细分析了这三类古代知识，以及庄子对考察相异不齐之物的“当代”知识的蔑视。［参见——2008. “What Does Qiwulun Mean (in the Zhuangzi)?” The Journal of Chinese Philosophy and Culture No. 3: 362 - 370］从现代西方的角度出发，我们或许可以进一步拷问《庄子》：“诚然，我可以知道的确是物物相异，但你怎么知道它们具有相同价值?”《庄子》，尤其是其中的《齐物论》，确实没有为此提供任何哲学论证。对于那些持怀疑态度的人，庄子可能只是会这样反问：泥鳅喜欢住在泥里，猿猴喜欢住在树上，你真的认为二者之间有价值上之高低吗？对《庄子》来说，物物价值相同是简单的“事实”，它有点像罗尔斯（1999）的“固定点”、罗蒂的“终极词汇”或者泰勒的“强价值判断”：我会一直坚持它，除非你能证明我是错的；直觉如此强烈地告诉我它是对的，以至于任何试图加以对此做出论证的努力都显得愚蠢可笑。

② 人们经常认为，庄子坚持怀疑论和相对论。克杰尔贝格（Kjellberg）区分了各种怀疑论，认为庄子的怀疑论不同于其他大家所熟悉的怀疑论，他的目标并不是证明知识之不可能，而只是质疑知识，提出一种不确定性状态（参见 Kjellberg, Paul. 1996. “Sextus Empiricus, Zhuangzi, and Xunzi on ‘Why Be Skeptical?’” In Essays on Skepticism, Relativism, and Ethics in the Zhuangzi, ed. Paul Kjellberg and P. J. Ivanhoe. Albany: SUNY Press.）如果仅就道德问题来说，我认为《庄子》甚至连这种意义上的相对论都不是，因为它非常确信物物价值相等。罗伯特·阿林森（Robert Allinson）区分了学者关于《庄子》相对主义的种种立场：刚性相对主义，柔性相对主义，既非相对主义又非非相对主义，既是相对主义又是非相对主义。他似乎还是挺有说服力地反驳了所有这些立场，然后提出他自己的立场：《庄子》文本呈现了一种非对等的相对主义，即“或者相对主义与非相对主义”（参见 Allinson, Robert. 1989. Chuang-Tzu [Zhuangzi] for Spiritual Transformation: An Analysis of the Inner Chapters. Albany: SUNY Press: chap. 8），他之所以提出这样一种怪异的解释，是要为庄子相对主义中明显的规范因素留出空间。如果仅就道德问题来说，我认为把它解释为与道德主体相对论及评价者相对论对立的道德对象相对论可能更吻合《庄子》文本。在此意义上，我同意艾文贺的说法：在伦理学上，《庄子》的观点既非怀疑论又非相对论。

为对象为中心的相对主义）元伦理观，本文认为，《齐物论》提供了一种规范伦理学，即差异伦理学。

庄子的差异伦理学告诫我们，要关注行为主体和行为对象之间以及不同行为对象之间存在着重要差异。与此相应，对我们来说，不仅为了自身利益而对待别人的行为是错的，而且出于他人利益的考虑而对他人所做的行为也可能是错的。我们认为对别人有利的事情，那些人自己可能并不认为有利；某些人认为有利的事情，可能对于另外一些人而言并非如此。因为我们行为的接受者是特殊的他者，他们可能不同于我们主体和任何另外的他者，我们必须采纳实际的行为对象的标准而非其他任何人的标准来评价我们对他们的行为。[①] 如果我们认为对我们有利的事也必然对他人有利，从而把我们的利益标准强加于他人，那么就可能导致灾难性的后果。《庄子》第七篇（内篇最后一篇）结尾处的故事正反映了这样一种道德观：

> 南海之帝为倏，北海之帝为忽，中央之帝为混沌。倏与忽时相与遇于混沌之地，混沌待之甚善。倏与忽谋报混沌之德，曰："人皆有七窍以视听食息，此独无有，尝试凿之。"日凿一窍，七日而混沌死。(《庄子·应帝王》)[②]

这则故事具有非常丰富的意义（参见 Wu 2007）。在本文语境之下，尤为重要的一点是要认识到，倏忽二帝对混沌根本没有恶意。相反，他们对混沌充满感激且知恩图报。在他们看来，有别于他们自己的混沌（没有七窍）是不完善的。因此，出于救治混沌之缺陷的"善良意志"，他们决定为其增加少掉的七窍。但是，由此而发生的行为却是错误，"致命的"（在字面意思上）错误，因为他们并不理解，宇宙万物尽管千差万别却具有同等的价值。他们没有意识到，为了齐

① 按照我的用词，道德对象的"意愿"与"标准"可以互换：我们的道德对象据以判断我们对待他们的作为或无作为是对是错的标准不是别的，正是他们的意愿。如果我们的道德对象是人，那么我们将其当作标准的意愿当然必须是他们的理性意愿。理性意愿跟他们临时性的非理性意愿大不相同，同时也跟我们的理性意愿或其他道德对象的理性意愿相去甚远。

② （清）郭庆藩:《庄子集释》，中华书局 2016 年版，第 315 页。

物，需要做的不是让物同一，而是承认物的等同价值，不管物与物之间多么不同。

通过讲述一则同样有名的关于鲁侯照顾一只迷途海鸟的故事，《庄子》的追随者即《至乐》的作者对庄子的差别伦理学进行了更加生动而清晰的说明：

> 昔者海鸟止于鲁郊，鲁侯御而觞之于庙，奏九韶以为乐，具太牢以为膳。鸟乃眩视忧悲，不敢食一脔，不敢饮一杯，三日而死。此以己养养鸟也，非以鸟养养鸟也。夫以鸟养养鸟者，宜栖之深林，游之坛陆，浮之江湖，食之鳅鲦，随行列而止，委虵而处。（《庄子·至乐》）①

这里，《至乐》的作者解释了鲁侯在照料那只海鸟时出现的问题，即他“以己养养鸟”：比如，他喜欢喝酒，就让鸟也饮酒；喜欢九韶之乐，就让鸟也来“欣赏”；喜欢宴会，就用宴会来“款待”它。最后，海鸟一命呜呼。换句话说，鲁侯对了解海鸟的独特性并不关心。相反，他只是将自己的标准视为普遍标准，并且把这一标准运用到海鸟身上。在《至乐》的作者看来，鲁侯应该“以鸟养养鸟”，即“宜栖之深林，游之坛陆，浮之江湖，食之鳅鲦，随行列而止，委虵而处”。这正是庄子的差异伦理学所要求的东西。

以上两则故事分别讲述了倏忽报答混沌和鲁侯养鸟，而外篇之一的《庄子》第九篇《马蹄》中有一则关于著名驯马者伯乐的故事，其中表达的道德观与前两则故事略有不同。即使在今天人们还在赞美伯乐擅长驯马，并且类而推之赞美优秀的教育家。但是，《至乐》的作者却对他持一种消极看法。伯乐驯马之时，

> 烧之，剔之，刻之，雒之，连之以羁馽，编之以皁栈，马之死者十二三矣；饥之，渴之，驰之，骤之，整之，齐之，前有橛

① （清）郭庆藩：《庄子集释》，中华书局2016年版，第620页。

饰之患，而后有鞭筴之威，而马之死者已过半矣。（《庄子·马蹄》）[①]

与倏忽对待混沌和鲁侯对待海鸟的行为不同，[②] 表面上伯乐并没有像他自己愿意受到的对待那样待马，因为很显然，伯乐自己并不想被烧、被剔、被驱，也不想被弄得又渴又饿，等等。然而，伯乐受到批评的理由是相同的：他没有根据马的真正天性以马喜欢的方式来对待它们。否则的话，他就会让它们"蹄可以践霜雪，毛可以御风寒，龁草饮水，翘足而陆。此马之真性也。虽有义台路寝，无所用之"。（庄子·马蹄）在这个意义上，伯乐对马所做的与倏忽对混沌和鲁侯对海鸟所做的别无二致：损害他们各自行为接受者的天性，至于结果，也都一样：他们各自的行为客体以死亡告终。

三则故事所强调的是：所有的事物都有内在之性；就像我们的身体，"性命非汝有，是天地之委顺也"。（《庄子·知北游》）而且，物不同则性不同。比如，"骐骥骅骝，一日而驰千里，捕鼠不如狸狌，言殊技也；鸱鸺夜撮蚤，察毫末，昼出瞋目而不见丘山，言殊性也"。（《庄子·秋水》）在庄子看来，应当顺性、养性，所谓"壹其性，养其气，合其德"（《庄子·达生》）；天性不应该受到伤害或扭曲，所谓"性不可易，命不可变，时不可止，道不可

① （清）郭庆藩：《庄子集释》，中华书局2016年版，第338页。

② 用罗莎琳德·荷斯特豪斯（Rosalind Hursthouse）的话来说，无论是对待混沌的倏忽，还是对待海鸟的鲁侯，都像个善良的小孩而不是道德上成熟的成年人：二者之间的差异在于，后者有实践智慧（phronesis）而前者没有。荷斯特豪斯认为，"有德性的成年人和善良的小孩都有善良的动机，但是小孩往往会把事情弄糟，因为他忽视了那些为了做好想做的事情所必须知道的东西。有德性的成年人当然也可能会犯错误，有时也可能因为缺乏知识而没有做成他/她想做的事，不过这只发生在其知识缺乏无可责难的场合。因此，举例来说，儿童与少年常常伤害了那些他们想给予利益的人，可能是因为他们不知道如何着手确保利益，而更重要的原因可能在于，他们对何者为利何者为害的理解是有限的，而且常常是错误的。因无知而受到责难的情况，小孩几乎不会遇到，在少年那里通常不会发生，而成年人却很正常。成年人会受到责难，不管他们出于下面何种原因把事情弄糟：粗心、马虎、不计后果、冲动、短视，或者因为假定适合自己的东西也会适合每个人从而不能客观地看问题。而且，重要的是，如果成年人对何者为利何者为害有所误解，他们也会被问责"。换言之，倏忽、鲁侯缺乏知识被问责，因为他们不应当假定，适合他们的东西也将适合每个人。

辙”。(《庄子·天运》) 因此，庄子批评有些人“遁其天，离其性，灭其情，亡其神”。(《庄子·则阳》) 既然万物都应该顺其性、养其性，那么，显然一切物（一切人）都不应当扭曲或伤害他物（他人）之性：

> 彼正正者，不失其性命之情。故合者不为骈，而枝者不为跂；长者不为有余，短者不为不足。是故凫胫虽短，续之则忧；鹤胫虽长，断之则悲。故性长非所断，性短非所续，无所去忧也。(《庄子·骈拇》)①

人们之所以倾向于扭曲和伤害他物之性，是因为大家把自己狭隘的标准视作普遍标准。因此，庄子认为，“彼正而蒙己德，德则不冒，冒则物必失其性也”。(《庄子·缮性》) 重要的是，“在之也者，恐天下之淫其性也；宥之也者，恐天下之迁其德也”。(《庄子·在宥》)

事实上，所有这些关于性的讨论都出现在外、杂篇。“性”这个概念的确没有出现在内篇的任何一篇之中。不过很显然，这一概念意味着万物皆有其内在之性，而这一见解完全吻合我们一直强调的内篇特别是其核心篇目《齐物论》的基本思想：不同的事物具有同等的价值。事实上，尽管《庄子》内篇确实没有使用过“性”这个词，但内篇还是有一些与之意义相似的词，其中最重要的就是“天”，在这样的语境下它相当于“性”。② 例如，《庄子·养生主》讲“天之生是使独也”，因此批评有些人“遁天倍情，忘其所受，古者谓之遁天之刑”。《庄子》内篇《大宗师》要求我们“不以心捐道，不以人助天”；相反，我们应该追随不同寻常之

---

① 《庄子·骈拇》全文不长，却可以说是一篇论性的专题论文。下面是出自该篇的另一有名段落：“且夫待钩绳规矩而正者，是削其性者也；待绳约胶漆而固者，是侵其德者也；屈折礼乐，呴俞仁义，以慰天下之心者，此失其常然也。天下有常然。常然者，曲者不以钩，直者不以绳，圆者不以规，方者不以矩，附离不以胶漆，约束不以纆索。故天下诱然皆生而不知其所以生，同焉皆得而不知其所以得。故古今不二，不可亏也。则仁义又奚连连如胶漆纆索而游乎道德之间为哉，使天下惑也！”（清）郭庆藩：《庄子集释》，中华书局 2016 年版，第 323—324 页。

② 徐复观强调，这里的“性”在内七篇中的“德”那里得到了更好的表达（徐复观：《中国人性论史：先秦篇》，商务出版社 1999 年版，第 369 页）。

人，他们“畸于人而侔于天”。《庄子》内篇《应帝王》也要求我们“尽其所受乎天”。由此可见，内篇所讲的“天”相当于外、杂篇所讲的“性”。

三　如何尊重事物的差异

根据物的内在之性待物，这自然要求我们去认识物之独特性。[①]《庄子》主张，影响我们认识物之独特性的最大障碍在于我们（对他物）怀有先入的偏见，即所谓的“成心”。成心不是别的，它就是把自己的对错标准视作所有事物应该遵循的普遍标准的倾向。在庄子看来，正是这种成心导致倏忽那样对待混沌，鲁侯那样待鸟，以及伯乐那样待马。因为每个人都有成心（尽管《庄子》没有明确说人天生有成心），所以庄子问道，“夫随其成心而师之，谁独且无师乎?”（《庄子·齐物论第二》）因此，为了实践差异伦理学并且根据物之独特性待物，重要的是要涤除这些先见，使心智清明。

为了阐明心智清明的含义，庄子使用了镜喻：“至人之用心若镜”（《庄子·应帝王》）。内篇之外的其他篇章也用到了这一比喻。比如，《天下》有一节描写庄子的无心之心：“在己无居，形物自著。其动若水，其静若镜，其应若响”（《庄子·天下》）《天道》也有一个关于镜子和圣人之心的类比：“圣人之心静乎！天地之鉴也，万物之镜也”（《庄子·天道》）。所有这些章节都在强调，去除被作为对错的普遍标准而投射于事物之上的固有偏见，以使我们的心能够像一面明澈的镜子，从而如实反映事物而不至于将任何主观意见强加于其上。[②]相反，成心则像弄脏的镜子。因此，《庄子》说，“鉴明则尘垢不止，止则不明也”（《庄子·德充

① 这一节即将阐明，这里的“认识”跟“忘”的主题是一致的（艾文贺强调“忘”，参见 Ivanhoe 1993：646）。在庄子看来，一个人需要忘的是自己的偏见，只有这样他的心才能变得清明，从而如其所是地接受事物（这就是我所说的“认识物之独特性”）。这就好像蒙灰的镜子需要先擦拭干净才能如其所是地反映事物。

② 关于庄子以镜喻心，李亦理（Yearley）有一个很好的说法：“镜子只是反映任何在场者。它不运用任何解释框架，不判断是否恰当，也没有追求或掌握的欲望”（——1996，“Zhuangzi's

符》)。一面弄脏的镜子，一方面，不能清晰地反映事物，另一方面，还将原本不属于事物的东西投射到事物之上。与此相似，成心不仅无法如其所是地理解事物，而且还会把固有的偏见强加于其上。因此，如果人们带着不同的偏见争论，那么处理争论的最好方式不是想方设法赢得争论，而是除去人们的先见，把心鉴上的尘埃擦拭干净，这样争论将会得到消解。

这样一来，镜子这个喻象及其“明”之特性有助于我们理解一个非常重要但又相当模糊的思想，即“莫若以明”。庄子主张以此解决或者更确切地说消解无休止的争论：“故有儒墨之是非，以是其所非而非其所是。欲是其所非而非其所是，则莫若以明”（《庄子·齐物论》)。郭象是中国历史上最重要的《庄子》注释者之一。根据他的解释，这里的“明”是指让参与争论的人相互说明彼此，这样他们就明白并没有所谓的对错（《庄子集释·齐物论》)。这一解释已经为当代许多庄子研究者所接受。[①] 不过我认为，这一解释并没有从“明”所在语境出发来理解它。我们已

（接上页）Understanding of Skillfulness and the UltimateSpiritual State.” In Essays on Skepticism, Relativism, and Ethics in the Zhuangzi, ed. by Paul Kjellberg and P. J. Ivanhoe. Albany: SUNY Press: 162; 亦可参见 Yearley, Lee H. . 1983. “The Perfected Person in the Radical Chuangtzu.” In Experimental Essays on Chuang-tzu, ed. Victor H. Mair. Honolulu: University of Hawaii Press: 153 – 154）与此相近，乔尔·库珀曼（Joel Kuppermann）将庄子的观点和维特根斯坦让物任其所是的思想做了有意思的比较（Kupperman, Joel. 1989. “Not in So Many Words: Chuang Tzu's Strategies of Communication.” Philosophy East and West 39: 311 – 317）。哈罗德·大岛（Harold Oshima）对《庄子》中以镜喻心的用法进行了更加系统的分析。特别有意思的是，他把镜喻跟《庄子》中“忘”（清除心里的偏见）这个核心观念联系起来了。不过，他对镜喻的其他一些讨论，尤其是把它跟其他喻象如光、日联系起来的部分在我看来则多属于猜测（参见 Oshima, Harold. 1983. “A Metaphorical Analysis of the Concept of Mind in the Chuang-tzu [Zhuangzi].” In Experimental Essays on Chuang-tzu, ed. Victor H. Mair. Honolulu: University of Hawaii Press.）。

① 可参见 Lusthaus, Dan. 2003. “Aporetics Ethics in the Zhuangzi.” In Hiding the World in the World: Uneven Discourses on the Zhuangzi, ed. Scott Cook. Albany: SUNY Press: 80。艾伦·福克斯（Alan Fox）正确指出，“明”“是心特有的状态，”但他接着便重新落入了郭象的相因说：“‘明’揭示相区别的事物间的相因，它们彼此间吊诡式的相依”（Fox, Allan. 2003. “Reflex and Reflectivity: Wuwei in the Zhuangzi.” In Hiding the World in the World: Uneven Discourses on the Zhuangzi, ed. Scott Cook. Albany: SUNY Press: 215）。因此，我不同意陈汉生（Chad Hansen）的说法：“明”本身是对不同观法的观法（参见 Hansen, Chad. 1992. A Daoist Theory of Chinese Thought: A Philo-

经看到，《庄子》首先阐明，正是由于人们怀有成心导致了是非的分别(《庄子·齐物论第二》)。既然人人有成心，也就是有对是非普遍标准的不同理解，那么人们之间的争论自然不可避免。只是在这样的背景之下，庄子才建议以“明”解决或消解这些无休止的论争。因此，很显然，“明”仅仅意味着抛弃个人的成心。其次，在《庄子》看来，儒道以及其他许多学派，彼此之间就何为是非进行争辩，正是因为他们各有成心，或者说其心镜各自蒙上灰尘，各家各派均把自己的标准作为普遍标准。因此，只有通过“明”心（摒弃先见)，论争才能终止，如同我们把镜子擦拭干净（除去尘埃)。最后，这样无心之心就像没有尘埃的镜子一样，可以清楚地如实反映事物，而不将任何自己的东西强加于其上。

上文引用了《天下》篇的一段文字，其中除了镜喻之外还有一个非常重要的水喻。《庄子·德充符》还说，“人莫鉴于流水而鉴于止水”。不过，《天下》用水来比喻心之动，而用镜来比喻心之静。我们已经看到，镜喻是为了说明，明澈的心静止之时能够如实反映事物而不在其上投射任何主观意见。不过，正如凯尔和艾文贺（Carr and Ivanhoe）颇有洞见地指出，“镜子不仅仅是信息的被动‘反射体’；它们对来到镜前的一切事物做出准确而恰当的反应”；同样，“在庄子看来，圣人之心不是事件的消极观察者。它沉着冷静地应对每一情形，无所黏滞”（Carr and Ivanhoe 2000：38)。如果心是动的，那么圣人之心何为？很显然，它不仅反映事物，而且还与事物交互作用。像水一样与事物互动，这是说，明澈的心如其所是地接受事物。模子只能接受那些能够纳入模子之中的事物，而水却可以接受事物而完全不改变它们原初的形状。尽管内篇没有以水喻心，但水喻符合内篇对心的看法。有名的“心斋”可以说明这一点：

（接上页）sophical Interpretation. Oxford &New York：Oxford University Press：290)。我也不同意任博克（Ziporyn）的理解，他认为“明”“意味在面对很多彼此冲突的观点是人们所看到的明显的、不证自明的、与清晰明了的东西。因此，‘明’指的是下面这种表面事实：争论的各方全都肯定自身而彼此否定，他们都完全混乱不清，处于一种不稳定的相互催毁——因为毕竟，‘是若果是也，则是之异乎不是也亦无辩’”。我更赞同哈罗德·罗思（Harold Roth）的观点，他认为，这里的“明”意味着“一种根本性的转变，从黏滞于个人的观点转到摆脱这种黏滞”。

> 无听之以耳而听之以心，无听之以心而听之以气。听止于耳，心止于符。气也者，虚而待物者也。唯道集虚。虚者，心斋也。（《庄子·人间世》）[①]

“心斋”，就是使心不再被先见所占据，这样心便如水一样，能够如其所是地接受事物，而非迫使它们进入任何固有的形状。

四 道德自主

庄子的差异伦理学要求我们祛除成心，这样我们就不会给他者强加任何主观的观念。相反，我们应该承认并尊重他者的独特性，因为差异伦理学的基本理念在于，我们对待他者的行为正确与否，并不取决于作为行为主体的我们如何考虑自己的行为，而是取决于作为行为客体的他者如何感受我们的行为。[②] 不过，不能由此想当然地以为差异伦理学不重视道德自主。这一点很要紧。尤为重要的是，如何理解《庄子》所说的“至人无己”和“吾丧我”，因为它们所要表达的意思似乎正是漠视——即使不是彻底摒弃——行为主体的自主。有学者认为，丧失自我就是丧失一个人的个体性，因此丧失了这样的自我就等于丧失了自己和他者之间的差别（Cook：73）。[③] 我认为这种解释并不正确，因为《庄子》所提倡的是不同事物的平等（equality）而非同一（identity）（《庄子》的确主张事物的统一或关联，不过，这不同于事物的同一）。更为重要的是，

---

① （清）郭庆藩：《庄子集释》，中华书局2016年版，第152页。

② 《美国宗教学会期刊》的一位审稿人提出，如果我们给传统金律加上以下前提：我希望别人像我希望被对待的那样，而不是像他们希望被对待的那样对待我，那么，我们就可以得到一个与庄子差异伦理学相近的效果。对此我表示同意。我认为这一调整金律的尝试类似于托尔斯·希尔调整康德普遍道德原则的尝试。我很赞赏这样的努力。然而，经过这样的调整，我不知道它是不是还可以叫作金律，因为很显然它已经偏离了原初的意义。而且，“像别人希望被对待的方式对待别人”这样的表达比起传统金律添加新前提的做法要简明得多。

③ 关于这一相关问题，亦可参见 Cook，Scott. 2003. “Harmony and Cacophony in the Panpipes of Heaven.” In Hiding the World in the World：Uneven Discourses on the Zhuangzi，ed. Scott Cook. Albany：SUNY Press：7：7，杨国荣：《庄子的思想世界》，北京大学出版社2006年版，第91页，以及 Slingerland，Edward. 2003. Effortless Action：Wu-wei as Conceptual Metaphor and Spiritual Ideal in Early China. Oxford：Oxford University Press：210。

《庄子·齐物论》在解释何为“丧我”时，南郭子綦展开了一段关于三籁即天籁、地籁与人籁的著名讨论。人籁指人的不同声音，地籁是自然界的各种声音，而最高之天籁本身却并非产生其他声音之“籁”。这是庄子所特别强调的。天籁只是任地籁与人籁“吹万不同”，“闲其自取”（《庄子·齐物论》）。恰如交响乐的指挥，他/她没有亲自演奏乐器，只是让管弦乐队的每一位成员以最佳状态演奏而不压倒别的成员的演奏。①

在这一意义上，我赞同杨国荣的以下看法：这个个体的自我，即丧我之吾，就是庄子试图呵护的本真自我。不过，我不能同意的是，杨认为，必须被消解的自我是“社会化、文明化的‘我’”（Yang 2006：177），“礼乐文明所塑造的‘我’”（Yang 2006：223）。严格地讲，礼乐文明所重塑的自我不再是自我，因为它与相同的礼乐文明所重塑的“其他”自我没有差别。换言之，这个意义上的“自我”已经丧失了自我。因此，庄子恐怕不会在此意义上讨论吾丧之我，因为如果这样一来，吾所要丧失之我是已经丧失了的自我。我认为，《庄子》试图解构的不是由文明所重塑与约束的自我，而是试图拿自己偏爱的礼乐去重塑与约束他人的自我。这样的解释或许更为合理。因此，我更倾向于吴光明的看法，他认为这里被摒弃的自我是“强迫他人的自我”（obstrusive self）。吴借用康德的术语作了进一步的解释：作为“强迫他人的自我”，“它只有通过将其先天综合形式强加于实在、强加于物自身才能够获得‘经验’”。需要丧失的自我是企图为一切他者立法的自我，是宣称自己的对错标准应当成为普遍标准的自我，是一切他者必须顺从的自我。简言之，这一自我不是别的，它就是《庄子》极力敦促我们祛除的

① ［美］马克·本森（Mark A. Benson）说天籁就是“吹过万籁的‘大气息’（great breath），”因此，一切人籁与地籁‘得以吹奏无碍’，发出自己的声音 Benson，Mark A. 2005. “Conceptions of Self/No-self and Modes of Connection：Comparative Soteriological Structures in Classical Chinese Thought.” Journal of Religious Ethics 33：293 – 331。我认为，本森对天籁之义的这种强调是对的：天籁意味着让一切人籁与地籁如其所是地鸣响且彼此无碍。不过，我们没法在《庄子》原文中找到所谓吹过万籁的“大气息”。

成心。[1]

我们已经看到，丧失、忘记或摒弃这样一种试图将自己的对错标准强加于他者之上的自我或成心，正是《庄子》差异伦理学的本质所在。差异伦理学要求我们，当我们考量待人行为正确与否时，相应的对错标准并不是我们自己的标准，而是那些受我们行为影响的人的标准。[2] 初看起来，这种差异伦理学并没有为道德自主留下空间，因为在对待行为对象的过程中，行为主体必须丧失自我，并且接受行为客体而非自己的对错标准。为了回应这一指责，首先，我们必须意识到，差异伦理学很显然比任何其他伦理学更尊重行为对象的自主，因为行为主体必须把行为对象的标准作为自己对待行为对象的标准。但是，这并不意味着，对行为对象之道德自主的尊重必须以损害行为主体的道德自主为代价。一方面，自我的丧失或摒弃出自行为主体自己而非任何外力。因此，这是“吾丧我”。吴光明和其他许多学者已经指出，“吾”不同于“我”，前者是指丧失行为的自我（the losing self），或者说丧失行为的主体，后者是被丧失的自我（the lost self），或者说丧失行为的对象。在此意义上，差异伦理学仍然是一种自主（自律）伦

---

① ［美］任博克已经注意到，“与丧我相反的是生起成心”。（Ziporyn，Brook. 2003. “How Many Are the Ten Thousand Things and I?：Relativism，Mysticism，and the Privileging of Oneness in the ‘Inner Chapters’.” In Hiding the World in the World：Uneven Discourses on the Zhuangzi，ed. Scott Cook，Albany：SUNY Press：43）不过，在他看来，既然每人都有成心，那么确保每人失去各自成心的最好办法是让这些相左的成心彼此对抗。克利斯·约基姆（Chris Jochim）曾在一篇内容丰富且充满见地的文章中反驳了他所考察的关于所丧之我的几种解释，他的结论是，庄子“所担心的是：一个人对自己与他人之间差异的过分敏感，感到自己比别人优越，以及不能‘随众’”。（Jochim，Chris. 1998. “Just Say No to ‘No Self’ in Zhuangzi.” In Wandering at Ease in the Zhuangzi，ed. Roger Ames. Albany：SUNY Press：53）我大致同意约基姆，只是对其中的第一点略有异议。我不太确定这里的“过分”何所指。当然，可以肯定的是，对《庄子》来说，认识到我们和其他事物之间的根本差异非常重要，这也回答了为什么我们不能把适合我们的东西当成对他人也是适合的东西。

② 这里的“考量”（deliberation）一词看起来与道家精神不符。实际上，圣人不思而动，不虑而行。不过，对于尚未成圣的人来说，这样的考量仍然是必要的。李亦理写过一篇非常有意思的文章讨论庄子，他区分了道家修行中的三个阶段：摆脱成心的修性阶段，纠正修性的反思阶段，以及超越反思或将反思自然化的超越阶段。我们关于考量的讨论大致上属于第二阶段，这时人们有必要尽力避免在不同事物之间区分对错的人为努力。不过，需要特别注意的是，即便在第三阶段即圣人阶段，这种思量也并非完全缺席。比如，在有名的庖丁解牛的故事中，庖丁固然已经超乎技而进于道，但在解牛的过程中有时仍然需要停下来想一想（《庄子·养生主》）。《庄子》中其他的圣人形象也都有这个特点。

理学而非他律伦理学,[①] 因为正是我为自我的摒弃立法。

另一方面，对“强迫他人的自我”（“吾丧我”之我）执行摒弃行为的自我（“吾丧我”之吾）不仅仅是消极意义上的自我。在这一点上我开始与吴光明产生分歧。吴光明认为,“自我一直在丧失，自我蜕变的自我（the self-shed self）呈现为已丧失自我的自我（self-that-has-lost-itself）……这种无我（wu-self）是一种被净化的自我，其真实性恰恰在其自我净化的活动中得到确证”（Wu 1999：184）。其次，在我看来，真实的自我的意义不止于丧失“强迫他人的自我”的行为，尤其是当我们把要丧失的“强迫他人的自我”理解为：一种将自己的标准强加于他者之上而不去尊重他者各自标准的欲望。放弃将自己的欲望强加于他人之上的欲望，并不意味必须放弃自己的标准而靠他者的标准生活。例如，泥鳅、猿猴和人各有其宜居之“正处”（《庄子·齐物论》），对人而言，丧失自我，就是不再以为人之正处必定为泥鳅、猿猴及其他一切动物之正处，也不再根据这样的想法去行事。相反，我们应当尊重泥鳅、猿猴及其他动物各自认定的正处。最后，这并不意味着我们人类不可以有自己的正处标准，也就是说，不能住在正处，而只能住在对其他动物来说最宜居的地方。

失去自我的自我就是本森（Benson）所讲的自发的自然自我（spontaneous natural self）（Benson 2005：316）。它不仅不同于被丧失的自我，即想把自己的标准强加于他者之上的强迫他人的自我，而且也不同于被约束的自我，即强迫他人的自我的受害者。因此，失去自我的自我是自主的自我。正是在这个意义上，庄子的差异伦理学不仅尊重行为对象的自主而且还尊重主体的自主。一方面，《庄子·德充符》称赞王骀为圣人，因为他“与庸亦远矣。不与物迁，命物之化而守其宗也”；另一方面，作为外篇之一的《庄子·缮性》批评“丧己于物，失性于俗”的人

① 自主（自律）与他律这对术语借自康德的“autonomy”与“heteronomy”，但这里是在另一种意义上使用它们。在康德那里，自主（自律）意味着做出理性决定而不受任何经验因素的影响。然而在庄子的差异伦理学中，自主（自律）只是意味着一个人按自己的本性生活，而不是过别人强加给自己的生活。因此，如果是在康德的意义上，非理性的存在者没有自主（自律），但在庄子的意义上，动物同样有着我们人类应当尊重的自主（自律）。君特·沃尔法特（Gunter Wohlfart）在阅读本文初稿时提醒我注意这一点，在此谨致谢忱。

为不知道孰轻孰重的"倒置之民"。[①] 尊重行为对象的自主，谓之"顺人"，即任其循其自性；保持主体的自主，谓之"不失己"，即不失去自己的个体性。这二者都很重要，只有完美的至人能够将它们统一起来："唯至人乃能游于世而不僻，顺人而不失己"（《庄子·外物》）。[②]

五 认识他者的可能性

因此，正如我们在《庄子》中所看到的，差异伦理学强调对他者的作为或不作为进行道德判断的标准，不在于我们自己对行为的想法，而在于受到我们行为影响的人有何种感受。这里包含两个前提：其一，我们能够认识他者对其自身的想法；其二，他者对其自身的想法必定是正确的。这两点对于《庄子》来说看上去有点不可能。《庄子》在某些问题上确实非常"独断"。比如，《庄子》的确认为（而且我们似乎不得不同意）：潮湿的地方适合泥鳅而干燥的地方适合人类，这肯定是对的；鲁侯用酒肉音乐养鸟而倏忽为混沌开窍，这肯定是错的。然而，在其他情况下，《庄子》的语气似乎并不那么确定："丽之姬，艾封人之子也。晋国之始得之也，涕泣沾襟；及其至于王所，与王同筐床，食刍豢，而后悔其泣也"（《庄子·齐物论》）。这则故事似乎说明了《庄子》的观点：有时我们可能误解自己。[③]

如果我们的行为对象对于自身所持的对错标准有可能是错误的，那么，作为行为主体，我们怎么能够像差别伦理学所要求的那样，根据他们的标准来对待他们呢？有件事我们必须谨记，丽姬这则故事只讲丽姬的自我认识，而丝毫没有谈论俘虏她的晋国人。换言之，《庄子》的用意

---

① 邯郸学步的故事很有名，它讥嘲了一位模仿他人而丧失自主的人："且子独不闻夫寿陵余子之学行于邯郸与？未得国能，又失其故行矣，直匍匐而归耳。"（《庄子·秋水》）

② 在这一意义上，杨国荣虽然正确强调了道德主体的自主，但他进而主张自我优先于物（杨国荣：《庄子的思想世界》，北京大学出版社2006年版，第22页）、优先于他人（同上书，第165页），似乎走向了另一个极端。

③ 《庄子》杂篇中的《则阳》表达了同样的意思："蘧伯玉行年六十而六十化，未尝不始于是之而卒诎之以非也，未知今之所谓是之非五十九非也。"几乎完全相同的文字也出现在杂篇中的《庄子·寓言》，只是其中的"蘧伯玉"换成了"孔子"。

仅在揶揄丽姬的短视；这当然不等于赞美晋国人违背丽姬的意愿将其虏进晋宫的行为。毕竟，他们不是为了丽姬才这样做，而且即便如此，他们这么做仍然是错误的。真正的问题在于：假设我们知道一个人对自己有误解，也知道对他/她来说另有一种比现在更好的生活，并且，这种生活不是对我们（它可能是也可能不是我们自己宁愿过的生活）而是"客观上"对他/她来说更好（这是说，他/她迟早会认识到这种生活的确对他/她而言更好），那么，我们是否可以将这种生活强加于他/她呢？尽管无法在《庄子》里找到关于这个问题的任何明确答案，但庄子的回答似乎是否定的。这里的情形是，一个人可能不得不过一种强加于自己的生活。即使这种强加的生活对他/她而言"客观上"更好，他/她迟早也会意识到这一点并将自愿选择这种生活，但是，在他/她真正地出于自愿而选择这种生活之前，我们将这种生活强加给他/她就是错误的，因为这样一来他/她就不得不过一种不是自己选择的生活。① 换言之，即使我们知道人们对自己有误解，但是如果他们还没有意识到自己的错误以及我们向他们推荐的生活的好处，那么，差异伦理学就不允许我们将任何对他们来说"客观上"更好的生活方式强加给他们。②

① ［英］约翰·斯图尔特·密尔（John Stuart Mill）认为，强迫他人过一种客观上对他来说更好而他自己对此尚未认识到的生活或许可能，"但是，他作为人的比较价值何在？真正重要的，不仅是人们做什么，而且还包括人们的做事方式"（Mill，John Stuart. 1991. "On Liberty." In Utilitarianism，On Liberty，Considerations on Representative Government，ed. H. B. Action. London & Vermont：Everyman's Library：127）。在密尔看来，最好的生活就是一个人自己选择的生活。我想庄子会同意这一看法。当然，我们可以去说服一个人过一种客观上对他/她来说更好的生活，但最终还得由他/她自己来决定是否接受我们的建议。唯一可能正当的强制行为或许在于：阻止他/她出于一时的非理性或精神错乱而放弃一种他/她理性选择的生活方式。

② 这符合庄子的以下看法：我们必须尊重道德对象之"性"，而我们在这里对待的道德对象是人，人之"性"不同于动物之性，它依其本性就不是固定不变的。就此而言，罗莎琳德·荷斯特豪斯关于人与动物之异的讨论特别重要："其他动物按照它们的天性所决定的'方式'生活；而人则不是。其他动物不会考虑其他的可能性或做出改变的决定，或者选择尝试新的方式，而人可以。……确实，对于所有其他生物来说，同类没有的东西也就是自己不能有的东西。……但是，由于人的理性——或者说，人的自由意志——我们不同于其他生物……我们特有的行动方式……是理性的方式。'理性的方式'就是我们正确地视为好、视为我们有理由去做的任何方式"（Hursthouse，Rosalind. 1999. On Virtue Ethics. Oxford：Oxford University：220－222）。因此，如果我们的行为是指向人之外的存在者，我们就需要了解它们由天性所决定的生活方式；如果我们的行为是指向人，我们就需要了解他们所认为合乎天性、即理性的生活方式，因为对于人类来说，理性地生活就是人的天性。

更为重要的是，在庄子看来，对丽姬而言，虽然拒绝离家也许的确愚蠢，但是，对自己的拒绝感到后悔又何尝不是愚蠢。因此，《庄子》奚落丽姬的短视，不仅因为她最初的哭泣，而且因为她后来对这一拒绝的后悔。① 关于这一点，如果考虑到这则故事所在的更大的背景，我们就会看得更清楚。丽姬的故事出现在讨论生与死、梦与觉的语境中。下面是那一节内容的其余部分：

> 予恶乎知说生之非惑邪？予恶乎知恶死之非弱丧而不知归者邪！……予恶乎知夫死者不悔其始之蕲生乎！……方其梦也，不知其梦也。梦之中又占其梦焉。觉而后知其梦也；且有大觉而后知此其大梦也。……丘也与女，皆梦也；予谓女梦，亦梦也。（《庄子·齐物论》）②

与此密切相关的是《齐物论》结尾部分更为有名的关于蝴蝶的故事：

> 昔者庄周梦为胡蝶，栩栩然胡蝶也，自喻适志与！不知周也。俄然觉，则蘧蘧然周也。不知周之梦为胡蝶与，胡蝶之梦为周与？周与胡蝶，则必有分矣。此之谓物化。（《庄子·齐物论》）③

表面上，《庄子》似乎在告诉我们，我们无法判断：生是否比死更好，我们到底是在做梦还是醒着，我们究竟是梦为自身还是醒着为自身，以及就丽姬而言，究竟是留在家里更好还是进宫更好。倘若如此，则差异伦理学（在此情形之下，任何伦理学）不得成立。如果我们潜在的行为对象不知道自己是庄周还是蝴蝶，那么，作为行为主体的我们，又该如何对待他呢？我们该把他当成蝴蝶来对待呢，还是该把他当成庄周对待？如果我们的行为对象不知道生与死何者更好，那么，作为行为主体

---

① 王博对丽姬的诠释也触及了这一点。他说："也许真正的悲剧正在这里，不该哭泣的时候哭泣，该哭泣的时候却欢笑着。人们自以为找到了家园或者幸福，但是真正的家园和幸福却无可救药地隐去"（王博：《庄子哲学》，北京大学出版社2004年版，第88页）。

② （清）郭庆藩：《庄子集释》，中华书局2016年版，第109—110页。

③ 同上书，第118页。

的我们该去助他生还是该去助他死?如果我们的行为对象不知道留在家里和进宫何者更好,那么,作为行为主体的我们又怎么能够知道这一问题的答案?更要命的是,就像我们的行为对象一样,作为行为主体的我们不知道自己究竟是醒着还是在梦中,那么,我们如何能够完成道德的行为呢?

倘若庄子所想告诉我们的想法的确如此,那么,他就不可能坚持"泥鳅喜欢住在潮湿之处","人喜欢住在干燥之处",以及"猿猴喜欢住在树上"之类明确坚持的观点。而且,他也就没有任何根据判定倏忽报答混沌、鲁侯养鸟以及伯乐治马的行为是错的。因此,我认为,庄子通过这些故事想告诉我们的,不是我们不能区分生和死、梦和醒、庄周和蝴蝶,以及一个人在家奉父母的生活和在宫中侍王的生活。如果处在大梦中,我们的确无从认识它们。这里讲的大梦,不仅包括通常所谓的梦(在梦中丽姬拒绝离开家),而且还包括我们通常所谓的觉(觉之后丽姬认为当初的拒绝是愚蠢的),因为这种觉本身与梦无异。然而,《庄子》告诉我们,有一种大觉,通过大觉我们可以有这种认识。所谓大觉就是悟道,它将帮助我们对事物"以道观之":① 一方面,生和死,梦和醒(大梦),庄周和蝴蝶,以及一个人在家奉父母的生活和在宫中侍王的生活,彼此之间的确有区别;另一方面,生和死、梦和醒(大梦)、庄周和蝴蝶,以及一个人在家奉父母的生活和在宫中侍王的生活,彼此之间并没有价值上的差异。这一点,与庄子关于物有差别而其价值相当的思想是一致的。

既然生与死价值相当,那就没有理由乐生恶死或乐死恶生。不过,生与死价值相当并不意味着以非自然的方式结束生命不是错误的,因为,以非自然的方式结束生命的企图本身已经暴露了以下错误看法:生的价值不如死。生死平等一如,这只是说,一方面,一个人不应当伤害自然的生命,另一方面,一个人不应当在生命到头之时哭泣。因而,《庄子》

① 有此大觉,方有庄子之齐物论。在此意义上,我不赞成王博的观点:"执着于彼此区别热衷于是非辩论的人固然是在梦中,那些主张'齐物'的人呢,是不是到头来也仅仅是做了一场梦?也许,齐物只是一个在梦中才可以实现的理想"(王博:《庄子哲学》,北京大学出版社2004年版,第89页)。

内篇《养生主》的篇末赞叹老子云：“适来，夫子时也；适去，夫子顺也。安时而处顺，哀乐不能入也。”《庄子》内篇《大宗师》的篇首则说，古代的真人同样如此：

> 古之真人，不知说生，不知恶死；其出不䜣，其入不距；翛然而往，翛然而来而已矣。不忘其所始，不求其所终；受而喜之，忘而复之，是之谓不以心捐道，不以人助天。是之谓真人。①

上述两段文字皆论生死，但是，梦与小觉（我们通常意义上的觉，在庄子看来只是一场大梦）是如此，丽姬在家奉父母的生活和在宫中侍王的生活又何尝不是如此。二者平等，所以没有理由偏好其中任何一个。大梦中的庄周和小梦（我们通常意义上的梦）中的蝴蝶，二者尽管彼此相异，但却具有同等价值。因此，梦为（意识到自己是）庄周者，自然要过庄周的生活，过蝴蝶的生活则非自然；而梦为（意识到自己是）蝴蝶者，情形则相反。从庄子差异伦理学的立场来看，这就意味着，即使生并不必然比死有更大的价值，当一个人活着，我们致其死亡是错误的；即使一个人并不必然比蝴蝶有更大的价值，当一个人梦为（意识到自己是）人而不是蝴蝶，我们待其如蝴蝶而非人则是错误的。② 因此，丽姬的故事，庄周梦蝶的故事，以及恋生恶死的讨论，其要义不在于我们可能错解自己真正之所是，而在于我们肯定一方面（在宫中侍王的生活，庄周，生）而否定另一方面（在家奉父母的生活，蝴蝶，死）这一成问题

① 有一点很重要，那就是庄子、老子以及古代的理想人物同时接纳生与死，因为他们确信生死如一，而不是像黄百锐所说的那样，他们“对最基本的事实怀着深深的怀疑——比如，不知道是爱生还是恶死”（Wong，David. 2005. “Zhuangzi and the Obsession with Being Right.” History of Philosophy Quarterly 22/2：91 - 107）。黄认为，庄子有一种质问式的怀疑论，他“支持全盘接受生命抛给我们的任何东西”（同上）。然而，倘若真是如此，那么在我看来，他同样支持全盘拒斥生命抛给我们的任何东西。（清）郭庆藩：《庄子集释》，中华书局2016年版，第234页。

② 威尔弗雷德·康托威尔·斯密斯（Wilfred Cantwell Smith）是一位出色的比较宗教学者，他似乎也表达过与庄子的这一洞见相似的观点。斯密斯讨论说，如果一位怀疑论者以不存在超自然之物为由拒绝认为基督徒生活在超自然之中，那么，“倘若如此，对这位怀疑论者来说，基督徒就是受了那种叫作基督教的东西的诱惑而生活在幻觉之中。在这里人们必须坚持的是，要理解这位基督徒，非常重要的一点仍然是……在幻觉之中生活究竟是一种什么生活”（Smith，Wilfred Cantwell. 1991. The Meaning and End of Religion. Minneapolis：Fortress Press：135）。

的倾向。《庄子》强调它们具有同等价值。《庄子》不仅明确主张一个人相续而在的不同生命形态（死可以纳入广义上的生）具有同等价值，而且明确主张同时并存的不同存在者的不同生命形态具有同等价值：生活在干燥之地的人和生活在湿处的泥鳅具有同等价值，并不意味着我们可以让泥鳅生活在干燥的地方或者让人住在潮湿的地方。否则，我们就是强迫我们的行为对象过非自然的生活。①

六 结语

上文讨论了《庄子》中存在一种不同于更“普遍”（common）的共同性伦理学的差异伦理学。依照差异伦理学，我们对待他人的作为或无作为，其道德适当性不是取决于我们对自己行为的想法，而是取决于受到我们行为影响的人对我们的行为有怎样的感受。肯定人们在许多重要的方面存在差异，当然也就否认了共同性，至少在那些导致人们差异的方面否认了共同性。不过，这么说并不意味着不同的人之间根本不存在共同性。之所以倡导差异伦理学，我想强调的是，即使确实存在共同性的地方，差异也很重要。一方面，差异伦理学要求我们作为行为主体在考虑如何对待行为对象时要了解他们，包括他们的对错标准。如果说在作为行为主体的我们和行为对象之间存在什么共同性，那么，这种共同性正是在了解行为对象的过程中被发现的。换言之，共同性并非我们在道德讨论中所能假定的东西。另一方面，如果作为行为主体的我们和作为行为对象的他人之间存在共同性，那么，我们愿意别人对我们自己做的事也就确实可以恰当地施之于我们的行为对象。不过，即便如此，差异伦理学仍然是绝对必要的。比如，避免羞辱可能对所有人而言是共同的，但人们受到羞辱和避免这些羞辱的方式仍然不同。这里我们同样需要差异伦理学。

我用来概括从道家经典《庄子》中所得到的洞见的“差异伦理学”

① 当然，对《庄子》中这些令人费解的段落做这样一种解释，仅仅涉及我们潜在的道德对象是否对自己有清醒的认识。另一个问题则是，作为道德主体的我们如何能够认识我们的道德客体的独特性。关于后一个问题，笔者另有讨论。

一词借自“差异政治学”。因此，在结束本文之前，不妨简要说明一下伦理学和政治学的关系，以及这里所阐述的差异伦理学的核心思想对于当代差异政治学的讨论是否有所助益。本文所用的伦理学是狭义的，它跟政治学确实很不一样。前者关心的主体是自然的，即个体，后者关心的主体是人为的，即政治组织。此外，个体的行为往往只影响到少数对象，而政治组织的行为将会以法律或社会政策的形式影响组织权限内的每一个人。因此，对于个体来说，关注其行为对象的独特性相对容易，但对于社会组织来说，关注受其每种法律和社会政策影响的每个社会成员的独特性则有些困难。

不过，庄子对独特性的强调至少告诉我们，当我们制定法律和社会政策时，我们不能始于一种自由中立的程序，比如约翰·罗尔斯所主张的无知之幕下的原初状态，后者在公平的名义之下要求我们不去了解法律和社会政策影响所及的人们的任何特性。用相同的方式对待相似的人的确会带来公平，但是以相同的方式对待不同的人将很难实现公平。在后一种情形下，为了使法律对所有人都公平，法律制定者了解这些差异就很重要。如何使具有普遍影响的法律（影响到社会中的每个人）反映每个个体的独特性确实需要创造性的想象力，但它当然不是毫无可能。比如，我们可以制定一部税法，它影响到每个人，但并不要求每个人都缴纳同样数额的税金。

我认为，当代差异政治学思想正是要鼓励我们发挥这样的创造性想象力。因此，艾利斯·马瑞恩·杨（Iris Marion Young）认为，传统政治学假定，对所有人来说，相同的社会地位要求相同的待遇，相形之下，“差异政治学主张……作为参与和包容所有群体的平等有时要求对受压迫或处于劣势的群体采取差别对待”（Young 1990：158）。然而，当代差异学政治面临着玛莎·米诺（Martha Minow）所谓的“差异的两难”（dilemma of difference）：以对待其他群体相同的方式对待受压迫或处于劣势的群体，那就是“不注意他们的与众不同之处，从而近乎以那样的方式侮辱或妨碍他们”；以不同的方式对待他们，强调他们的与众不同之处，那也会“以那样的方式侮辱或妨碍他们”；因此，“不管是以对待多数成员同样的方式对待少数成员，还是以不同的方式对待他们，不平等都会被加剧”（Minow 1991：20）。根据米诺的分析，我们考虑差异时的一些

未明言的假设引发了这种两难情况。其中一个假设关涉到

> 评估他人时未明言的参照点。正是以参照点为标准，我们确定谁是与众不同者，谁是不正常者。跟正常听力的学生比起来，有听障的学生是与众不同者。……未明言的参照点可能表达大多数人的经验，也可能表达那些有更多机会掌握命名权和评估他人之权力的人的观点。相对于未明言的男性标准，女性是与众不同者。相对于未明言的基督教标准，黑人、摩门教徒、犹太人、阿拉伯人是与众不同者。相对于未明言的具有身体活动能力者的标准，残障人士是与众不同者。(Minow 1991：51)

我认为，恰好在这里，庄子的差异概念有助于避免发生差异的两难情况，因为它没有假设差异的标准。A 与 B 不同，正如 B 不同于 A。关于这一点，《庄子》中有一段著名的文字："物无非彼，物无非是……故曰彼出于是，是亦因彼。……是亦彼也，彼亦是也"（《庄子·齐物论》）。按照庄子的差异概念，差异政治学必须强调，以彼此相异的方式对待人们，而不是拿一种有别于对待"正常"人之"正常"方式的"不正常"方式对待"不正常"的某些人。人人不同，人人正常。做正常的人就是做与众不同的人。在此意义上，差异政治学一方面对所有差异都很敏感，包括受压迫或处于劣势的群体的差异，另一方面没有侮辱他们的与众不同之处，从而也就不会因为对差异敏感而妨碍他们。这可以说是庄子差异伦理学对当代西方差异政治学的一个独特贡献。

老、庄的养生思想及其现代启示意义

吴根友

经过改革开放30多年的经济与社会发展，当代中国人的物质生活水平普遍提高了，全民的健康意识也在增强，传统的养生学思想也备受青睐。然而，“养生”绝不仅仅是通过食补、药补，科学、合理的健身、饮食习惯就可以实现的健康人生的目标，合理与健全的“养生”活动一定是形神兼养，然后才能真正实现养生、健康的人生目标。为了丰富当代中国人的养生思想与健康意识，重新回顾一下先秦道家的代表人物老子、庄子的“养生”思想，对于当代社会的养生活动，或许具有另一种启迪意义。

一　老、庄的生命哲学与其养生思想

要比较完整、准确的理解老、庄的养生思想，先要大体了解他们生命哲学的基本观点。简洁地说，老庄开创的道家生命哲学，大体上由以下四个方面的内容构成：生命观、生死观、重生论、养生论。养生论只是老庄生命哲学的一个方面。从哲学的角度看，这四个方面又可以分成两个部分，生命观、生死观为其哲学的理论基础，而重生论与养生论则是养生学的基本内容。

（一）“道法自然”，“乘天地之正”以游无穷的生命观

与儒、墨两家思想相比，以老庄为代表的道家思想特别注重人对自然法则的顺从。同时，他们又强调人通过对自然法则的准确把握，成为自然界的主动者。在生命哲学的理论层面，老、庄要求人们，首先，要把个人的命运与自然的无形而有序的变化联系起来，法天、知天而后养育人的天年，如老子说：

域中有四大，而人居其一焉，人法地，地法天，天法道，道法自然。(二十五章)①

庄子讲：

知天之所为，知人之所为者，至矣。知天之所为者，天而生也；知人之所为者，以其知之所知以养其知之所不知，终其天年而不中道夭者，是知之盛也。(《大宗师》)②

其次，他们又要求人们充分地把握自然规律、利用自然规律，做到长寿、实现精神的自由，如老子说："执古之道以御今之有"，做到"深根固柢，长生久视"，乃至于以天为榜样，"天乃道，道乃久，没身不殆"。上文的"古之道"即先于天地的"道"，是绝对的道，而不是古时候的道。"执古之道"，用今天的话来说，即是把握根本的自然规律。

最后，庄子说："若夫乘天地之正，而御六气之辨，以游无穷者。彼且恶乎待哉！"(《逍遥游》)"乘天地之正"的"乘"字，即是顺应、顺从的意思。而庄子此处所说的"无待"状态，即是精神自由的状态。

(二) 生死观——"人之生，气之聚也；聚则为生，散则为死"

老子与庄子都认为人的生命是由阴阳二气构成的，如老子讲，"万物负阴而抱阳，冲气以为和"(第四十二章)。人是万物之一物，当然也是由阴阳二气构成的。只是老子还没有直接地说人的生命是由阴气与阳气构成的而已。

庄子则明确地说，"人之生，气之聚也。聚则为生，散则为死。若生死为徒，吾又何患？故万物一也……'通天下一气耳'。"(《知北游》)而且又说："夫大块载我以形，劳我以生，佚我以老，息我以死。"(《大

① (魏)王弼注、楼宇烈校释《老子道德经注校释》，中华书局2016年版，第64页。编者按：原文并未交待引文出处，根据出版社要求，我们寻找合适的底本对引文进行了校改。

② (清)郭庆藩：《庄子集释》，中华书局2016年版，第118页。

宗师》)

庄子不仅明确地提出了“气之聚散”的生死观，而且还认为人的疾病是“阴阳之气有沴（凌乱）”（《庄子·大宗师》）的结果。这就表明，庄子深刻地认识到，人的生理疾病是内在的阴阳二气失序的结果。这种阴阳二气既是生理性的生命节律，也是精神性的心理状态。

正因为天地与万物都是由阴阳二气构成的，人活着的时候，只不过是阴阳二气在一段时间内的聚合状态；因此，死亡并不是什么可怕现象，只是又回到原来的气化状态。所以，道家将死亡看作回家——重新回到天地的怀抱之中。这种死亡观在今天看来仍然是非常达观的，值得我们当代人学习。

当然，从今天生命科学的角度看，老、庄用阴阳二气来界定人的生死现象，并不科学，但把生死现象看作一种自然之气的变化过程，基本上是一无神论的思想。而将生命之气分为“阴阳”两种属性，是中国传统中医理论的基本思想内容，并在当代的医学实践中仍然在起作用。在现代的体育健身活动中，包括体育比赛、武术活动中，重视身体之内的阴阳二气的平衡、提纯，仍然是一种比较高级的健身、强身手段。

（三）重身与重生的思想——“名与身孰轻，身与货孰多?”“夫生者，岂特隋何之重哉?”

相对于儒家重视道德的价值而言，老、庄的生命哲学，乃至于整个道家的生命哲学思想都有一种强烈的重身与重生的倾向。具体而言，老、庄的重身与重生思想既批评普通人的贪物丧性，也批评统治者的贵物轻人，具有比较广泛而深刻的批判意义。老子面对“五色”“五音”“五味”“驰骋田猎”“难得之货”等统称为外在诱惑对于人性的扰乱，而提出了“名与身孰轻，身与货孰多”的哲学反思，通过此一反思，要求人们将生命存在的价值与意义摆到“名”与“货”之上。这种重生思想在今天仍然是值得肯定的。

庄子谴责那些“丧己于物，失性于俗者”（《庄子·缮性》）是“倒置之民”——头朝下脚朝上之类的人，并进一步议论道：“今世俗君子，多危身弃生以殉物，岂不悲哉?”“今世之人居高官尊爵者，皆重失之，见利轻其身，岂不惑哉?”（《庄子·让王》）这一重生思想实际上是反对过分物化的人生，包含着一定的人文理想性与重视人性自由的因素在其中。

老、庄重身与重生思想还有更为深刻的地方，那就是：他们要建立一个以人为中心的政治组织，如老子讲："贵以身为天下，若可寄天下，爱以身为天下，若可托天下。"（《老子》第十三章）庄子讲："夫天下至重也，而不以害其生，又况他物乎？唯无以天下为者，可以托天下。""故曰：道之真以治身，其绪余以为国家，其土苴以治天下。"（《庄子·让王》）这样一种治身重于治国、治天下的政治哲学思想，实际上是儒家重视政治人物个人道德修养思想的道家化表达，他们都把政治活动的起点放在政治人物的个人身心调理、修养上面，只有把个人的身心调理、修养好了，才能有资格去治理天下。后来的《大学》讲"自天子以至于庶人，壹是皆是修身为本"。应该是先秦儒道政治哲学思想的一次高度凝练与哲学的提纯。而当今中国政治大力提倡"以人为本"的政治哲学主张，其基本精神与中国传统的民本思想和道家的重身与重生思想，具有高度的一致性。

当然，我们也应该注意到，老、庄的重身与重生思想也有一种极端的表现形式，如杨朱的"拔一毛而利天下，不为焉。"（《孟子》）《列子》亦载杨朱之言道："古之人，损一毫利天下，不与也，悉天下奉一身，不取也。"其实，庄子塑造的神人形象，也是"不肯以天下为己任"的一种人格类型。

上述这些极端的重身与重生思想似乎已经表现为极端的利己主义，或被看作老、庄生命哲学中的消极部分内容。不过，历史学家吕思勉先生对此有独特的解释，他认为，道家的重生论恰好是儒家"修身、齐家、治国，平天下"的思想补充。这一说法值得我们认真地体会。

二 老子、庄子的养生论

作为老庄生命哲学的有机组成部分之一，养生论是老、庄重身与重生思想的合理延伸。老子与庄子都重视人的长寿或者说"尽其天年"，不希望人们中途夭折，因而提出了一整套的养生思想。

（一）老子的养生思想——“深根，固柢”的“长生久视之道”

从养生的角度看，老子提出的“深根，固柢”的“长生久视之道”可以看作养生的总原则。我们需要进一步追问的是，人保持“长生久视之道”的根基究竟是什么呢？

在老子看来，“治人，事天，莫若啬”。啬是什么意思呢？即是“爱惜”的意思。正如治国的人要爱惜民力、财力。养生的人，就要学会爱惜精气，不滥用精力。如果养生能做到“啬”，那就获得了“深根，固柢，长生久视之道”（第五十九章）。

老子在讲治国之道时曾经说：“我有三宝，持而保之，曰慈、曰俭、曰不敢为天下先。”（《老子》第六十七章）慈，即保持一种仁慈、宽容的精神；“不敢为天下先”即是说不敢先于天下万事万物的规则而行事，事事处处要以遵循自然法则为要务，是“道法自然”的另一种说法。与圣人“后其身而身先，外其身而身存”的方法在精神上是相通的；俭，也即是“啬”的意思，不滥用精力。因此，啬、俭是老子养生的根本原则。

析而言之，老子的“养生”思想可以从两个大的方面来把握，其一是养心，其二是养气。

1. 养心

老子认为，人类社会最高的善就像水一样。水善于给予万物好处而不与万物发生摩擦与争斗，总是谦虚地处于低下之地，所以最能接近道的本性。人生在世，平时与人相处要保持一种低姿态，心灵要像高山上的深渊之水一样清明、透彻、宁静。与人为善，不与万物争斗，这样就不会有过错。这是老子“养心”的根本思想。

“养心”所达到的崇高道德境界就是“无私”。“天长地久，天地所以能长且久者，以其不自生，故能长生。是以圣人后其身而身先，外其身而身存。非以其无私耶，故能成其私。”（《老子》第七章）

因此，老子的养生思想告诉我们，要想长寿，人就不能处处、事事自私自利。天地之所以长久，是因为他们从来不为了自己长寿而自私自利。圣人所以能得到天下人的爱戴，是因为他在生活中从来不把自己的身体看得最重要，而是首先想到他人。因此，“养生”，不是刻意地吃一些山珍海味，而恰恰是要在关怀他人的过程中分享人生的快乐，从而也在获得别人的善意回报的过程中，保持心灵的舒畅。

与“养心”相对应的就是“寡欲”，一方面要节制对美色、美味的欲望，另一方面不要贪图富贵、名誉。老子说：“五色令人目盲，五音令人耳聋，五味令人口爽，驰骋田猎，使人心发狂，难得之货，令人行妨。是以圣人为腹不为目。”（《老子》第十二章）

又说：“金玉满堂，莫之能守。富贵而骄，自遗其咎。”（《老子》第九章）

更进一步地说，人如果能够做到在得失面前不动心，那就达到了“养心”的更高境界。如老子说：“宠辱若惊，贵大患若贵身。”“宠为上，辱为下。得之若惊，失之若惊。”（《老子》第十三章）直至今天，宠辱不惊一语，仍然是用来赞美一个人具有良好的精神修养的褒语。

老子还清醒地意识到，“养生”不仅仅是一种个人的行为，也与一定的社会环境有关。如果整个社会秩序很混乱，也很难养生，《老子》讲：“不尚贤，使民不争”；“不见可欲，使民心不乱”。“是以圣人之治，虚其心，实其腹，弱其志，强其骨，常使民无知无欲，使夫智者不敢为也。”（《老子》第三章）试想一下，如果一个社会的制度不公正，到处充满色情，甚至妓院林立，我想这个社会里的大多数人很难养生。像鸦片战争之后，近代中国社会曾经到处是鸦片烟馆林立，人们如何能够养生呢？因此，养生既是个人的行为，也不仅仅是一种个人的行为，它与社会风气也是密切相关的。

2. 养气

老子“养生”思想的另一个方面是重视人体内“气”之和，反对人们运用自己的心智驱使自己本来不能做，不该做的事。这种逞强、逞能的精神状态，老子称之为“心使气”。凡是“心使气”的勉强状态，都很难将事情做好。所以，老子说：“强梁者不得其死。”

“强梁者”，就是“心使气”的人，在生活中经常迫使自己的身体做一些不能做、不该做的事情。如在酒桌上拼酒，在酒足饭饱之后去唱卡拉 OK，去按摩等。“不得其死”，即不能寿中正寝。

老子认为，“养生”达到的最理想状态便是“复归于婴儿”（《老子》第二十八章）。老子此处所讲的“婴儿”是一种譬喻性的说法，即是指人的精神境界达到高度纯洁的状态，而身体也保持一种非常好的柔韧性。

从精神状态看，小孩子“终日号而不嗄”（嗄：啼极无声而喉哑）。为什么会这样呢，是因为小孩虽一天要哭很多次，完全是自然的生理反应，并不动情，在老子看来，是“精之至也”状态（《老子》第五十五章），即内在精力高度饱满而不受心的过分欲望驱使。因此，小孩之哭并不伤心。成人要做到这点，就必须通过精神的修炼让心达到这种纯朴的状态。

从生理状态看，活的东西，有生命力的东西都是非常柔软的，富有弹性的，而只有死了东西才是僵硬的。所以，老子讲，“养生”要能“抟气”，即要“载营魄抱一”，使自己身体内的阴阳之气保持一种“冲和”的状态。

这一理想的状态是如何达到的呢，老子介绍自己的养生经验，认为这是“贵食母”（奉侍道）的结果，“尊道而贵德”的结果，因而能做到“独泊兮，其未兆，如婴儿之未孩（孩：笑也）”（《老子》第二十章）。

老子知道，世人可能不相信他的说法，故而设问道：“抟气致柔，能婴儿乎?”（《老子》第十章）究竟是能还是不能呢？依照老子的意思，当然是可以的。在老子看来，通过“抟气”——将生命的注意力向内用力，提纯而不去追逐外在的诱惑，就可以由养气达到养神的效果。人若能做到神气兼备，则生命康健。

要而言之，“深根固柢”是老子“养生”思想的总原则、总纲领，而“致虚极，守静笃”（《老子》第十六章）的养心、养气方法，是老子“养生”的根本方法。在尊道贵德的根本哲学精神的指导下，净化心灵，颐养精神，努力做到心气平和，从而达到精神与形体兼养的养生目的。

（二）庄子的养生思想

1. 依乎天理，因物固然——“庖丁解牛”与养生的根本道理

在养生学方面，庄子进一步把老子“尊道贵德”的哲学精神具体化，提出了“依乎天理”“因物固然”的方法论纲领。而且，庄子继承并发展了老子“养生”思想，将个体生命的健康、长寿与社会环境紧密地结合起来，要求人们首先学会避免社会的伤害，然后才有可能进行个体的身体修炼，从而保证每个人能够活到属于自己的寿中正寝的年龄。在《养生主》篇，庄子这样说：“吾生也有涯，而知无涯。以有涯随无涯，殆已。已而为知者，殆而已矣。为善无近名，为恶无近刑，缘督以为经，

可以保身，可以全生，可以养亲，可以尽年。”

上面一段话，包含了三个层面的意思：其一，人生有限，而知识的海洋无限。如果把有限的人生放在追求无限的知识的活动之中，那么将是一件十分危险的事情。所以，不要为要追求无限的知识而使自己劳精伤神，这是对那些高级知识分子而言的。其二，对于所有人而言，不要刻意地行善，更不要铤而走险，触犯社会的刑律。因为，刻意为善而得大名，将为名所累，不利于生理与心理的健康；为恶触犯刑律，或坐牢，或杀头，更何谈养生？因此，只有在做好了上述两个方面的防范性工作，才有可能谈得上养生。如何养生呢？第三个层面是正面方法：就是“缘督为经”的修炼方法。

他以庖丁解牛为例，告诉人们应该如何避免矛盾冲突以达到养生的目的。故事的梗概是这样的，一个高明的厨师，他在杀死了牛之后不会用刀直接去砍牛的大骨头以肢解牛。只有平庸的厨师才用刀直接去砍大骨头。高明的厨师宰牛、割牛肉，一定是熟悉牛的生理结构，凭着熟悉的直觉只是在牛的骨节、筋肉之间的缝隙处下刀，这样，他刀子的锋刃就不会损伤，一年之后，他的刀刃仍然锋利无比，像刚从磨刀石上下来的一样。人生在世，就应该像高明的厨师一样，洞察世俗社会的人情世故，努力不卷入各种矛盾冲突、是非纠缠之中，这样，人的生命就像高明厨师的刀刃一样，在筋骨交错的缝隙处游走而不受磨损，精力充沛，健康活泼。

2. “缘督以为经”的气功修炼方法

与老子“养气”的思想相对应，针对生理上的“养生”方法而言，庄子提出了“缘督以为经”（《庄子·养生主》）和“息之以踵”的养气方法。这种养气方法与心理训练方法处在一个有机的过程之中。在《庄子·人间世》篇，庄子这样说：“若一志，无听之以耳，而听之以心；无听之以心，而听之以气。”

这一“心身结合”的修炼方法，按照现代人的理解，应当是从有意识到无意识，而无意识即自然而然的状态。一志，即让精神专注到某一种观念上来，是老子的“抟气”方法朝精神化方向的发展。“无听之以耳，而听之以心”，即要求人们摆脱自然声音以及人世间由自然声音传达出来的各种繁杂的观念，以自己的理想观念来摒弃杂念。“无听之以心，而听之以气”，此是在更高的层次上回归到对物理声音的关注，此物理声音不再带有人为的观念，而纯是大自然的运动节奏，此时人由后天的状态回归到先天的，即自然而然的状态，俗称“人天合一”，此时，是人的意念不执着于某种文化的观念，而仅仅保持着意识的纯形式，不再有各种文化观念掺杂其中，从而让纯意念的意念形式与身体的平顺之气融为一体。有学者解释为：“听其自然，不再着意听息”。[①] 这种说法可以与我的说法相互补充。这便是《庄子·养生主》篇所说的“缘督以为经”的方法。

所谓“缘督以为经”，历史上的注庄者从养生的角度有大致相同的解释。医学家李时珍在《濒湖脉诀》说：“任督二脉，人身之子午也，乃丹家阳火阴符升降之道，坎水离火交媾之乡。……人能通此二脉，则万脉皆通。”[②]

实际上，任督二脉与脏、腑没有联系，相互之间也没有表里的配合，“督脉在脐后，任脉在脐前”[③]。哲学家王夫之说：“奇经八脉，以任督主呼吸之息，背脊贯顶，为督为阳。”（王夫之《庄子解·养生主篇》）而气功家说：“气功上的奇经八脉即是调节气血运行的一些特殊通路。”[④]

由上所引文献，大体上可以看出，庄子讲的“缘督为经”的修炼方法，与后来中医学家讲的医学方法，气功家讲的炼气方法，有比较一致之处。符合传统中医学的养生原理。如果借用今天的生理学、心理学知识来说，即是通过调整呼吸以达到调整心理，乃至思维的方法。

在炼气的问题上，庄子在《庄子·大宗师》篇还提出了“踵息”的方法。庄子说：“真人之息以踵，众人之息以喉。”对此，哲学家王夫之释道：“心随气以升降，气归于踵。”后来的道教徒则说：“呼吸直贯明堂而上，至夹脊而流入命门，得与祖气相连，如磁吸铁，而同类相亲。……踵者，真息深深之意。”（《性命圭旨》）依照上文的内容，用现代人的话来说，“踵息”即是今天“养生”气功中的深呼吸的方法。因为

---

① 参见李远国编著《气功精华集》，巴蜀书社 1987 年版，第 45 页（按：下引文献均出此版本，只注页码）。

② 同上书，第 45 页。

③ 同上。

④ 同上书，第 220 页。

脚后跟不可能呼吸，比较符合一般的气功呼吸方法的解释是，人正直站立，收腹挺胸，两脚掌抓地，气沉丹田而慢慢地让呼吸一次比一次向身体下肢推进，直至人的意念感受到仿佛从脚后跟吸取了大地之气。

由上述所引材料可见，庄子的炼气方法，与后来的中医、道教徒的炼气，以及今日的气功，都有相通之处，有很多合理的因素，值得进一步的研究。

3. 心斋、忘的精神修炼法

庄子在蓄养精神方面，继承并发展了老子的“养心”思想，进一步提出了“心斋”“忘”这样的净虑精神的方法，努力使自己不“与物相刃相靡”（《庄子·齐物论》）。

“心斋”是什么意思呢？庄子借孔子的口说：“若一志，无听之以耳而听之以心，无听之以心而听之以气。听止于耳，心止于符，气也者，虚而待物者也。唯道集虚。虚者，心斋也。”（《庄子·人间世》）“心斋”是以卮言的方式来阐述人如何打扫心灵的道理。与心斋相对应的是身斋，身斋除了洗沐之外，还要禁食、禁色欲等活动，才能与神沟通。而心斋无非是打扫心灵，使之达到洁净状态，与老子讲的“涤除玄览”的意思相通。“心斋”是根据身斋的现实活动而构造出来的一个新词，是庄子以卮言方式创造出来的一个新词。所谓“卮言日出”，即是庄子依托固有词汇而以类比思维的方式拟构出“不类之类，相与为类”的新词，如人籁，是用来指称人类创造的一切管状的乐器，而地籁、天籁则是根据“人籁”拟构的新词，其他如天门、天府、天弢、天网等，都是以卮言方式创造出的新词。

庄子在多处讲到“遗忘”的方法：如同在《庄子·大宗师》这一篇之中，他借寓言故事中的人物子桑户、孟子反、子琴张的对话，要求人们“相忘以生，无所终穷”。借“泉涸，鱼相濡以沫”的寓言故事，提出“不如相忘于江湖”的主张，又借孔子之口重申这一主张，说：“鱼相忘乎江湖，人相忘乎道术。”在《庄子·齐物论》篇，庄子提出“忘年忘义，振于无竟，故寓诸无竟”的方法。在《庄子·人间世》篇讲忠臣于对国君之事时，要求达到“行事之情而忘其身”的境界，即要全身心地投入国君交代的事情之中。

尽管在不同的上下文脉络里，“忘”字的意思不尽相同。然而从养生学的角度看，“忘”其实就是清除一些不应当保留的人生经历与思想、意识内容，打扫心灵，使之净洁。这一方法对于人们如何从受伤的经历中摆脱出来，是一种非常好的心理与精神治疗方法。如果说，“心斋”是一种斋戒的活动状态与过程，则“忘”就是心斋的具体方式。这种方法是作为主体的人有意识地打扫自己心灵中不需要的或不愉快的内容，从而让心灵回归到比较纯朴的原初状态，进而以保持心灵的生机与活力。

除“心斋”“忘”的方法之外，在《庄子·大宗师》篇，庄子还讲到“外天下”“外物”“外生”，从而达到“朝彻”“见独”的精神境界，然后达到“无古今”而进入“不死不生”的更高的精神境界。这一“不死不生”的境地，并非后来道教中的神仙——不死不生，而应当说是将生死看作一个连续的气化流行过程，不被生死现象而撄扰人心安宁的精神境界。这显然是庄子所创造出的一种精神境界，现实生活中很少有人能达到。在《庄子·刻意》篇中，庄子还进一步提出了不刻意养生的方法，如庄子说：“若夫不刻意而高，无仁义而修，无功名而治，无江海而闲，不道引而寿，无不忘也，无不有也，澹然无极而众美从之。此天地之道，圣人之德也。”很显然，这一高级的“遗忘”方法，其实就是老子所说的“道法自然”的最高境界。

综上所述，笔者倾向于将庄子的心斋、遗忘外物心理与精神修炼方法，统称之为“删除法”，类似我们今天清空邮箱垃圾邮件、内存里的垃圾文件，释放邮箱和电脑硬盘内存一样，删除大脑里的垃圾信息，释放大脑内存，从而使心灵尽量保持一种虚空状态。最后要达到的精神境界，即老子所讲的含德之厚的赤子——“毒虫不螫，猛兽不据，攫鸟不搏”——的理想境界。

4. 恬淡虚无——庄子论养神

在《庄子·养生主》篇中，庄子用一个寓言故事，揭示了人保持精神与心灵自由的重要性。他说，一个野雉，在大泽中行走，十步才啄一口食，百步才饮一口水。即使生活如此不容易，但它不愿意被关在笼子里饲养。鸟在笼子里虽然食物与水就在面前，表面上看起来很神气，被供养着，但它的内心并不快乐。所以，养生的最高境界，是让人处在一种自由自在的生活状态之中，使人的精神得到怡养。

与此则寓言故事相一致，庄子自己也拒绝做楚威王的宰相，辞千金之聘，而宁愿像一只乌龟在泥涂中自由自在地行走，而不愿意在诸侯王身边做宰相。因为那种政治生活很不自在，而且随时有掉脑袋的危险。而一个人如果连自己的肉体生命都无法自己主宰，那还谈什么养生呢？

因此，首先人如何让自己处在一个生命安全的自由、自在的环境里，其次再去提高自己的精神境界，控制自己喜怒哀乐的情绪，最后不让精神疲劳，这才是养生的最高境界。庄子说：

> “悲乐者，德之邪；喜怒者，道之过；好恶者，德之失。故心不忧乐，德之至也；一而不变，静之至也；无所于忤，虚之至也；不与物交，惔之至也。无所于逆，粹之至也。故曰：形劳而不休则弊，精用而不已则劳，劳则竭。”（《庄子·刻意》）①

庄子在这里提出了五个方面的至高境界：德至、静至、虚至、淡至、粹至，以显示养心养神之难。这“五至”境界虽然是一种理想的状态，但在现实的养生过程中朝着这个目标去努力，则可以让自己的心灵与精神达到一个相对高的境界，从而对自己的欲望与情感有一种自控能力，因而这一目标是可欲的。五个方面的内容可以归结为一种方法，即通过“养神”而达到“养生”的目标。

庄子善用譬喻的诗性手法来阐述养神之道，他告诉我们，“养神之道”当从观水的本质属性中得到启示：

> 水之性，不杂则清，莫动则平；郁闭而不流，亦不能清；天德之象也。故曰，纯粹而不杂，静一而不变，惔而无为，动而以天行，此养神之道也。（《庄子·刻意》）②
>
> 纯素之道，唯神是守；守而勿失，与神为一；一之精通，合于天伦。野语有之曰：“众人重利，廉士重名，贤人尚志，圣人贵精。”故素也者，谓其无所与杂也；纯也者，谓其不亏其神也。能体纯素，

① （清）郭庆藩：《庄子集释》，中华书局2016年版，第542页。

② 同上书，第544页。

谓之真人。(《庄子·刻意》)①

庄子这种精神修炼方法，其实与老子所讲的“致虚极，守静笃”的根本原则是相通的。只是把老子的精神修炼的思想更加具体化、形象化、层次化了，因而也显得更加立体而丰满了。

5. “达生”与“弃世”二者之间的张力

先秦道家的养生思想与其深邃的人生哲学思考是紧密相连的，这是先秦道家养生思想与后来道教徒养生思想的重要区别。下面一段有关人的生命存在的被动性哲学思考，对于我们深入理解道家的养生思想提供了鲜活的材料。庄子说：

> 达生之情者，不务生之所无以为；达命之情者，不务知之所无奈何。养形必先之以物，物有余而形不养者有之矣；有生必先无离形，形不离而生亡者有之矣。生之来不能却，其去不能止。悲夫！世之人以为养形足以存生；而养形果不足以存生，则世奚足为哉！虽不足为而不可不为者，其为不免矣。(《庄子·达生》)②

这段文献的大体意思是：一个人如果充分理解了生命的真实意义，就不要致力于生命本身无须努力的那些事情；同理，充分理解命运的意义，就不要致力于了解命中注定无可奈何的事情。这就表明，充分理解生命的意义，要首先领悟某种人为无法改变的命定性的东西，而要顺应某种先在的规定性。世人养生一般都停留于养育形体的层面。然而，有些人是生命的物质资源保障有余，而生命不保（早夭或被杀头），有些人肉体生命的活力丧失了而早夭。最为可悲的事情：生命的来临我们不能拒绝，生命消亡我们不能阻止。世人以养形的方式来养生固然不足道，然而不如此，世人们又为什么要这样做呢。虽然，养育形体生命并不足以达到养生的目的而又不能不首先去养育形体生命，这就叫作勉强而为吧。

---

① （清）郭庆藩：《庄子集释》，中华书局2016年版，第546页。

② 同上书，第629页。

上述文献中，庄子对生命之来与生命之去都表现了某种无可奈何的心态，带有深刻的悲观主义色彩，在此基础上，他又进一步提出了“弃世”以达到“全形足精”的目的。他说：

> 夫欲免为形者，莫如弃世。弃世则无累，无累则正平，正平则与彼更生，更生则几矣，事奚足弃而生奚足遗，弃事则形不劳，遗生则精不亏。夫形全精复，与天为一。天地者，万物之父母也，合则成体，散则成始。形精不亏，是谓能移；精而又精，反以相天。（《庄子·达生》）

这一“弃世”思想，应当说是后来道教兴起的思想动因，也是先秦道家与后来道教具有内在精神联系的一个方面。后来的道教徒隐逸山林，致力于肉体生命的修炼，从而分别发展出外丹与内丹理论与实践的方法，主要是通过“弃世”的方式实现的。

三 老庄养生论的现代启示意义

从今人的角度看，老、庄的“养生”思想并不能满足今天人们全面的“养生”要求，而且其中的有些观点并不一定适用于今天人们的养生。然而，研究古人的思想，不是要挑古人的毛病，那是一件很容易的事情。更加合理且聪明的方法是向古人学习些什么，从他们那里获得一些智慧性的启示。就笔者目前的认识来说，道家的养生思想至少有如下四点启示意义：

第一，尊重生命的自然规律与自然过程，不要轻易地伤害生命。生命的自然展开是合道的，因而也是有意义的。力求长寿，尽享天年但不害怕死亡，因为生命本是一个气聚气散的过程。死亡其实是回到大自然的怀抱。这是一种非常达观的死亡观，值得当代人学习。

第二，养生不仅仅是调养肉体的生命，而是精神与肉体生命兼顾。并且通过“养心”以实现更好的“养生”目标。这就比简单地追求肉体的健康更有意义。

第三，让精神与心灵保持一种自由与愉悦的状态，这是养生的最高境界与最好方法。如果人仅仅是为了某种好的物质生活、令人羡慕的社会地位，而让自己的精神与心灵处于一种受压抑的状态，这种生存状态是可悲的，也是对个人生命的一种践踏。因此，至少在庄子的养生思想中包含着一种现代人所认同的精神自由的思想元素。

第四，养生绝不只是个人的事情，同时也是政府与社会的事情。致力于建设一个好的社会环境，是养生过程中必不可少的事情。因此，养生并不要求人们太关注私人的利益，相反，过分地关注个人的私利反而达不到养生的目的。在力所能及的范围内多做一些奉献社会与他人的事情，反而有益于自己的身心。

庄子与《列子》生命观异同论

詹福瑞

论及生命意识，不能不同时想到庄子与《列子》，这是因为庄子和《列子》的生命观表面上看来比较相似。二者都是重生派，即把个体生命自身的意义看得高于一切，因而与儒家重人生的社会意义的生命观划然有别；而且二者都重视养生，凿凿有言。但实际上，庄子的生命观与《列子》的生命观有明显不同：庄子可称为养生派，而《列子》则属于厚生派。

一

《列子》对生命的论述集中在《杨朱》一篇，在《天瑞》《力命》等篇也有论及。《列子》同庄子一样对死亡做一种唯物的观照，认为死是命定的自然规律，人不可抗拒。庄子一方面说，“死生亦大矣”（《庄子·田子方》）认为生和死对于人来说是件大事，另一方面又强调“死生，命也。其有夜旦之常，天也”（同上），“明乎坦途，故生而不说，死而不祸，知终始之不可故也”（《庄子·秋水》）。因为认识到事物是变动不居的，死与生是正常的，所以应顺应自然，如《养生主》篇所言“适来，夫子时也；适去，夫子顺也”。

受庄子影响的《列子》也把生死视为命，《天瑞》篇云，“人自生至终，大化有四”。《力命》篇云：“然而生生死死，非物非我，皆命也，智之所无奈何。”

什么是“命”？命就是“大化”，就是我们今人所说的自然规律。人之生、之长、之老、之死，都是自然规律，不是人自己所能改变的。所以《列子·天瑞》主张："死者，人之终也。处常得终，当何忧哉！"人顺其自然，也就不会为死而忧悲了。

《列子》还与庄子一样，认为人之生死皆为物质。庄子认为生命产生于气，《庄子·知北游》：

> 生也死之徒，死也生之始也，孰知其纪。人之生，气之聚也。聚则为生，散则为死。若死生为徒，吾又何患？故万物一也。①

把生命看作气的聚散，所以才有庄子生死相续、生死为一的思想。视生命为气化，是对生死观的重要发展。其意义有三：首先，它破除了鬼神的宗教迷狂，使人们对生死的认识趋于理性；其次，也正是由于这种理性的生死观；最后，才是让人们更重视生命，并且从容面对死亡。《庄子·至乐》篇记载了庄子妻死庄子鼓盆而歌的故事。庄子的理由是，人由生到死是由无形、无气，到有气、有形、有生，再回到无生、无形、无气的过程，这个过程是一个自然的过程，因而生而不足喜，死而不必悲，此谓"通乎命"。通乎命，就是认识到生命的所以然。

《列子》关于宇宙万物的生成也有一段集中的论述：

> 夫有形者生于无形，则天地安从生？故曰：有太易，有太初，有太始，有太素。太易者，未见气也；太初者，气之始也；太始者，形之始也；太素者，质之始也。气形质具而未相离，故曰浑沦。浑沦者，言万物相浑沦而未相离也。视之不见，听之不闻，循之不得，故曰易也。易无形埒，易变而为一……一者，形变之始也。清轻者上为天，浊重者下为地，冲和气者为人。②

人为天地中和之气。可见《列子》也认为人生于气。至于人之死，《列子》更为直接地认为人死即化为腐骨。这种对待死亡的现实态度使庄

① （清）郭庆藩：《庄子集释》，第730页。编者按：原文并未交代引文出处，根据出版社要求，我们寻找合适的底本对引文进行了校改。

② 杨伯峻：《列子集释》，中华书局2016年版，第6—8页。

子和《列子》都重生，而《列子》尤其重视人当世的生存状态：“腐骨一矣，孰知其异？且趣当生，奚遑死后？”

二

庄子的生命观是建立在道即自然基础之上的守性保真的生命观。庄子把老子的养生思想进一步深化和具体化，强调以自然无为为养。庄子认为，除社会因素外，对于人的生命的伤害主要来自个人的欲求。这些欲求既有物质方面的，又有精神方面的。《庄子·天地》：

> 且夫失性有五：一曰五色乱目，使目不明；二曰五声乱耳，使耳不聪；三曰五臭熏鼻，困惾中颡；四曰五味浊口，使口厉爽；五曰趣舍滑心，使性飞扬。此五者，皆生之害也。①

这是物质方面的追求，使人伤生害性。也有来自精神方面的追求给人的生命带来的伤害，《庄子·骈拇》：

> 自三代以下者，天下莫不以物易其性矣。小人则以身殉利，士则以身殉名，大夫则以身殉家，圣人则以身殉天下。故此数子者，事业不同，名号各异，其于伤性以身为殉，一也……伯夷死名于首阳之山，盗跖死利于东陵之上，二人者，所死不同，其于残生伤性均也。②

小人、士、大夫与圣人所做之事虽然有为名为利的不同，即有精神和物质的区别，但是都是以伤害本性和牺牲生命为代价的。《庄子·庚桑楚》中说得更具体：

> 彻志之勃，解心之谬，去德之累，达道之塞。贵富显严名利六

① （清）郭庆藩：《庄子集释》，中华书局2016年版，第458页。
② 同上书，第330页。

者，勃志也。容动色理气意六者，谬心也。恶欲喜怒哀乐六者，累德也。去就取与知能六者，塞道也。此四六者不荡胸中则正，正则静，静则明，明则虚，虚则无为而无不为也。①

所以庄子主张放弃所有物质与精神上的欲念与追求，进入一种无视、无听、无知、无欲、无情，忘物、忘己、忘形、忘生、忘死的境界。只有这样，才能做到德全、神全、形全。“夫恬淡寂寞、虚无无为，此天地之本而道德之质也，故圣人休焉。休则平易矣，平易则恬淡，则忧患不能入，邪气不能袭，故其德全而神不亏。”（《庄子·刻意》）

与庄子表面上很相近，《列子》也视声名荣寿为害生之物，并对追求身前身后声名及人之长生的行为提出了质疑：

杨朱曰：生民之不得休息，为四事故：一为寿，二为名，三为位，四为货。有此四者，畏鬼，畏人，畏威，畏刑：此谓之遁民也。可杀可活，制命在外，不逆命，何羡寿？不矜贵，何羡名？不要势，何羡位？不贪富，何羡寿？此之谓顺民也。天下无对，制命在内。②

所谓遁民，就是违反自然之性的人，而顺民则是顺从自然之性的人，顺从自然之性的人其生命把握在自身，不受外物的支配；反之，为名位财富权势所制，其生命就无法自己把握。此篇还借杨朱之口批评了伯夷、展季，原宪、子贡。伯夷和展季之损生在精神，即名。他们不是没有感情和欲望，但是却克制感情和欲望，为清高和坚贞损害了生命。而原宪和子贡之害生却是因为物质，即财富。原宪损生于过度的贫寒，子贡则累身于过分地追求财富。以上四人实际上都是制命于外的人。

《列子》还从生命的角度对儒家所说的圣人和顽凶做出了新的也是惊世骇俗的评价。《列子》认为无论圣人还是凶愚，同归于死：

万物所异者生也，所同者死也。生则有贤愚、贵贱，是所异也；

① （清）郭庆藩：《庄子集释》，中华书局 2016 年版，第 804 页。

② 杨伯峻：《列子集释》，第 232 页。

死则有臭腐、消灭，是所同也。虽然，贤愚、贵贱非所能也，臭腐、消灭亦非所能也。故生非所生，死非所死，贤非所贤，愚非所愚，贵非所贵，贱非所贱。然而万物齐生齐死，齐贤齐愚，齐贵齐贱。十年亦死，百年亦死。仁圣亦死。生则为尧、舜，死则腐骨；生则为桀、纣，死则腐骨。腐骨一矣，孰知其异？

在这里，《列子》发挥了庄子的齐死生的思想，以死的同一性泯灭了生的贤愚、贵贱的差异。在此基础上，《列子》又向前迈进一步，从生当快乐的思想出发，对尧、舜、周、孔与桀纣做出了与儒家也与世人完全不同的评价。世人都把尧、舜、周、孔赞誉为圣人，然而他们的实际情况又怎么样呢？舜耕田河阳制陶雷泽，身不得安闲，口不得美味。尧禅位给他时，他已年老智衰，儿子又无能，只好把帝位让给禹，“戚戚然以至于死，此天人之穷毒者也”。禹继承其父治水的事业，路过家门而不入，劳而成疾，身体偏瘫。受舜禅让后，卑宫室，美绂冕，“戚戚然以至于死，此天人之忧苦者也”。周公辅佐成王，为流言避居东都三年，后来诛兄放弟，平治了叛乱，才保全了自己的清白，“戚戚然以至于死，此天人之危惧者也”。孔子精通治国之道，却在宋国遭桓魋砍树的威胁，在卫国被人造谣中伤，在商周被囚禁，在陈、蔡被围困，“戚戚然以至于死，此天人之遑遽者也”。他们生前没有一天享乐，死后却有万世声名，然而这名声与树桩土块又有什么两样？而对夏桀和殷纣两个最受非议的暴君，《列子》是怎样看的呢？夏桀高居帝位，恣情纵欲、为所欲为，“熙熙然以至于死。此天民之逸荡者也”。商纣王也是凭借祖宗的基业，高居南面之尊，肆情于宫中，纵欲于长夜，不受礼义的约束，“熙熙然以至于诛，此天民之放纵者也”。这两个人生有纵欲之欢，死后背上了愚暴的恶名。然而这恶名对他们来说又与树桩土块有什么两样呢？《列子》最后总结道：“彼四圣虽美之所归，苦以至终，同归于死矣。彼二凶虽恶之所归，乐以至终，亦同归于死矣。”由此两相比较中，否定了圣人的人生，肯定了桀纣的人生。由《列子》对儒家所认为的圣人和暴君的评价中，可以看出《列子》与庄子生命观的分野。从表面看来，庄子与《列子》同样从热受生命出发反对礼义、名声、荣辱，但是归宿却大不相同。庄子从重生出发，走向无情无欲，归之自然无为；而《列子》却从重生出发，走向任情纵欲，归之为所欲为。

三

庄子生命观的核心是追求精神的自由，所以庄子提倡其外物无为。《庄子 · 天道》云：

> 夫虚静恬淡寂寞无为者，天地之平而道德之至，故帝王圣人休焉。休则虚，虚则实，实则伦矣。虚则静，静则动，动则得矣，静则无为，无为也则任事者责矣。无为则俞俞，俞俞者忧患不能处，年寿长矣。①

在这里，虚静是根本，实则是道的体现。虚静才能无为，无为方心情愉悦，不被忧患所扰，年寿才得长久，所以无为是养生之本。无为的具体体现是无知、心忘。心忘与无知，是讲人要心神专一，保持内心的清静，不仅是不为外物所动，而且还要主动地忘却一切，进入一种形神俱忘的大通境界。首先，是忘却情感，《庄子 · 德充符》“吾所谓无情者，言人之不以好恶内伤其身，常因自然而不益生也”。其次，是忘却是非毁誉，《庄子 · 天地》“天下之非誉，无损益焉，是谓全德之人哉！”再次，是忘生死，《庄子 · 大宗师》“古之真人，不知说生，不知恶死；其出不䜣，其入不距；翛然而往，翛然而来而已矣。不忘其所始，不求其所终；受而喜之，忘而复之。是之谓不以心捐道，不以人助天。是之谓真人”。进而进入到忘却一切，停止一切心智活动，《庄子》称其为“坐忘”，“堕肢体，黜聪明，离形去知，同于大通，此谓坐忘”（《庄子 · 大宗师》）。或曰“心养”：“意，心养。汝徒处无为，而物自化。堕尔形体，吐尔聪明，伦与物忘，大同乎涬溟，解心释神，莫然无魂。”（《庄子 · 在宥》）又谓之“入天”：“忘乎物，忘乎天，其名为忘己，忘己之人，是之谓入于天。”（《庄子 · 天地》）而实则是进入了道的极致。《庄子 · 在宥》有极生动的描述：

① （清）郭庆藩：《庄子集释》，中华书局2016年版，第462页。

> 至道之精，窈窈冥冥。至道之极，昏昏默默。无视无听，抱神以静，形将自正。必静必清，无劳汝形，无摇汝精，乃可以长生。目无所见，耳无所闻，心无所知，汝神将守形，形乃长生。慎汝内，闭汝外，多知为败。①

所谓窈冥昏默，实际上是在描绘道的混沌如一、深静无为之状，意在说明道的本质是清静无为，所以治身之道亦应遵循道的本质，断绝外界的干扰，完全进入无视无听、亦无心智活动的必静必清的境界。细品庄子的养生理论，庄子的深意在于反对人为名利是非等外物所左右，提倡人要超然于物外，无所计较，顺应自然，释放心神，保持心神的宁静，如此才有益于人的生命健康。

而《列子》生命观的核心是追求生命的快乐。《列子》认为，百年是人的极限却又很少有人达到。即使长寿，有效的时日也不多，“孩抱以逮昏老，几居其半矣。夜眠之所弭，昼觉之所遗，又几居其半矣”。而剩下的时间，人的疾痛哀苦、亡失忧惧，又几乎占去了一半，剩下的好日子实在不多。那么人的一生究竟为了什么呢？就是为了快乐。“为美厚尔，为声色尔。”也正是从这个意义上，《列子》否定了声名与死后的荣辱“徒失当年之至乐，不能自肆于一时。重囚累梏，何以异哉?”所以《列子》要人像太古之人那样，“知生之暂来，知死之暂往，故纵心而动，不违自然所好”，“从性而游，不逆万物所好”。《列子》也谈养生，但与庄子迥异其趣：

> 晏平仲问养生于管夷吾。管夷吾曰：“肆之而已，勿壅勿阏。”晏平仲曰：“其目奈何?”夷吾曰：“恣耳之所欲听，恣目之所欲视，恣鼻之所欲向，恣口之所欲言，恣体之所欲安，恣意之所欲行。夫耳之所欲闻者音声，而不得听，谓之阏聪；目之所欲见者美色，而不得视，谓之阏明；鼻之所欲向者椒兰，而不得嗅，谓之阏颤；口之所欲道者是非，而不得言，谓之阏智；体之所欲安者美厚，而不得从，谓之阏适；意之所欲为者放逸，而不得行，谓之阏性。凡此

---

① （清）郭庆藩：《庄子集释》，中华书局2016年版，第390页。

诸阏，废虐之主。去废虐之主，熙熙然以俟死，一日、一月，一年、十年，吾所谓养。①

《列子》的所谓养生，就是顺从人的自然欲求，放任人的感官享受，哪怕是一天、一月，也要痛痛快快地活着，如果不是这样，阻塞人的自然欲求，那就是残害人的身心，也就违背了《列子》的养生之道，未明生死之理。由此看来，《列子》的养生与庄子的养生截然不同。庄子的养生强调的是精神之养，即把心灵的放任天然作为生命的最佳状态。所以庄子反对一切物质的欲求，认为对物质的欲求会改变人的自然状态，扭曲人的本性，主张无为，并在此基础上进一步摒弃一切精神上的拘束与烦累，使人真正达到自由无碍的境界。而《列子》的养生恰恰与庄子的主张相反，它把人的欲求的满足视为人生的最大快乐，认为这是人最好的养生。所以在《列子》看来，似庄子那样的养生，不仅不是养生，反而是虐生，"凡此诸阏，废虐之主"，似此生活，虽有百年、千年之寿，也是无益的。当然，《列子》也谈自然之性，但《列子》的自然之性与庄子的自然之性却有根本的不同。庄子的自然之性是指未经社会异化的，无知无欲无情无思如赤子自然人的本性，而《列子》的自然之性，是指社会人的有知有欲有情的本性。所以同是强调以顺性为养，其行为指向却相反：一走向无为与无欲，一走向有为与纵欲。

四

《列子》享乐主义生命观的产生并非偶然。人应该怎样活着？为什么活着？怎样活着才有意义？围绕这些有关生命价值和生命意义的问题，古人有十分丰富的思想。然而总其大端，无外乎以儒家为代表的"轻生派"、以道家为代表的养生派和以《列子》为代表的厚生派。

儒家的轻生并不是不重生命、视生命为可有可无。孔子的哲学以仁为核心，而仁的内涵之一就是"爱人"。关心人的生命也就成为仁的应有之义。但是儒家把人看作社会的人，人之生是承担了社会责任与义务的，

① 杨伯峻：《列子集释》，中华书局2016年版，第234页。

每一个人都要为家国负责、为社会负责。人的生命只有负载了这些责任与义务才有价值和意义。所以当个人的生命与社会的责任、义务发生矛盾和冲突时，生命就退居其次，要肯于舍生取义。儒家的生命观是建立在人是社会人的基础之上。在儒家看来，人如果失去了仁义礼智信等社会道德、社会责任，就与动物没有什么区别，人之所以成为人就在于他的社会性。所以儒家强调生命的社会担当。而这种生命的社会担当毫无疑问是人的生命价值的重要内容，因此儒家强调人的生命的社会价值与意义，应该说代表了中国古代生命观的主流。

与儒家相反，道家的生命观是建立在对于社会对生命的戕害或导致其异化的深刻认识的基础上，尤其庄子的生命观是建立在对儒家生命观批判的基础上。儒家以礼乐仁义规范社会，并以此建立起人与人之间的伦常关系，认为这种礼乐仁义比个人的生命更重要，客观地说，儒家的礼乐仁义为维护一种正常的伦理关系和社会秩序发挥了重要的作用，但是正如庄子所看到的那样，礼乐仁义的社会规范不仅会被统治者利用来作为统治百姓的工具，所谓大盗者“并与仁义而窃之”（《庄子·胠箧》）而且会使人迷失朴素正常的本性，使人汲汲于名利，“屈折礼乐，呴俞仁义，以慰天下之心者，此失其常然也”（《庄子·骈拇》）。“自虞氏招仁义以挠天下也，天下莫不奔命于仁义，是非以仁义易其性与？故尝试论之，自三代以下者，天下莫不以物易其性矣。”（同上）“及至圣人，屈折礼乐以匡天下之形，县跂仁义以慰天下之心，而民乃始踶跂好智，争归于利，不可止也。”（《庄子·马蹄》）于是人性发生了异化。正因为这样，庄子主张保护人的本性，其养生论力主自然无为；不仅如此，还要彻底去除人的欲望，做到心忘，以此达到精神完全自由的境地。由此可见，道家把生命本然状态即自由的不受外物牵累的状态视为人生的终极意义，所以道家强调的是人对生命本身的担当。

儒道两家代表了中国古代生命观的两端。儒家重视人的生命的社会价值，而道家则把生命自身的自由视为唯一的意义。但庄子强调的仅仅是个体生命的精神自由，而忽略了生命的物质属性，因此对生命价值和意义的认识不完全。《列子》的生命观恰恰是儒道生命观的重要补充。它同庄子相近，也是强调人对生命本身的担当，但它更强调生命的物质属性。以《列子》为代表的厚生派的生命理论是建立在生命的绝对快适基础之上的，因而把物质享受所获得的快乐看得高于一切。《列子》生命理论的偏颇是显然的，因为人区别于动物正是在于他的社会属性和精神属性。因此，无论是儒家强调人的生命的社会意义也好，还是道家强调生命的精神自由也好，无疑都会提升人的生命价值与意义，而《列子》片面强调物质享受的快乐，受到论者的诟病与批评却在情理之中。

心之逍遥与形之委蛇

——庄子思想全生的主题①

王 博

引 言

语云：知人论世。此谓知世方可知人。善哉此言。故《庄子》内篇七，学者多重《逍遥》《齐物》，然窃以为居中之《人世间》诚为理解庄生之枢纽所在。益正由此篇，吾辈方能了解庄子对其时人间世之感受②，进而究其思想之主题。然庄子感受之人间世果若何？狂接舆过孔子之歌言及此：

凤兮凤兮，何如德之衰也！
来世不可待，往事不可追也。
天下有道，圣人成焉；
天下无道，圣人生焉。
方今之时，仅免刑焉。
福轻乎羽，莫之知载；
福重乎地，莫之知避。
已乎已乎，临人以德！

---

① 本文所论为庄子思想而非《庄子》思想，故所引文句皆出于学界一般承认为庄子所著之《庄子》内七篇。

② 处同一时代、同一社会，因其境遇、经历不同，个人所感受之人世亦不同。故此处特强调庄子所感受之人间世。

> 殆乎殆乎，画地而趋！
> 迷阳迷阳，无伤吾行！
> 吾行郤曲，无伤吾足！①

从资料的来源看，这段话或本之于《论语》，然与之义有差异，《论语·微子》云：

> 凤兮凤兮！何德之衰？
> 往者不可谏也，来者犹可追也。
> 已而，已而！今之从政者殆而！②

《论语》所表达的，主要还是对政治生活的绝望。与此相较，《庄子·人间世》包含了更多的内容。处在天下无道、祸重乎地的世界里，作者更多表达的是一种无奈的情绪，此时，保全生命成了唯一的主题，“方今之时，仅免刑焉”，是庄子对人世最突出的感受，“无伤吾行”“无伤吾足”则是庄子向社会及自身发出的呼吁。

庄子给现代人的印象，常常是消极的，是关注个人之生活，而缺乏社会责任感。这种印象不能说完全错误，但我们应了解，此殊非庄生之本意，乃是出于不得已。庄子非无救世之心，然处于乱世（昏上乱相之间），此心不得实现，无奈只好退求自处之法。《人间世》借仲尼与颜回的对话表现此意。颜回听说卫君年壮行独，轻用其国，轻用民死，故欲前往谏之，并引夫子曰，“治国去之，乱国就之，医门多疾”，这无疑便是曾做过漆园小吏的庄子救世之心的表达。但仲尼之语好像是当头棒喝：“嘻！若殆往而刑耳！”桀杀关龙逢，纣杀王子比干，前事不忘，后事之师。欲救世者当以此为戒。庄子还叙述了一个螳螂的故事：

> 汝不知夫螳螂乎？怒其臂以当车辙，不知其不胜任也，是其才

---

① （清）郭庆藩：《庄子集释》，中华书局2016年版，第189页。编者按：原文并未交代引文出处，根据出版社要求，我们寻找合适的底本对引文进行了校改。

② （梁）皇侃：《论语义疏》，中华书局2013年版，第478—479页。

之美者也。戒之，慎之！积伐而美者以犯之，几矣。[①]

似颜回者恰如奋臂欲挡车的螳螂，其心非不美也，然亦如涉海凿河，使蚊负山，其不可行明矣。强行之则不免于危殆，至“必死于暴人之前矣”。故庄生借仲尼之口云：“古之至人，先存诸己而后存诸人。所存于己者未定，何暇至于暴人之所行！”人当先安己之身，再图拯救他人，“未有己身不存而能接物者也”（《庄子》成玄英疏）。

处于乱世之中的庄子，知救世之不可行，故退而求全其生，此亦为不得已。然不得已者尚不止此。仲尼曰：“天下有大戒二：其一，命也；其一，义也。子之爱亲，命也，不可解于心；臣之事君，义也，无适而非君也，无所逃于天地之间。是之谓大戒。”庄子借孔子之口道出了生活于社会中的人对父、对君所承担的不容推辞的义务。从这似乎可以看出庄子与一般避世的隐者不同，后者“欲洁其身而乱大伦”，庄子则以其无所逃而对君臣之义安之若命。

正因其如此，人的处境才更加危殆。叶公子高受楚王派遣，出使齐国，深恐使命不成，见罪于君，故问于仲尼曰：

……今吾朝受命而夕饮冰，我其内热与！吾未至乎事之情，而既有阴阳之患矣；事若不成，必有人道之患。是两也，为人臣者，不足以任之，子其有以语我来！[②]

尚未出行，便已有阴阳之患；出行无果，必有人道之患。为人臣子之命运如此。面对此种情形，一方面将其委之于命，明“为人臣子者，固有所不得已”，故暂不以身为念，不悦生而恶死；另一方面，则尽心以求全生之法，故引《法言》曰：“传其常情，无传其溢言，则几乎全。”

这两种对待生命的态度，即一方面不悦生而恶死，一方面求全生，在庄子思想里似相反实相成。生死之变，如四时之化，非人力所能左右，故悦生恶死之态度，实不足取。但并不能因此就不珍视生命，白去送死。

① （清）郭庆藩：《庄子集释》，中华书局2016年版，第172页。

② 同上书，第158页。

这有似于孟子所说："莫非命也，顺受其正。是故知命者不立于岩墙之下。尽其道而死者正命也，桎梏死者，非正命也。"（《孟子·尽心上》）虽以寿夭归之于命，但也绝不自趋桎梏。当然，庄子不会同意孟子"尽其道而死者正命也"的说法，而会以"尽其天年而不中道夭"为正命。

这"尽其天年而不中道夭"，便是庄子所谓全生，与后来子华子以"六欲皆得其宜"[①] 释全生大异其趣。如果说子华子式的全生带有喜剧色彩的话，那么，庄子的全生则完全是个悲剧。这是一个怀有救世之心的人的无可奈何，或者说不得已的选择，如《庄子·人间世》说"托不得已以养中"。而且，它要求的仅是最低限度的生命之延续，而不是舒适、安逸、富庶之生活，就像穿粗布衣服靠打草鞋为生有时会断粮的庄子一样。

由无道的人间世引出庄子全生的主题，这便是上述文字要表达的核心。也许人们更欣赏庄子本着天地一气的前提而得出的以死生存亡为一体的认识，这也许更富于哲理，更显轻松、浪漫，但它毕竟代替不了人们对现实苦难的感受，也解决不了如何避免生命受到伤害的问题。庄子想要用"笑"、用"编曲鼓琴""相和而歌"来打通生与死的界限，也许在朋友或妻子死时，他可以做到这点，但是，活着的时候才是更重要的挑战。

因此，在内七篇中，庄子更多地是对全生之方的探讨。我们可以从形之委蛇与心之逍遥两方面入手来说明。而实际上，这两方面也是不可分的，就像是一个混沌。受副墨之子（文字）的局限，不得已采用儵与忽的做法，将其凿破，还得提醒读者得鱼忘筌、得兔忘蹄之理，得意而忘言。

一　形之委蛇

欲求全生之方，当先知夭折之因。此处庄子特意点出"用"与"材"二字，用言其外，而材言其内。庄生以为，物之夭折，正由其有用。《人间世》中云：

---

① 《吕氏春秋·贵生》。

> 山木自寇也，膏火自煎也。桂可食，故伐之；漆可用，故割之。人皆知有用之用，而莫知无用之用也。①

“自寇”“自煎”之语，表明全生与否，皆由于已。桂、漆示人有用，故遭割伐。以此庄子欲人知有用之害与无用之利，舍有用而归于无用。

《庄子·逍遥游》借蜩鸠与大鹏以明小大之辨，学者熟知。同时亦借狸狌与斄牛，以示有用与无用之别。庄子曰：“子独不见狸狌乎？卑身而伏，以候敖者，东西跳梁，不辟高下；中于机辟，死于罔罟。今夫斄牛，其大若垂天之云。此能为大矣，而不能执鼠。”野猫恃其材用，以求执鼠，不免身陷死地。而斄牛因其无用，不能执鼠，故成其大而全其生。

不过，庄子论有用、无用更喜欢用的例子是山中大树。惠子谓庄子曰：“吾有大树，人谓之樗。其大本臃肿而不中绳墨，其小枝卷曲而不中规矩，立之途，匠者不顾”，站在匠者的立场，对不中绳墨规矩的大树自然不屑一顾，因其不能用作材料，但庄子却别有一番见解，“今子有大树，患其无用，何不树之于无何有之乡，广莫之野，彷徨乎无为其侧，逍遥乎寝卧其下。不夭斤斧，物无害者，无所可用，安所困苦哉”！盖正因无用，才不能夭斤斧，成就其大，此即无用之大用也。

庄子关于用之见解，在当时想必也是怪异之论，“众所同去”的，所以朋友如惠施也不能认同。对此种人，庄子把他们比作知之聋盲者。耳目之聋盲者，无以与乎文章之观及钟鼓之声。知之聋盲者，则不能了解大用。就好像是善为不龟手之药的宋人，世世以洴澼絖为事，不知其可以裂地封侯。因此，知之聋盲者也就是“拙于用者”。

《庄子·人间世》中匠石与栎社树的故事明确地表达了庄子关于无用之用的想法。“匠石之齐，至于曲辕，见栎社树。其大蔽数千牛，絜之百围，其高临山十仞而后有枝，其可以为舟者旁十数。观者如市，匠伯不顾，遂行不辍。”这一段对栎社树的描写，突出了其高大、宽广，其中自然蕴含了长寿之义。栎社树想必在众树中也是很特殊的，所以才观者如市，但其何以至此长寿？“匠伯不顾”已经做了暗示，庄子更借匠石之口说明：

① （清）郭庆藩：《庄子集释》，中华书局2016年版，第192页。

散木也。以为舟则沉，以为棺椁则速腐，以为器则速毁，以为门户则液樠，以为柱则蠹。是不材之木也，无所可用，故能若是之寿。①

因其不材，于世无用，方得长寿。庄子把木之材者称为“文木”，此种木因其有用，故“实熟则剥，剥则辱；大枝折，小枝泄。以此其能苦其生者也，故不终其天年而中道夭”。散木、文木，在工匠的眼中，一无用，一有用，然无用者寿，有用者夭，本于全生之态度，究竟哪一个是真正有用呢？庄子笔下的栎社树问道：“使予也而有用，且得有此大也邪？”它的结论是，无所可用，“为予大用”。

《庄子·人世间》中还塑造了一个长得奇形怪状的支离疏的形象，不能从军，不能受役，却可以接受救济。这是因形之无用而受益的例子。庄子由此感叹：“夫支离其形者，犹足以养其身，终其天年，又况支离其德者乎！”支离其德，也就是把自己塑造成一个对统治者无用的人。无用的标准是什么？就是不中绳墨，不中规矩，不可以为舟、为棺椁、为器、为门户。换句话说，也就是不合乎统治者所设定的取仕标准，不能为官为吏。《庄子·养生主》云：“泽雉十步一啄，百步一饮，不蕲畜乎樊中。神虽王，不善也。”在庄子看来，做官就好像是被养在笼子中的鸟，虽然看起来很神气，却不会有好的结局。

《庄子·养生主》说：“为善无近名，为恶无近刑，缘督以为经。可以保身，可以全生，可以养亲，可以尽年。”这是庄子对全生之方的一个概括性的说明。“为善无近名”，也就是不中绳墨，不中规矩，以免被视为人才，有用之人。但是，也不能完全与绳墨、规矩背道而驰，以至于被刑，欲保身不得，反害其生。这便是“为恶无近刑”。庄子要人们“缘督以为经”，督即中，要在善恶之间寻找一条中道。当然，我们应注意，庄子此处所谓善恶完全是就是否符合统治者之规矩、绳墨而言的。

《庄子·天下》述庄子学说云，“不谴是非以与世俗处”，即“为恶无近刑”一语的法脚。如果说“为善无近名”表现了庄子与世俗价值的距离，“为恶无近刑”“不谴是非”则表现了庄子为了与世俗相处因而不

① （清）郭庆藩：《庄子集释》，中华书局2016年版，第176—177页。

得不采取的做法。不谴是非即随顺世俗之价值，这也就是本文标题所谓的形之委蛇。

委蛇，或作委佗，本是一种生活于泽中的动物。《庄子·达生》曾描述过它的形状。或指泥鳅。因其动作婉转曲折，故引申而有因循、随顺之义。《庄子》书中曾多次使用“委蛇”一词，如《庄子·庚桑楚》云：“行不知所之，居不知所为，与物委蛇，而同其波。是卫生之经已。”此中“委蛇”即随顺之义，故云“同其波”，被认为是保身之方法。内七篇中，“委蛇”只出现一次，见于《庄子·应帝王》关于神巫季咸、列子与壶子的故事中，值得注意的是，委蛇在故事中被排列在最高的表现层次上，庄子在记述壶子示季咸以地文、天壤、太冲莫胜之后说：“向吾示之以未始出吾宗。吾与之虚而委蛇，不知其谁何，因以为弟靡，因以为波流。”可见，委蛇的状态也就是因顺的状态，彼为形，我即为影；彼为声，我即为响。它以内心的虚为基础，所以没有任何的规矩绳墨限制，可以与物同其波。

但这绝不是与混浊的世俗同流合污。《庄子·人间世》记载了颜阖问蘧伯玉在暴君面前的全生之法，蘧伯玉回答说：“戒之，慎之，正女身也哉！形莫若就，心莫若和。”“形莫若就”，成玄英疏云：“身形从就，不乖君臣之礼。”即表面上随顺，而不违背世俗之价值与规矩。但到此也就算极致了。这种表面的随顺，绝不能化为内心的认同与积极的合作，庄子借蘧伯玉之口继续说：“就不欲入……形就而入，且为颠为灭，为崩为蹶。”就是形之随顺，入则变为与之同，其结果便是“颠覆灭绝，崩绝败坏，与彼俱亡”（《庄子》成玄英疏）。

形就而不入，也就是形之委蛇。庄子曾形容此种状态：“彼且为婴儿，亦与之为婴儿；彼且为无町畦，亦与之为无町畦；彼且为无崖，亦与之为无崖。达之，入于无疵。”我本身没有一固定形态，而完全以对方之形态为形态。做到此点，即使是在暴君面前，也可以不受伤害。其原因，如庄子所说，是因为你顺从而不是乖逆。《庄子·人间世》把伴君比作伴虎，“汝不知夫养虎者乎？不敢以生物与之，为其杀之之怒也；不敢以全物与之，为其决之之怒也；时其饥饱，达其怒心。虎之与人异类而媚养己者，顺也；故其杀者，逆也”。凶残如老虎，只要养虎者“知其所以怒而顺之”（郭象注），便可不受伤害。暴君与虎虽异类，但不杀顺己者则同也。

由形之委蛇以全其生的想法，我们还可以在庖丁解牛的故事中得到进一步的理解。《庄子·养生主》通过庖丁与文惠君的对话表达这个故事，可以被人们从很多方面进行诠释。但其本意当是用以说明养生之理，故末尾文惠君说："善哉！吾闻庖丁之言，得养生焉。"那么，文惠君悟到了什么养生之理呢？

在庖丁解牛的故事中，庖丁塑造了族庖、良庖及自己这三个形象，他们同是用刀做解牛的工作，但情形是很不同的。族庖一个月就换一把刀，因为他的刀总被骨头折断；良庖一年换一把刀，因为他的刀也用来割牛的骨头；而庖丁自己的刀已使用了19年，解了几千头牛，却还如新的一般，其故何也？庖丁说：

> 依乎天理，批大郤，导大窾，因其固然。技经肯綮之未尝，而况大軱乎！……彼节者有间，而刀刃者无厚；以无厚入有间，恢恢乎其于游刃必有余地矣，是以十九年而刀刃若新发于硎。虽然，每至于族，吾见其难为，怵然为戒，视为止，行为迟，动刀甚微，謋然已解，如土委地，提刀而立，为之四顾，为之踌躇满志，善刀而藏之。①

由此看来，其故有二：一是熟悉并随顺牛之骨节、文理，则可游刃有余；二是戒惧怵惕，小心翼翼。

实际上，构成庖丁解牛故事的三个主要因素——庖人、刀、牛——分别象征了现实生活中的人、人的生命及社会。每个人都以自己的生命与社会接触，就像庖人以刀去解牛一样，有的人早夭。有的人稍好，有的人可以尽其天年，恰似族庖、良庖及庖丁手中之刀的不同命运。庖丁给文惠君的启示是，若想尽其天年而不中道夭折，就需谨慎地随顺世俗社会之绳墨，而不要与之发生摩擦。否则，就难免像与骨头相刃相靡的刀一样，早早折断。这就是文惠君从庖丁那里得到的养生之理。

这种养生之理，庄子还通过兀者的形象进一步向读者展示。兀者是

---

① （清）郭庆藩：《庄子集释》，中华书局2016年版，第125页。

指被砍掉一足的人，未免于刑者。《庄子·德充符》中提到了几个兀者，其寓意是多方面的。我们先来看一下鲁国兀者叔山无趾的话：

> 吾唯不知务而轻用吾身，吾是以亡足。今吾来也，犹有尊足者存，吾是以务全之也。①

尊足者即比足尊贵者，这里指德与心。在无趾看来，亡足是由于不知务，也可以说是德不全。如今亡足虽不能复全，但德却可以使全。全德才可以全生，这是无趾由自身被刑的经历得到的教训。

这样，形的问题就转变成了德与心的问题。庄子通过兀者王骀的故事进一步将人们的注意力由形转向心。王骀作为兀者，立不教，坐不议，却吸引了大批人追随他，其影响与孔子相当，常季对此不解，于是问孔子说："彼兀者也……若然者，其用心独若之何？"孔子回答说：

> 死生亦大矣，而不得与之变；虽天地覆坠，亦将不与之遗。审乎无假而不与物迁，命物之化而守其宗也。②

这段话的意思后文还有解释，即是通过齐同万物而"游心乎德之和"。这就已经进入心之逍遥的范围了。

二　心之逍遥

为了全生的目的，庄子要人们采取形就而不入的姿态，既要不趋从于世俗的规矩、绳墨，又要不与之正面冲突，而表现出随顺的样子。可以想见，对于一个人来说，要同时做到这两方面，有时是很难的，其内心的紧张、不安更是在所难免。这样一来，由心灵的焦虑便会造成生命的伤害，"全生"的初衷反不能实现。因此，使心灵在形之委蛇的情形下，保持一种自由闲适的状态，就成了庄子为了全生要做的另一件事情。

---

① （清）郭庆藩：《庄子集释》，中华书局2016年版，第208页。

② 同上书，第195页。

心之逍遥就这样被提了出来。

我们可以从“情”入手来考虑心的问题。《庄子·德充符》曾描述了庄子理想中的人的形象：“有人之形，无人之情。有人之形，故群于人；无人之情，故是非不得于身。眇乎小哉，所以属于人也！謷乎大哉，独成其天！”“有人之形”，一方面当然是指人之容貌，另一方面也是指形之委蛇的工夫，唯其如此，才可群于人，与世俗相处。“无人之情”，下文有进一步的解释，并不是说没有一般人喜怒哀乐的情感。庄子说：“吾所谓无情者，言人之不以好恶内伤其身，常因自然而不益生也。”因此，所谓无情，即是不以自己好恶的情感伤害身体，常因顺着世俗以尽其天年。庄子认为，有人之形是为与人相处采取的不得已的做法，是很渺小的，无人之情则体现了与一般人不同的方面，因而既高又大。

庄子在“有人之形”“无人之情”的提法中，对形似乎采取了一种贬抑的态度，这种态度在此前的另一段文字中得到了进一步的说明。《庄子·德充符》中借仲尼之口讲了一个故事：“丘也尝使于楚矣，适见㹠子食于其死母者，少焉眴若皆弃之而走。不见己焉尔，不得类焉尔。所爱其母者，非爱其形也，爱使其形者也。”母亲的形体虽还在，但当㹠子发现其母已死时，便弃母而走。为什么？因为㹠子觉得与其死母已不是同类。庄子由此提出形和使其形者的区分。形是末，可以弃之不顾。使其形者是本，应该受到珍视。

然使其形者为何？庄子举出“才”与“德”二字，其实皆与心不可分。庄子认为，理想的人格应该是才全而德不形者。所谓才全，《庄子·德充符》借孔子之口解释道：

> 死生存亡，穷达贫富，贤与不肖毁誉，饥渴寒暑，是事之变，命之行也；日夜相代乎前，而知不能规乎其始者也。故不足以滑和，不可入于灵府。使之和豫，通而不失于兑；使日夜无却郤而与物为春，是接而生时于心者也。是之谓才全。[①]

简要地说，像死生存亡，穷达贫富等皆出于命运的安排，非人力所

① （清）郭庆藩：《庄子集释》，中华书局2016年版，第218页。

能及，因此，在这类现象面前，人心（灵府）当保持一种和乐的状态，以应万化，这就是才全。可见，所谓才全，主要是对人心的要求，不要让外物破坏心之和。下面，我们再来看一看庄子对德不形的界说：

> 平者，水停之盛也。其可以为法也。内保之而外不荡也。德者，成和之修也。德不形者，物不能离也。①

可见，所谓德不形，也就是心灵保持一种如静止的水一般的平静状态，这样，内心平和，外形不荡，便会与物共处而不离。

才全而德不形，我们也可以用庄子的另一些话来诠释。《庄子·人间世》说："心莫若和……和不欲出……心和而出，且为声为名，为妖为孽。"心和即才全，不欲出即德不形。而为声为名，为妖为孽，即所谓出，也可以说是外荡。

这里，我们便可回到前面提到的"情"的问题。显然，才全而德不形与无情是一致的，心之平和正是无情之基础，同时也是形之委蛇的依据。那么，如何才能达到心之平和呢？《庄子·德充符》借孔子之口说：

> 自其异者视之，肝胆楚越也；自其同者视之，万物皆一也。夫若然者，且不知耳目之所宜，而游心乎德之和。②

心要做到平和就必须处理好心和物的关系问题。首先要面对的则是心与耳目等感官的关系。人们用耳目所观察到的东西如肝胆楚越一样是千差万别，心如果被耳目所左右，执着于分别，自然动荡不平。这就好像是中央之帝混沌，因为被凿出七窍而死一样。因此，庄子要求心不能随顺耳目，而要作耳目的主宰，《庄子·人间世》说："徇耳目内通而外于心知"，就是使耳目不执着于外物，心也就会去除分别之知。庄子称此种工夫为心斋：

---

① （清）郭庆藩：《庄子集释》，中华书局2016年版，第220页。

② 同上书，第196页。

> 若一志，无听之以耳而听之以心，无听之以心而听之以气！听止于耳，心止于符。气也者，虚而待物者也。唯道集虚。虚者，心斋也。①

在心斋的状态下，耳目及心知的作用完全被否定了，剩下来的只有完全虚的心。庄子把它比喻为虚室，它可以生白，即大智慧。这种智慧好比“十日并出，万物皆照”，根于耳目及心知的差别消失了，万物被视为一个整体，或者就是一个东西。

这也就是《庄子・齐物论》所要表现的内容。《庄子・齐物论》的创作，无疑有着名家的背景，但其旨趣却风马牛不相及。在庄子看来，名家如惠施的齐物说是外精劳神之举，好比给人的心灵加了桎梏，而庄子的齐物论则正是要去掉这个桎梏，使人的心灵重获自由。

《庄子・齐物论》的入手处并不是物而是心。庄子理想中的人物南郭子綦“隐机而坐，仰天而嘘，答焉似丧其偶”。其弟子问道：“形固可使如槁木，而心固可使如死灰乎?”这样的描述，不禁使我们想起了在《庄子・大宗师》中提到的坐忘。“堕肢体，黜聪明，离形去知，同于大通，此谓坐忘。”坐忘即是忘掉自己的形体与心知，与道（大通）为一。这样便可以“无好”“无常”，以万物为一而与之俱化。

心如死灰的提出，是针对着后文所说的心的各种各样活动的，活动似乎代表了生命力，但庄子却称“近死之心，莫使复阳也”。其故何在?只因心沉溺于物而不能自拔。庄子说：

> 一受其成形，不亡以待尽。与物相刃相靡，其行尽如驰，而莫之能止，不亦悲乎！终身役役而不见其成功，苶然疲役而不知其所归，可不哀邪！人谓之不死，奚益！其形化，其心与之然，可不谓大哀乎？人之生也，固若是芒乎？其我独芒，而人亦有不芒者乎?②

① （清）郭庆藩：《庄子集释》，中华书局2016年版，第152页。

② 同上书，第61页。

庄子式的悲哀是有感于心不能自觉并固守其主宰地位而随物化驰，同时也是针对着大多数人的麻木不仁。庄子把心的这种情形称为“坐驰”——“夫且不止，是之谓坐驰”（《庄子·人间世》），与前面提及的坐忘正相反对。

坐驰与坐忘，一动一静，好比是流水与止水。《庄子·德充符》说：“人莫鉴于流水而鉴于止水，唯止能止众止。”流水因其不断的变动，与物接触而混浊，不能照物、容物，止水则由静而清，如镜子般可以照物、容物。对于心来说，与其动还不如静，与其驰还不如忘。因为动和驰带给心的只有紧张与不安。庄子在《齐物论》中曾描述了这种情形：

> 大知闲闲，小知间间；大言炎炎，小言詹詹。其寐也魂交，其觉也形开，与接为构，日以心斗。缦者，窖者，密者。小恐惴惴，大恐缦缦……①

心之坐驰，其原因不在别处，正在于心之中又藏有心即成心的作用。而所谓成心不是别的，就是私心、一己之心。庄子说，“物无非彼，物无非是。自彼则不见，自知则知之”，表现了受成心支配的人的心态：自是而非彼、自贵而贱彼。以此心应物，则有好恶、喜怒、是非，有可不可、然不然的分辨，有儒、墨的争论。庄子举了“朝三暮四”与“朝四暮三”的故事，借狝猴“名实未亏而喜怒为用”的表演，说明儒墨等不知万物为一而强作分辨的愚蠢。

正是在这里，庄子开始引入了道的观念。在道家各派中，道的意义是不同的。如果说在老子那里道主要作为术的依据，法则之意义比较突出的话，那么，在庄子这里，道的主要意义是通，又被称为大通。大通即是没有任何界限、分别，即庄子所谓“道未始有封”，因此，从道的角度来看，万物之间就无所谓分别与差异。《齐物论》说：“故为是举莛与楹，厉与西施，恢诡憰怪，道通为一。其分也，成也；其成也，毁也。凡物无成与毁，复通为一。”就是在这种意义上，庄子才可以说“天地一指也，万物一马也”，也才可以说“天下莫大于秋毫之末，而大山为小；

---

① （清）郭庆藩：《庄子集释》，中华书局2016年版，第57页。

莫寿于殇子，而彭祖为夭”。

道被引入，在庄子这里主要是作为齐物的依据。而齐物的目的，固然与形之委蛇有关，而更主要的是通过破除人的成心，来去除心的充满紧张与不安的各种活动。因此，庄子所谓道，也可以说是心的背景。他希望通过心与道的同一，来齐同万物，平和人心，而这也就是所谓心的逍遥了。

逍遥一词见于《庄子》的首篇，虽然后人对它有不同的理解，但是总是承认它与心有关，表现心的怡然自得与自由自在。这是庄子所追求的一种心的状态。在这种状态下，心超越了个人的形体，庄子用“大”来形容。《庄子·逍遥游》中提到的大鲲、大鹏、九万里等，无一不是用以表现逍遥心之大，这与《庄子·齐物论》中所描写的成心状态形成了鲜明的对比。那里的成心状态，在《庄子·逍遥游》中是通过蜩与学鸠来表现的。蜩与学鸠飞高不过数仞，不能理解大鹏一飞便九万里的行为，由此引出了庄子的小大之辨：

> 小知不及大知，小年不及大年。奚以知其然也？朝菌不知晦朔，蟪蛄不知春秋，此小年也。楚之南有冥灵者，以五百岁为春，五百岁为秋；上古有大椿者，以八千岁为春，八千岁为秋。而彭祖乃今以久特闻，众人匹之，不亦悲乎！①

庄子虽然主张齐物，主张去除大小、寿夭等的分别，但是这里的小大之辨却是不容漠视的。这是小心与大心的分别，是一般为物所拘的心与庄子理想的逍遥之心的分别。庄子反复强调小不及大，就像蜩鸠不及大鹏。那么，小与大的分别究竟在何处呢？

还是要回到前面的成心去。小之所以为小，便是因为有己，且以己度人，如小鸟只能“翱翔蓬蒿之间”，便以此为飞之至也，而不能理解大鹏。这就是“有蓬之心”，即私心，庄子理想中的人物却没有成心，所谓“至人无己，神人无功，圣人无名”。

有己则心小，无己则心大。心之小大的分别，表现在心与物的关系

① （清）郭庆藩：《庄子集释》，中华书局2016年版，第13页。

上，便是有待与无待。有待即心依赖于物，如此则物主宰心；无待即心对物无所依赖，心主宰物。庄子主张的逍遥之心是建立在无待的前提上的。无待并不是与物隔绝，只存一心，而是不执着于某物。庄子举了一个罔两与景的故事：

> 罔两问景曰："曩子行，今子止；曩子坐，今子起；何其无特操与？"
>
> 景曰："吾有待而然者邪？吾所待又有待而然者邪？吾待蛇蚹蜩翼邪？恶识所以然，恶识所以不然！"①

在罔两看来，影之行止、起坐皆依赖于形，没有一点儿主见。但影自己则不这样看，它以己之随形就如蛇蜕旧皮、蜩出新甲一样无待，因其是无心以顺形。这里暗示的是，人之形体虽每天与世俗接触，与之俱化，但仍可无待以至心之逍遥。

人能不执着于原物，无心以顺有，便是打破了成心造成的隔限，而至于无穷的境地，《逍遥游》说：

> 若夫乘天地之正，而御六气之辩，以游无穷者，彼且恶乎待哉！②

这样的人就是无待的人，这样的心也就是逍遥之心。在庄子看来，此种人因其不与物对，故物也不与他作对：

> 之人也，之德也，将磅礴万物以为一，世蕲乎乱，孰弊弊焉以天下为事！之人也，物莫之伤，大浸稽天而不溺，大旱金石流土山焦而不热。③

---

① （清）郭庆藩：《庄子集释》，中华书局2016年版，第116—117页。

② 同上书，第19—20页。

③ 同上书，第35页。

由齐物而导出“物莫之伤”，可以看出心之逍遥最终仍然是要归到全生的主题。

结　语

把人分作心和形，或魂和魄两个部分，是自古以来便有的想法。庄子循此分别，围绕全生的主题，对心与形提出了具体要求，这便是心之逍遥与形之委蛇。对现实中的人来说，若想全其生命，二者是不可或缺的，就像运行的火车需要两条轨道，或者高举的大鹏需要两翼。借用庄子的语言，我们可以不恰当地把这称为两行。但是，二者在庄子思想中所担当的角色并不是完全平等的，它们仍有着主次的分别。

这便是心之逍遥与形之委蛇间的矛盾。这矛盾根源于心与形本身。我们在前面曾经提到，庄子依乎有贬抑形的倾向，因而有形和使其形者的区分。在《庄子·齐物论》中，更把心与形比作君与臣。因此，由心与形的不同地位，决定庄子更重视心之一面，它是庄子追求的价值所在，是至人与世俗之人的区别所在。而形体则使至人也具有一般人的相貌，如《庄子·德充符》所说：“道与之貌，天与之形，恶得不谓之人。”并且为了形体的延续，还必须与世俗相处，和光同尘。

庄子的这种想法，虽然受命运、现实等的限制，大多掩盖在全生的主题之下，但是有时仍然会表现出来。《庄子·大宗师》有孔子与子贡关于丧礼的一段对话，表现孔子与庄子旨趣的差异。孔子说：

> 彼，游方之外者也；而丘，游方之内者也。外内不相及，而丘使汝往吊之，丘则陋矣。彼方且与造物者为人，而游乎天地之一气。彼以生为附赘悬疣，以死为决疣溃痈，夫若然者，又恶知死生先后之所在。假于异物，托于同体；忘其肝胆，遗其耳目；反覆终始，不知端倪；芒然彷徨乎尘垢之外，逍遥乎无为之业。①

方内与方外之别也可以说形骸之内与形骸之外的分别。庄子在《庄

① （清）郭庆藩：《庄子集释》，中华书局2016年版，第273页。

子·德充符》中就曾在申徒嘉与子产的对话中表达了这种想法，这里更做了进一步的明确。孔子、子贡是游于形骸之内者，故拘于执礼，以礼正形，而在庄子看来，这是出于对形体由来的不了解。庄子把形体比作大冶铸的金，他说：

> 今大冶铸金，金踊跃曰："我且必为镆铘"，大冶必以为不祥之金。今一犯人之形，而曰"人耳人耳"。夫造化者必以为不祥之人。今一以天地为大炉，以造化为大冶，恶乎往而不可哉！①

因为人形不过是气化过程中的一个阶段，与草木、禽兽等没有什么实质区别，所以犯人形不必喜，去人形亦不必悲，在上文中，庄子更把生比喻为"附赘悬疣"，而把死比喻为"决疣溃痈"，形存形亡只是气之聚散，属于自然大化，非人力所及。因此，人应对形体采取遗忘的态度，以求心之逍遥。

这样，我们再回过头来看看庄子在《庄子·逍遥游》中所描写的神人，就会觉得这应是一个没有一般人那样形体的人：

> 藐姑射之山，有神人居焉，肌肤若冰雪，绰约若处子。不食五谷，吸风饮露。乘云气，御飞龙，而游乎四海之外。②

这种人抛却了形体所带来的重负，享受的只是心的逍遥。它可以"大浸稽天而不溺，大旱金石流土山焦而不热"。这是庄子的理想和希望，却更显出庄子的无奈与悲哀。因为现实中永不会存在这种人，现实的人总是有形体的人，遇火则热，遇水则溺。

这样，我们就会了解，存在于心之逍遥与形之委蛇之间的平衡或者说统一完全是相对的，一点儿也不坚固。只有在全生的主题下，这种统一才可以勉强维持。一旦离开这一主题，在其他背景下，这种统一就会变得十分荒谬。我们不应忘记，庄子思想之所以把全生作为主题也是身

① （清）郭庆藩：《庄子集释》，中华书局2016年版，第273页。

② 同上书，第31页。

处“方今之时，仅免刑焉”这种乱世下的不得已的选择。对历史上的庄子来说，这是唯一的和不可改变的。然而，假设庄子生活在一种完全不同的背景之下，他还会具有上述的思想吗？他还会生活在心和形的分裂之中吗？当然，这已不是本文要讨论的问题了。

忘却:分析过程中的转化体验

——道家思想的心理学启示

[以色列]加利亚·帕特－沙米尔(Galia Patt-Shamir) 著 梁燕华 译

> 昔者庄周梦为蝴蝶，栩栩然蝴蝶也。自喻适志与！不知周也。俄然觉，则蘧蘧然周也。不知周之梦为蝴蝶与？蝴蝶之梦为周与？周与蝴蝶则必有分矣。此之谓物化。(《庄子·齐物论》)①

综观当今的哲学争论，尤其是在断言的怀疑主义讨论中，有关“梦”的论断占据着至高的地位。人们都有夜晚做梦的体验，但是在梦中通常人们并不能意识到自己在做梦。因此，从逻辑上说，我们时刻在做梦的说法是成立的。例如，我可能现在就是在做梦，我可能并不是在键盘上敲打这些文字，敲打键盘的手指并不一定是我身体的一部分，我的身体可能并不是属于“我的”，而且在身体层面意义上我可能不一定存在。勒内·笛卡尔（Rene Descartes）在著名的梦的讨论中，从类似的体验中得出结论：“我思故我在。”换言之，类似“我怀疑”，“我想”的表述说明“我”是一种心灵意义上的存在。这一论断泾渭分明地界定了肉体和心灵的区别，即成形和不变的状态相区别于变化的、感知的和概念的状态。这一区分引出了当代最棘手的哲学问题，即肉体与心灵问题，并吸引了当代西方社会诸多伟大哲学家对其进行探究。

假如庄子生活在现在，如在特拉维夫，如果他写下了上述文字，那么他极有可能会被怀疑罹患精神障碍症（或者是一位后现代主义者）。如

---

① （清）郭庆藩：《庄子集释》，中华书局2016年版，第189页。编者按：原文并未交代引文出处，根据出版社要求，我们寻找合适的底本对引文进行了校改。

果他告诉医生，他觉得自己可能是一个人或者是一只蝴蝶，那么他很快会因为自己不切实际的想法而被送往某一精神病机构接受治疗。有趣的是，庄子的梦并没有让他受挫也没有让他与生活世界隔离。事实上恰恰相反。那么，通过这个梦的寓言，庄子希冀表达什么样的思想呢？首先，做梦是生活的一种体验。事物发生的“事实性”与人的体验无关。当庄子是只蝴蝶时（梦中），他就是一只蝴蝶。这种体验或存在于梦中，或存在于觉醒时。因此，梦的论断是对世界的再次肯定而不是对世界的怀疑或者与之脱离的关系。其次，当庄子醒来的时候，他其实知道自己并不是在做梦。他很清楚这一点就好似你我都能区分睡眠和觉醒二者的不同。然而，在成为一只蝴蝶后，他不再仔细探究为了理解生命而存在的不同心灵状态的区分。也就是说，无论我们是白天活动还是夜晚梦中活动，人的体验都具有独特价值。最后，“成为一只蝴蝶”的体验有助于对自我深刻理解。这里，蝴蝶被赋予了两种特质：一是“自由”，二是蝴蝶是“转化活动”的最终表征。清晨醒来还是一枚蚕茧，到了傍晚已变成一条毛毛虫，然后很快变成了一只蝴蝶——甚至在它还未能对自我定义进行必要思考前身形已经发生了变化。这表明，只有忘记现实身份“高”与“低”的区分，人们才能将自己视为一种时刻转化的动物，从而更主动地张开双臂迎接新体验。这就好似在《爱丽丝梦游仙境》中的毛毛虫，它丝毫不会受到对于“我是谁”这类问题回答不确定性的困扰，因为在回答爱丽丝的过程中它已经变成了一只蝴蝶。生命即变化和转化。由于语言难以捕捉生命的这一本质特征，因此人们倾向于借助固定概念和思维，但正是这些固定表达使人类远离了自身的体验。

在另一个段落中，为了回应孔子的观点，庄子说：

> 梦饮酒者，旦而哭泣；梦哭泣者，旦而田猎。方其梦也，不知其梦也。梦之中又占其梦也。且有大觉而后知此其大梦也，而愚者自以为觉，窃窃然知之。“君乎！牧乎！”固哉！丘也与女，皆梦也，予谓女梦，亦梦也。是其言也，其名为吊诡。万世之后而一遇大圣知其解者，是旦暮遇之也。①

---

① （清）郭庆藩：《庄子集释》，中华书局2016年版，第118页。

庄子认识到在一定意义上，每一件事情都是一个“梦”，每一件事情也正因此而存在。在这之中并无“对”“错”之分。孔子所说的是梦话，他的对手也是在做梦，并且庄子知道他自己所说的也同样只是梦中说梦话，因为一切事物都具有不确定性。如果有人认为这是一个悖论，那么或许在遥远的将来，一定会出现一位大智大慧的圣人，他就能说个一清二楚了。但是，庄子又补充说，“我们每天都遇见圣人”，也就是说，我们照镜子时都会遇见圣人。如果每个人都是圣人，那么成为圣人需要的不是去学习什么特别知识，而是要忘却一些东西。孔子是庄子所处时代最知名的道德家，颜回是孔子最得意的门生。庄子当然不相信那些通过学习、记忆和区分所掌握的道德知识。因此，在以下的引文中，庄子假借孔子之口来批驳儒家观点（也可能是为了增添一些乐趣）：

> 颜回曰：“回益矣。”
> 仲尼曰：“何谓也?”
> 曰：“回忘仁义矣。”
> 曰：“可矣，犹未也。”
> 他日复见，曰：“回益矣。”
> 曰：“何谓也?”
> 曰：“回忘礼乐矣!”
> 曰：“可矣，犹未也。”
> 他日复见，曰：“回益矣!”
> 曰：“何谓也?”
> 曰：“回坐忘矣。”
> 仲尼蹴然曰：“何谓坐忘?①

要达到“两忘”（forgetting distinctions）境界，首先需要忘却仁义道德，然后达到“相忘”（forgetting society），即忘却以礼乐为核心特征的儒家观念。引文中的“孔子”认为上述乃“两忘”的必经之路。当人们追求真善美时，他们就区分了善与恶，美与丑和真与伪。如果没有这样

① （清）郭庆藩：《庄子集释》，中华书局2016年版，第288—290页。

的区分，就不会有恶人、丑恶的行为和错误的存在。毋庸置疑，这里，“忘却”不是指一种记忆缺失或遗忘症，而是忘却人为的评价标准，认为天下万物归根结底都是相同的以及生命本身是一个转化过程。“坐忘”的结果就是“自忘”（one forgets oneself），从而在以下独特意义上达到“空”之境界：

> 方舟而济于河，有虚船来触舟，虽有惼心之人不怒。有一人在其上，则呼张歙之。一呼而不闻，再呼而不闻，于是三呼邪，则必以恶声随之。向也不怒而今也怒，向也虚而今也实。人能虚己以游世，其孰能害之！①

上文表明，无人会迁怒于一只空船，无人会加害于一只空船。同样，一只空船既不会发怒也不会加害于任何人。在以下一段引文中，庄子认为，为了达到“空”的状态，人们必须忘却差异、喜好和评价：

> 夫鹄不日浴而白，乌不日黔而黑。黑白之朴，不足以为辩；名誉之观，不足以为广。泉涸，鱼相与处于陆，相呴以湿，相濡以沫，不若相忘于江湖。②

对于搁浅的鱼儿而言，最有意思的是它们相互之间吹出湿气呵护对方，吐出唾沫湿润对方，仿佛它们深深知晓“鱼的本质”：鱼必须生活在水里。如果没有了水，鱼也就没有了生命。此处，根据庄子，当死亡来临时，鱼的“鱼性”和“自我身份认同”就显露出来了。这一比喻寓意清晰。人类创造了伦理和宗教以及心理学理论来解释死亡。当世界井然有序时，人们不会提出任何诸如“我是谁”问题，也不需要任何宗教的、哲学或心理学学说来解答。生命即自然。当痛苦来临，人们就开始寻找各种学说解释自身。人们不是仅仅自然而然简单地生活，而必须到专业诊所里寻找自我。庄子希望他的读者回归简单，就好比乌鸦自然就是黑

---

① （清）郭庆藩：《庄子集释》，中华书局2016年版，第673页。

② 同上书，第524页。

色而白鹅自然就是白色。

庄子认为这一点非常关键，所以他在书中以另一种方式强调了搁浅的鱼儿：

> 泉涸，鱼相与处于陆，相呴以湿，相濡以沫，不如相忘于江湖。与其誉尧而非桀也，不如两忘而化其道。夫大块载我以形，劳我以生，佚我以老，息我以死。故善吾生者，乃所以善死也。
>
> 夫藏舟于壑，藏山于泽，谓之固矣。然而夜半有力者负之而走，昧者不知也。藏小大有宜，犹有所遁。若夫藏天下于天下而不得所遁，是恒物之大情也。[①]

赞誉尧的圣明而非议夏桀的暴虐被认为是濒死的症状。将二者都忘却才能将自己从概念的桎梏中解脱出来，从而能够自由转化。接受转化就能以无惧的心态迎接死亡的来临，然后也就不再感到需要在他人面前隐藏自己的那些“所有”（possessions），如灰白头发，皱纹或者劳累。我们也不再需要用华丽词语来掩盖意义或用蛊惑人心的技巧来掩饰意图。“将世界藏于世界中”则会成为可靠的地方，之后我们才能最终“忘言”，保全意义并以更为有效的方式使用语言。因此，庄子说：

> 筌者所以在鱼，得鱼而忘筌；蹄者所以在兔，得兔而忘蹄；言者所以在意，得意而忘言。吾安得夫忘言之人而与之言哉![②]

我们很愿意接受庄子的邀请并与之进行一番对话。事实上，我们希望提出一个忘却语言的方法，以此获得更深层次的意义，并以心理分析的方式来彼此交流思想。因此，让我们邀请逍遥游途中的庄子到精神分析学家的沙发坐一坐。

现在让我们从哲学思想领域进入分析学领域。荣格在其著作《符号与梦的解析》（写于其去世前不久的1961年）中将“忘却”定义为一种

① （清）郭庆藩：《庄子集释》，中华书局2016年版，第247—249页。

② 同上书，第936页。

情境，在其中，梦的内容借助偏移的注意力与自我意志相反并游离于视觉范围之外。

当我们指出，“忘却”是将自我从概念桎梏中解脱以便更好地转化时，我们是否站在了道家思想的对立面呢?

以下我们分析一个梦的案例。我们分析的依据分别为荣格分析心理学和道家思想。两种体系都高度重视梦境，将其视为生命的体验。不过，庄子是从认识论的角度讨论梦、做梦者与世界，而分析心理学则认为梦具有补偿功能。我们相信，尽管道家思想自身不能成为一种治疗手段，但它可以为心理分析过程提供一种全新的、更为丰富和具有创造性视角。我们建议将“忘却”视为一种与生命转化需求相吻合的主动过程，而不仅仅是以兴趣为引导具有随意性的事件。因此，我们主张，“忘却”或许正是人们将自己从各种模式和情结的恶性循环中解脱出来所需要的工具。

让我们看看来自心理分析诊所的一个案例。

> 一名三十多岁的女性回忆她做的一个梦：“我正在沙滩上，准备游泳。我在水里漂浮了起来，渐渐地，我离开了岸边。我在波浪中摇摆，感觉美妙极了。突然，我意识到我游到了深海，并且明白除非我采取行动，否则将再也无法回到岸边。我看到自己的丈夫、母亲和同事们都站在岸边，他们看起来很惊慌，朝着我的方向拼命挥手，让我醒醒赶快返程。我意识到，如果我不马上清醒过来，海浪就会将我冲得越来越远，我将再也不可能返回岸边。我感到非常恐惧……可那海水却是那么的令人舒适……”①

做梦者是一名深陷消极父亲情结的内科女医生。她顽固的父亲迫使她过着一种充满难以忍受的竞争和不凡抱负的生活。她发现自己长期都处于冲突之中，一方面，是在职业生涯中不断谋求功名的需求，另一方面，是自我内心深处强烈的“顺其自然”的倒退思想。这种冲突没能让她实现她的潜能，反而更多地表现为无用和无能感，还伴随有过度焦虑、逃避事情、情绪波动、自杀冲动和偶尔酗酒以及吸毒狂欢。

① 原文此处并无注释说明。

在一篇极具影响力的文章《论精神分裂症患者的心理》（1939）中，荣格详细阐述了做梦过程和精神疾病症状之间的共性与差异。两个过程共有的特点是“精神水准降低”。这一概念最先由法国著名医生和心理分析的奠基者之一皮埃尔·让内（Pierre Janet）提出。“精神水准降低”指取消自我意识对精神官能的支配和控制，从而使具有自主性的情结不受束缚并使做梦者（或精神病患者）的意识泛滥。荣格将这种“降低”归因为衰弱，即“意志薄弱”，就好像在正常睡眠或者各种病理状态下常常发生的一样。

很显然，我们面临的不是一个简单的过程。每一个神经症患者，事实上包括我们所有的人，都涉及一种时刻进行的迫使无意识力量屈服于自我意识的斗争之中。必须保持清醒。我们都面临着巨大的诱惑想停止斗争而屈服于无意识，以及源自无意识的幻象和表征。我们在这里要对付的是一种心理分析学和象征意义上的“混乱”。对这种混乱的渴望会依据自我发展的不同阶段改变着其面目和形式，埃利希·伊曼（Erich Neumann）在他的著作《意识的起源与历史》中曾对这种“混乱”给予了极其生动、全面的描写。

这是心理分析，尤其是荣格分析心理学运用的主要领域。我们分析记忆和回忆。我们分析内心对话，旨在整合内在心理和个人以及机体无意识的原发镜像。

正是在这个背景下我们讨论上述梦境。

我们倾向于将那个梦解析为源自做梦者内心意识的一种警醒。一个抵制后退思想诱惑的警告。在梦中，这种诱惑表现为屈服于大海，随波逐流以及远离梦中由母亲、丈夫和同事代表的日常工作。做梦者尤其被重点警告要抵制她在海浪中漂浮时获得的愉悦感以及屈服于那种快感的愿望。她认识到除非她采取行动，使用她的意志力，也就是说，游回岸边，否则她会被海水冲走并溺亡。这个大海显然可被理解为代表了无意识。渴望屈服于无意识则表征为一种混乱的愿望。这种混乱的愿景将有助于废除（或者解除）她作为一名职业医生、妻子、女儿、活着的人以及人类社会成员所承担的责任和义务。

不过，尽管从梦的开始，这即是做梦者可能适用的解析方向，但这个梦也可能会隐含其他的意图。

依循这条人尽皆知的分析心理学路径，我们认为，正是源自自我意识中对回归日常责任与义务的呼唤将做梦者带进了令人窒息且纠缠不清的情结。此处或许需要一种主动的忘却。我们所要面对的是一种主动和积蓄能量的“反自然而行”（Contra Natura）过程，而不是一种被动的否定或者漠视过程。我们要面对的是对客观现实有目的的忘却。也就是说，看到了海岸并且明白它的所指，但并非恐惧地向它游去。相反，这应是一种对无意识呼唤的大胆冒险尝试。这样，它就有可能会为做梦者找寻到源自无意识的力量，从而开辟一条新的道路。

正如梦境所暗示的，很可能屈服于大海就是屈服于无意识的强大力量。这种力量将会整合新的镜像、内容和洞察力来扩大做梦者的行为和认知能力。日常现实、各种情结、责任和习惯通常都难以让人们触及自我内心世界或者触及源自内心的新事物。它们被看作危险的和不相容的，因而受到压制处于阴暗之处。

因此，我们需要一种积极主动的忘却过程：忘却，是为了更好地发展，为了更好地接受新事物，从而最终使转化成为可能。

案例中的内科女医生正伫立于一个十字路口，她面临着两种选择。第一种选择，也是为人们所熟知的，即在她的父亲情结阴影下持久的冲突：一方是海岸所预示的竞争和未来可能的失败，另一方是那些等待她，挥手和呼唤她返程的亲人和同事们。第二种选择是全新和未知的。这是一种危险的现实，即凭借着无意识的丰富但也具有欺骗性的力量在未知的大海遨游。因此，我们提议一种对另一个现实世界的主动忘却。尝试将她自己从过去惯有的思维路径中解放出来，从而能够学习新事物，让自己暴露于源自无意识的“全新环境”。第二种选择将是充满艰辛之路。将自己停歇在一个熟悉的港湾是舒适的，因为只需要依循旧有的常规模式就很安全。而在未知的大海里，人们可能会溺亡或者从心理学角度来说，可能会丧失理智。

要获得这些远离已知情结的新镜像或新的生命潜能不是一件容易的事情。接受第二个现实是英雄的选择。

巨人普罗米修斯从太阳神那里偷取了火种（或者说心智的一部分从自身偷取了新的意识），但承受着永无止境的痛苦。

但是，只有巨人才能逃脱神的愤怒。

因此，只有英雄，只有那些知晓如何游泳的人才不会在大海中迷失方向，并且将以更加丰富、更加成熟和具有更为强大的精神力量返回岸边。

我们案例中的内科女医生是英雄吗?

在这个层面上，庄周梦蝶寓言的关联性要远远超出人们此前的预想。

《老子》的幸福观与“玄德”思想之间的关系

曹 峰

幸福源自何处，怎样做才能获得幸福，这是所有哲学都要追问的问题。道家也不例外。《老子》虽然没有“幸福”二字，但老子无疑是关注这个问题的。关于《老子》的幸福观，一般的理解多把重点放在“知足”① 上，即万事不能过度，过一种有节制的生活是幸福的保障。笔者不反对这种幸福观，但这基本上是一种人生教训，即便儒家等其他学派也是如此。而且这种幸福观基本上落在个人层面，无论帝王还是百姓，均是如此。实际上老子还有更为本质、视野更大的幸福观，即老子从哲学理论的高度，论证了人类整体意义上的、最大限度上的幸福何以可能的问题。笔者认为这种幸福观与老子用“道”与“德”来体现的生成论有密切关系，而圣人的“玄德”是这种幸福观能够实现及保障的前提。

一 《老子》中背道者之快乐与得道者之痛苦

在今本《老子》（王弼本）中第二十章有这样一段话：

> 荒兮其未央哉！众人熙熙，如享太牢，如春登台。我独泊兮其未兆，如婴儿其未孩。儽儽兮若无所归。众人皆有余，而我独若遗。

① 如《老子》第四十六章云“祸莫大于不知足，咎莫大于欲得，故知足之足常足矣”。（魏）王弼注、楼宇烈校释《老子道德经注校释》，中华书局 2008 年版，第 125 页。第四十四章云“知足不辱，知止不殆，可以长久”。（魏）王弼注、楼宇烈校释《老子道德经注校释》，中华书局 2018 年版，第 122 页。顺便指出，为避烦琐，本文对《老子》的引用，均采用王弼本。

我愚人之心也哉！沌沌兮！俗人昭昭，我独昏昏；俗人察察，我独闷闷。澹兮其若海，飂兮若无止。众人皆有以，而我独顽似鄙。我独异于人，而贵食母。①

“荒兮”以后的这部分内容不见于20世纪末在湖北荆门郭店出土的楚简本《老子》，郭店本《老子》有第二十章，但只有前面从“绝学无忧”至“不可以不畏”几句话。无论从语言风格还是思想内容来看，“荒兮”以后的部分，都与前面的部分截然不同，董楚平认为这部分有可能是后人添加的。他给这部分取名为《荒兮》，说这是一首感情充沛、用词丰富多彩、独立完整的抒情诗，并做了以下非常传神的翻译：

人海茫茫，一望无边，
大家都熙熙攘攘，
好像赴盛宴，不知倦，
好像春天里争相登高，开心望远。
我却独个儿冷冰冰未开窍，
像婴儿只会哭，没有笑脸。

好累啊，像无家可归！
大家都有盈余，心欲醉，
只有我若有所失，似断炊，
我这颗笨蛋的心啊，
蒙着一层糊涂的灰！
俗人都清醒，
只有我昏睡；
俗人都明白，
只有我一头雾水。

人头攒动，像波涛喷浪花，

① （魏）王弼注、楼宇烈校释《老子道德经注校释》，中华书局2008年版，第46—48页。

人声鼎沸，像大风哗啦啦。
人人都有用，相逢笑哈哈，
只有我笨头笨脑，顽固不化。
我与众不同，永远是个婴儿娃，
只爱着给我喂奶的恒道妈。[①]

幸福是建立在快乐基础之上的[②]，在《荒兮》这首抒情诗中，《老子》描写了很多的快乐，例如生活上“如享太牢”“如春登台”“有余”，能力上“有以”，精神上“昭昭”“察察”，但在老子眼里，这些都是没有得道的俗人的快乐，与之形成鲜明对照的是，得道的“我”（圣人），却体验着俗人眼中的无穷痛苦，如“独泊”“未兆”“未孩”“累累兮若无所归”“若遗”“昏昏”“闷闷”“顽且鄙”，这些痛苦换言之是强烈的孤独感，“我独”连文竟达6次之多。因此，就像董楚平所总结的那样，不难推出这样的结论“行道痛苦，背道幸福”[③]。类似的描述在《老子》中还有一些，如第四十一章说“下士闻道，大笑之。不笑不足以为道”。也就是说，对“道”的嘲笑甚至可以成为俗人获得快乐的源泉之一，背道越甚，所能获得的快感也越大。当然，这也是老子常用的“正言反说”的修辞法，通过最大程度拉开背道者和得道者的距离，来强调“道”的神圣和不可思议。

那么，这是否证明老子否定俗人的快乐，而肯定得道者的痛苦和孤独呢？在某种意义上讲，的确如此，老子虽然没有明言，但我们可

① 董楚平：《〈老子〉三题》，未刊稿。其实，“澹兮其若海，飂兮若无止。”也可以释为“像大海那样淡泊沉静，像急风那样飘忽无定”。这样的话，这两句就不是俗人的写照，而是形容得道者的姿态。显然与上下文不合，因此有种见解认为应该移到十五章“混兮其若浊”下面。而董楚平的释文则试图保持前后文的一贯性。

② 很难给“幸福”和“快乐”下定义，但尝试梳理两者关系时，陈少明以下的观点可以成为参考，“没有快乐的幸福是不可思议的。区别也许在于：乐是分层次的，可以是片断或短暂的经验，而且可能是有冲突的，而幸福则是不同层次的乐的协调状态，是一种整体感受或评价”。陈少明：《论乐：对儒道两家幸福观的反思》，《哲学研究》2008年第9期。这样看来，“幸福”要高于“快乐”。但这不等于“幸福”为少数人所拥有，每个人都既可以拥有“快乐”，也可以拥有“幸福”。只是内容和性质会不同。

③ 董楚平：《〈老子〉三题》（未刊稿）。

以做出这样的合理推断，即老子认为，俗人所能获得的快乐无论是感官之乐、人伦之乐，还是求知之乐、信仰之乐，其实都是狭隘的、局限的，甚至是浅薄的、愚昧的。因为这种快乐，基本上都是功利性的追求，这种追求首先具有相对性，其次具有暂时性，如《庄子·至乐》所言：

> 夫天下之所尊者，富贵寿善也；所乐者，身安厚味美服好色音声也；所下者，贫贱夭恶也；所苦者，身不得安逸，口不得厚味，形不得美服，目不得好色，耳不得音声；若不得者，则大忧以惧。其为形也亦愚哉。①

也就是说俗人的所尊、所乐，不仅以感官的满足为基础，以符合社会的期待为标准，而且很容易走向其反面，因此，在追求幸福时，不免患得患失，当求之不得时，很快便从得到失，从乐到苦，使身心备受折磨。《老子》显然具备同样的思想基础，因为在《老子》的“道—物”两分的世界观中，“物”的层面，如“有无相生，难易相成，长短相较，高下相倾，音声相和，前后相随”（《老子》第二章）所示，都是由两两相对并相互转化的因素构成的。因此，快乐和幸福也必然是有限的、相对的、暂时的、易变的。无法达到得道者所能体验的那种超越的、至高的、整全的、包容的心理境界。

这种心理境界作为精神现象，可以表现为三种形态，第一是孤独痛苦，第二是无苦无乐，第三是最高的快乐。这三者虽然表现不同，看似矛盾，但性质其实是一样的。就《老子》而言，更多表现为第一种形态，而在《庄子》中则三种形态都具备。

首先，由于俗人和圣人对“道”的认识完全不在同一个层次上，如《老子》第二十章所示，当然在俗人眼中，圣人就会显示出孤傲来。此外，《老子》第二十章也可以理解为当修道者从俗世中艰难拔出，向着“道”的境界努力接近时，必然会体验到种种的困窘和痛苦，但这却是真正的解救之道。因此，从体道、悟道这一工夫论的角度看，老子的确否

① （清）郭庆藩：《庄子集释》，中华书局2016年版，第608页。

认了俗人的快乐和幸福，因为那样会妨碍圣人得道。《庄子》也有类似的描述，例如，《庄子·齐物论》篇中的得道者“南郭子綦”，就是一副在外人看来“形如槁木”“心如死灰”的样子，完全不值得欣赏，然而在道家眼中，只有道行最高者，才有如此境界。只有达到如此境界，才有可能最大限度地应接和把握万物，而不被万物所左右。

其次，如果换一个角度，从已经得道者的立场来看，他们应该是不在意具体的快乐和幸福、痛苦和孤独的，因为具体的快乐和幸福、痛苦和孤独，必然和具体的得失相牵连，《老子》第六十四章说，“为者败之，执者失之。是以圣人无为故无败，无执故无失”。当得道者不再拘泥于俗世的、具体的得失，成为一个“无私”“无欲”“无为”“无事”的人时，他的精神气象就必然会呈现成为“大象无形”或者说“无象之象”，这方面，《庄子》有很好的说明，《应帝王》篇的“壶子”就是极好的例子。因为俗人的快乐与否是被“生死存亡”“祸福寿夭”所左右的，因此他们的快乐或痛苦必然因为生活中的种种得失而充分呈现在面容上，这就为算命者留下可乘之机，郑国的神巫“季咸”因为善于观察把握普通人外在的喜怒哀乐，而成为极为灵验的算命大师，以至于郑国人一见到他，就赶快躲开，生怕他说出不吉利的话。可是，当“季咸”遇到“壶子”时，却一筹莫展，甚至最后甘拜下风，自己先逃走了。因为，“壶子”的容貌或者呈现为“太冲莫胜”，也就是看不出任何征兆的“无象之象”，没有快乐忧苦可以让人把握，使“季咸”无机可乘；或者不断变换自己的容貌特征，让“季咸”没有规律可循。道家常常用“素”“朴”“混沌”“无形”亦即没有任何雕琢来形容得道者，其道理是相通的。

最后，关于圣人究竟有没有至高无上的快乐和幸福，《老子》没有明说，《庄子》却给予了明确的回答。圣人并非没有快乐，但那不是局限在小小时空、排他利己的一己、一党、一派的快乐，而是与天地同体、无拘无束的、至高无上的快乐。其实这时已经很难用“快乐”“幸福”这样的词汇来描述了。因为“快乐”“幸福”必然与忧愁、痛苦相反相成，互为因果，而逍遥游的境界则超越了万物的牵引和局限，是心灵乃至身体上的极大解放，为此《庄子》专门创造了两个词汇来形容，那就是“至乐"和"天乐"。在《至乐》篇中，庄子提出"至乐无乐"[①]，这种语言方式有点像"道可道，非常道"(《老子》第一章)、"上德不德"(《老子》第三十八章)，"至乐"类似于"常道""上德"，处于"道"的层面，其性质是对"物"否定的超越，因此"至乐"所否定的"乐"，必然是世人有限的、狭隘的、暂时的"乐"，而"至乐"或"天乐"则不以追求世俗的快乐为目标，也不会与忧愁相伴随，超越了事物的对立面，如"天乐者，无天怨，无人非，无物累，无鬼责"(《庄子·天道》)所示，是一种超越了一切的恩怨，与道融为一体的极乐境界。如王志楣所言，《庄子》中的"乐"往往与"逍遥""游于无何有之乡"同时出现，"以近乎审美体验的表达方式，把道引向心灵，从而使人对道的契合与追求逍遥之乐相结合，成为一种人生境界哲学，把人所能臻至的最高境界描述为超越一切物质的、逻辑的、社会名声的局限而达到绝对之乐"[②]。同时如刘笑敢所言，"庄子之所以为庄子，不仅在于他看到了别人所看不到的人世之苦，而且在于他能够化苦为乐，并追求另一种怡悦之乐。"[③]整个《庄子》就是一部化苦为乐，在心灵上构建出极乐境界的精神体验性哲学，这里面有着非常复杂的修炼工夫和实现过程，这不是本文的重点，因此不作展开。

诚如王志楣所言，《庄子》所谓的"至乐"，其方式"就是在于对道的把握"[④]。从这个立场来看，从《老子》中也可以开出"至乐"的观念，但老子并没有走这条路。那么，《老子》是否有他独特的幸福观呢？我认为是有的，这就是下文要讨论的重点。

---

① 马王堆帛书《黄帝四经·称》有"实谷不华，至言不饰，至乐不笑"，《淮南子·说林》有"至味不慊，至言不文，至乐不笑，至音不叫"，但这似乎强调的是最为本质的东西是不受形式拘束的。

② 王志楣：《天下有至乐——论〈庄子〉之乐》，载方勇主编《诸子学刊》第3辑，上海古籍出版社2009年版，第130页。

③ 刘笑敢：《庄子之苦乐观及其现代启示》，《社会科学》2008年第7期。

④ 王志楣：《天下有至乐——论〈庄子〉之乐》，载方勇主编《诸子学刊》第3辑，上海古籍出版社2009年版，第139页。

二 《老子》思想中包含“共乐”的观念

我们可以发现，《庄子》的“至乐”有两大特征，一是精神性，二是个人性，所谓“精神性”，指的是“至乐”主要表现为精神体验，是一种心灵境界。所谓“个人性”，指的是“至乐”主要为极少数得道者所独享，需要极为复杂的修炼过程，难以和大多数人共享。因此，有学者将这种快乐称为“独乐”，将其同儒家的“同乐”“共乐”（例如，《孟子·梁惠王下》讲“独乐乐”不如“与人乐乐”，“与少乐乐”不如“与众乐乐”）对立起来。并将孟子的“乐”和庄子的“乐”视作儒道关于“乐”的典型区别①。

需要确认的是，《老子》虽然没有直接对“乐”或者说幸福观做过多的展开，但这显然是他要关注的重要问题，在第二十章中，虽然为了突出得道者的与众不同，《老子》用鄙薄的口气描述了俗人之乐，但如果脱离“得道”“修道”的语境，着眼于《老子》的政治理念，那么可以看出，对于普通世人之乐，老子并没有加以取消与否定，尤其是“身之乐”②，老子虽然反对贪婪和无度，但对于基本的“身之乐”，老子显然是予以支持和保护的。如《老子》第三章云：“圣人之治，虚其心，实其腹，弱其志，强其骨。”第八十章称美好政治的理想境界是“甘其食，美其服，安其居，乐其俗”。

另外，老子虽然没有明确提出所谓圣人之乐，但从逻辑上讲，这也是完全成立的。《老子》的最高政治理想是“无为而无不为”（见第三十七章、第四十八章）。类似的思维方式和语言表述在《老子》中比比皆是。如“圣人……功成而弗居。夫唯弗居，是以不去”（第二章）；“为无为，则无不治”（第三章）；“不自见，故明。不自是，故彰。不自伐，故有功。不自矜，故长”（第二十二章）；“圣人后其身而身先，外其身而

① 参见陈少明《论乐：对儒道两家幸福观的反思》，《哲学研究》2008 年第 9 期。

② 陈少明把“乐”分为“身之乐”“心之乐”“身—心之乐”三种。“身之乐”即感官的舒适和愉悦，建立在物质条件基础之上，而未经心的反思；“心之乐”指的是不依赖于物质条件的精神满足，如人伦之乐，求知之乐、信仰之乐。“身—心之乐”介于“身之乐”与“心之乐”之间，既是生理的，也是心理的。参见陈少明《论乐：对儒道两家幸福观的反思》。

身存。非以其无私邪？故能成其私”“以其不自生，故能长生”（第七章）；“夫唯不争，故无尤”（第八章）；“以其终不自为大，故能成其大”（第三十四章）；“以其不争，故天下莫能与之争”（第六十六章）。虽然都建立在“无为”的基础之上，但作为结果的“无不为”“（功）是以不去”“无不治”“明……彰……有功……长”“身先……身存……成其私”“长生”“无尤”“成其大”“莫能与之争”，无不充满了强烈的成就感和自豪感，我们说这种成就感和自豪感就是一种幸福观，其实并不为过。

这样看来，《老子》政治理念下的幸福观，既不否定世人之乐，也格外推崇圣人之乐。那么，这种圣人之乐是否就是《庄子》的“至乐”呢，就基于得道的超越境界而言，两者确有相似之处。但两者显然有很大区别，即圣人之乐并不是沉溺于个人心灵层面、属于精神体验的“独乐”，因此这不是一种人生哲学，而和《孟子》的“与人乐乐”“与众乐乐”一样，属于有着现实政治意义的“共乐”。陈少明认为《孟子》的“共乐”，“从政治的观点看，王之乐必须与民之乐统一，否则，王将不得其乐，甚至王将不王”①，笔者以为，这一点在《老子》里几乎也是一样的，在《老子》中，同样有着类似“先天下之忧而忧，后天下之乐而乐”的情怀，如“圣人后其身而身先，外其身而身存。非以其无私邪？故能成其私”（第七章）就是很好的例证。这说明，老子和孟子都意识到，为民众制造和提供快乐，是一件有意义的事，也是统治者的责任。

但是，在“共乐”观的人性论基础以及实现途径上，老子和孟子显然不同。陈少明认为，《孟子》“共乐”观的人性论基础在于，无论国君还是民众对于“乐”都有着共同的体验，“孟子从人性论出发，得出追求与民同乐才是行王政或施仁政的表现”②。也就是说，正因为有着共同的人性基础，因此“乐”可以达到最大限度的共享。尤其在物质利益上，“以减少你的身之乐为条件，来成全你所关切的人的快乐”③。这体现为一种利他主义的仁爱精神，因此《孟子》追求的是道德意义上的快乐，这种幸福观有着深厚的伦理内涵。

① 陈少明：《论乐：对儒道两家幸福观的反思》，《哲学研究》2008 年第 9 期，第 47 页。

② 同上。

③ 同上书，第 48 页。

在老子看来，政治的最大问题，不在于消除所有的矛盾，而在于将矛盾降到最低点。不在于给予百姓所需要的一切，而在于给予百姓自由伸展的足够空间。虽然同样是追求“共乐”，老子并不是从人性相通的角度，去论证快乐可以从统治阶层平移到民众，从而实现快乐共享。在实现途径上，“无为”“无私”也不能简单理解为通过最大限度地牺牲自我的利益，从而实现最大限度的利益分享。从《老子》中可以看出一条鲜明的思路，那就是百姓的成功就是统治者（当然首先必须是得道的圣人）的成功，百姓的快乐就是统治者的快乐。为政者的理想就是让百姓尽最大可能、自由自在地实现自己的理想，为此，为政者要尽可能地缩小对百姓生产、生活的干扰和影响，甚至将这种影响降低到感觉不到的程度，因此，和儒家“有为”式的幸福观，即百姓的幸福来自有德的统治者有意识地给予、出让、分享不同，《老子》体现为“无为”式的幸福观，统治者尽量创造条件让百姓自由发展，甚至让百姓认为，幸福的获得完全依靠自己的力量，而不是依赖谁的帮助或赐予。“功成事遂，百姓皆谓我自然。”（第十七章）

这种施政的方式和理念，可以简单地表述为“圣人无为”→“百姓自然”，“自然”是圣人“无为”的结果，即圣人的无意识、无目的、不干预、不强制，必将导致百姓的自发性、主动性、积极性、创造性。这种自发性、主动性、积极性、创造性用一个词来概括，那就是“自然”。最好的例子就是第五十七章，“圣人云：我无为而民自化，我好静而民自正，我无事而民自富，我无欲而民自朴”。其因果结构如下所示：

我无为〔原因〕，→而民自化。〔结果〕
我好静〔原因〕，→而民自正。〔结果〕
我无事〔原因〕，→而民自富。〔结果〕
我无欲〔原因〕，→而民自朴。〔结果〕

这是说统治者无为则百姓自我化育；统治者好静则百姓自我端正。统治者不造事生非则百姓自我富足。统治者没有贪欲则百姓自然淳朴。这里的“好静”“无事”“无欲”就是“无为”，而“自化”“自正”“自富”“自朴”就是“自然”。在这种“自然”中，我们可以说洋溢着成功的快乐和幸福。而且这种快乐和幸福不必局限在某种特定的价值观之下，是精神上、政治上的充分自由。

反之，百姓获得自然之后必然反哺圣人，使圣人收获建立在百姓自然基础之上的最大成就及最大快乐，这可以简单地表述为“百姓自然”→“圣人无不为”，虽然如前所述《老子》中的“无不为”多以“无为”为前提，但通过我们以上的分析，说“无不为”是以“无为”+“自然”为前提的，在逻辑上也完全成立。

三　幸福是“玄德”的产物

因此，在老子看来，政治的最大成功，不是直接给予百姓什么，而是帮助百姓自己成功建业。而一个个百姓的成功和快乐最终会归结成圣人的成功与快乐。老子心目中的圣人，不是那种劳心焦神、鞠躬尽瘁，通过各种强制的手段将百姓引上某条“正路”的人，而只是一个辅助者，一个引导者，一个保姆，圣人所起的作用只是帮助百姓打开枷锁、放开手脚，极大地激发起百姓的主动性和创造性，让他们做自己的主人，自觉、自愿、自发、自动地去建功立业，让百姓陶醉在自己的成功中，却并不认为自己的成功和圣人有什么关系。

所以，老子幸福观和有德者通过自己的痛苦与牺牲来换取他人幸福的（儒墨的圣贤可以说都是这样的人物）理念不同，和早期儒家推崇的安贫乐道不同[①]，和后期儒家如宋明理学推崇的为了获得“存天理”的快乐，刻意去“灭人欲”[②]不同，也和庄子表现为个人精神逍遥的“独乐”不同，这是一种视野更大、更为深刻的幸福观，即老子从拯救人类的理

① 最好的例子就是《论语·学而》：“子贡曰：‘贫而无谄，富而无骄，何如？’子曰：‘可也；未若贫而乐、富而好礼者也。’”

② 例如，朱熹把“孔颜乐处”理解为“私欲既去，天理流行”。“颜子不改其乐，是私欲既去，一心之中浑是天理流行，无有止息。”见朱杰人等主编《朱子全书》（修订本）第15册，上海古籍出版社、安徽教育出版社2010年版，第1126页。明朝道学家王艮作《乐学歌》云：“人心本自乐，自将私欲缚。私欲一萌时，良知还自觉。一觉便消除，人心依旧乐。”见（明）王艮《心斋王先生语录》卷下（明刻本），第33页。

想出发，提出了什么是人类整体意义上、最大程度上的幸福。那么这种幸福观何以可能，换言之这种幸福观的哲学基础是什么呢？这个问题几乎没有人讨论过①。笔者认为这种幸福观与老子用“道”与“德”来体现的生成论有密切关系，而圣人的“玄德”正是这种幸福观能够实现并得以保障的前提。也就是说，从表面上看，百姓的“自然”（物质与精神最大程度上的自由与满足）来自圣人的“无为”，但圣人为何能够“无为”呢？实际上是因为具备了“玄德”，那么，“玄德”来自何处呢？“玄德”的产生其实又和老子独特的宇宙生成论有着密切关系。因此《老子》幸福观的哲学基础，追根溯源，来自其独特的生成论。

说到老子的生成论，我们一般都以这些篇章为代表，如“有物混成，先天地生，寂兮寥兮，独立不改，周行而不殆，可以为天下母”②。“天下万物生于有，有生于无。”③ “道生一，一生二，二生三，三生万物。”④此外《老子》的第一章“无名天地之始，有名万物之母”⑤。

第三十九章“天得一以清，地得一以宁，神得一以灵，谷得一以盈，万物得一以生，侯王得一以为天下贞”⑥。也常常被认为宇宙生成论的另一种体现。这样就从宇宙生成的角度确立了“道”是万物发生的总根源，又是万物存在的总依据。由此，世界被区分为形而上和形而下的、本体的和现象的两个部分，本体世界是独立的、绝对的、永恒的、无限的、不依赖于现象世界的存在。相反，现象世界则是有待的、有限的、依赖于本体世界才能得以产生、存在和运行。这样的生成论虽然没有违背老子的主旨，但实际上却有被过度强调之嫌。被过度强调的原因很复杂，但笔者以为最主要来自两个方面，第一，魏晋以后，王弼“以无为本”

① 也有一些论文作了尝试，如尚建飞指出，“从整体上来看，《老子》的作者在其幸福观中表达了一种深刻的理论洞见：人类生活不能仅以守护生命作为终极目的，而是应该消解自我中心意识、尊重每一个与自己共同在世的事物来实现其本性的卓越”。但此文更多以西方幸福观作为哲学原理的参照，没能从《老子》文本自身的脉络中找出思想基础。尚建飞：《〈老子〉中的幸福观》，《道德与文明》2012 年第 4 期。

② （魏）王弼注、楼宇烈校释《老子道德经注校释》，中华书局 2008 年版，第 62—63 页。

③ 同上书，第 110 页。

④ 同上书，第 117 页。

⑤ 同上书，第 1 页。

⑥ 同上书，第 106 页。

"崇本息末"的《老子》解释得到了极大的重视；第二，20世纪西学背景下的《老子》研究，本体论的探究和树立被置于首位，几乎所有关于《老子》的系统性研究，都始于本体论，似乎只有这样，才能提升《老子》的哲学高度。

然而，这种只注重"道"本体论的老子生成论研究，必然造成一个现象，那就是对《老子》第五十一章的忽视，第五十一章内容如下所示：

> 道生之，德畜之，物形之，势成之。是以万物莫不尊道而贵德。道之尊，德之贵，夫莫之命而常自然。故道生之，德畜之：长之，育之，亭之，毒之，养之，覆之。生而不有，为而不恃，长而不宰，是谓玄德。①

这一章可以分为两段，前一段讲"道"使万物出生，"德"使万物发育、繁衍，所以万物都尊"道"而贵"德"。"道"之所以被尊崇，"德"之所以被珍尊，是因为"道"和"德"不强迫命令万物做什么，万物能够自然而然。后一段再次重申"道"使万物出生，"德"使万物生长、发育、结果、成熟。"道"和"德"生养万物却不据为己有，推动万物却不居功自傲，统领万物却不加以宰制，这就是"玄德"，即最深远的"德"。

后世的道家也从这个角度作过阐发，如《管子·心术上》中有"虚无无形谓之道、化育万物谓之德"，"德者，道之舍，物得以生生"。如《韩非子·解老》中有"德者，道之功"。因此，"德"就是"道"之"生生"功能的落实和保障。

过去学界过分注重发生顺序的排列，注重本源的追索。但通过第五十一章我们得知，老子生成论其实有两个面向、两个序列，一个是"道生之"，一个是"德畜之"，也就是说，老子的生成论不仅仅关注出生（道生之），关注万物通过谁成为万物，同时还有另外一个重头，那就是成长（德畜之），关注万物在出生之后，如何继续成长和生存，这样就必然会涉及万物能否充分实现自我、成就自我的问题，这个问题也就必然和幸福观相连。因此，仅仅从"道"的角度讲老子的生成论是

① （魏）王弼注、楼宇烈校释《老子道德经注校释》，中华书局2008年版，第137页。

不完整的，万物之所以能够生成，“道”只是提供了发生的源头和存在的保障。而在《老子》生成论中发生和成长是缺一不可的，这正是《老子》又称为《道德经》，既要讲“道”又要讲“德”，两者必须共存的原因之一。

笔者将“道生之”“德畜之”这两个面向和序列用“流出型”和“作用型”来命名，“流出”是日本学者常用的一个词语[①]，用意在于强调“道生万物”并不是一种有意为之的“创生”，万物的出生虽然以“道”为前提，但万物的出生其实是自发的行为，是自然流出的。如果用后世道家的词汇来描述，那就是“自生”[②] 甚至是“不生”[③]，因此这种生成论，更加强调万物自身的意志和动力，而不是“道”的主宰和强制。之所以称老子生成论中“德畜之”的序列为“作用型”，意在表示“道”在万物成长环节中所起的作用，在此，“德”代表了“道”的功用[④]，这种功用，体现为“道”对于万物不主宰、不强制，任由万物自生自长的特征，这一特征如果用一个术语加以概括，那就是“无为”。同时，《老子》又用了一个特别的术语来概括“无为”的作用与功能，那就是“玄德”。上述理论的展开，在第五十一章中可以说一气呵成，一览无余。

如前所述，第五十一章强调，对于万物的生长而言，要尊贵的不仅仅有“道”，还有“德”。因为是“道”使万物出生，是“德”使万物生长、发育、结果、成熟。而且无论是“道”和“德”，虽然生养万物却不

---

① 例如，池田知久在解释郭店楚简甲本第三十二章“犹小谷之于江海”时指出，使用“小谷”生出“江海”这一比喻，是为了论述“道”生成“天下”万物，但如果考虑到第三十二章的思想基础是“万物之自然”，那么，这里“道”的主宰性被弱化而“万物”的自发性自律性被强化，因此，这里的生成论属于“流出论”。参见池田知久《郭店楚簡老子の新研究》，东京汲古书院 2011 年版，第 138 页。笔者尚未找到“流出论”的原型出自何处，或许和古罗马普罗提诺用以解释万物产生的“流溢说”有关。

② 《老子》有“自生”（第七章）一词，但意为只顾自己的生存，和“自然而生”无关。

③ “自生”与“不生”，见于上博楚简《恒先》《庄子》《列子》《淮南子》以及《论衡》等文献中，限于篇幅，这里不作展开。详细可参曹峰《〈恒先〉的气论：一种新的万物生成动力模式》，《哲学研究》2012 年第 5 期；曹峰《从自生到自为——〈恒先〉政治哲学探析》，台湾“中央研究院”历史语言研究所《古今论衡》2006 年第 14 期。

④ “德”的问题非常复杂，在此，笔者更多强调的是“德”在万物生成过程中的作用与功能。在道家学说中，“德”还兼含了万物生成之普遍潜质和具体各物之现实特性的双重含义。“德论”包含了万物性能如何获有、如何存续以及如何与人世社会发生关联等几个方面的内涵。详细可参叶树勋《先秦道家“德”观念研究》，博士学位论文，清华大学，2013 年。

据为己有，推动万物却不居功自傲，统领万物却不加以宰制，使万物得以自然而然地成就自我。这样，《老子》就从生成论的角度，天然地论证了“圣人无为”→“百姓自然”的合理性，因为圣人是“道”在人间的执行者、代言人，因此圣人也就必须具备或者说必然具备这样的“玄德”。我们注意到，“玄德”是《老子》中多次出现的术语，分别见于《老子》的第十章、第五十一章、第六十五章（其中，第六十五章中出现两次），而作为“玄德”的具体内涵的“生而不有”，也出现于《老子》的第二章、第十章、第五十一章中，可见是极为重要的思想①。而且“玄德”往往与表示否定的行为相关联，如王邦雄指出，“不有”才能真正地完成“生”，“不恃”才能真正地完成“为”，“不宰”才能真正地“长”成②。

因此，如叶树勋所言，“玄德”在形上语境中意味着“道”对万物“生而弗有”的两面性作用。这一作用推衍到形下的政治生活，便是通过圣人效法“道”而具备与之相应的“玄德”③。这样，由于“玄德”是宇宙生成论的必然产物，因此，圣人的“无为”就是“玄德”的必然产物；由于百姓的“自然”是圣人“无为”的必然产物，因此，百姓建立在自发、自为基础之上的自由度、成就感以及相应的快乐和幸福，也就是“玄德”的必然产物，或者说是老子特殊生成论的必然产物。

不过，虽然是“共乐”，百姓的幸福和圣人的幸福在性质上却是不同的。百姓的幸福是圣人“玄德”的产物，但他们并不需要“玄德”。而圣人建立在人类整体幸福基础上的幸福感，则以拥有“玄德”为前提。亚里士多德说：“幸福应伴随着快乐，而德性活动的最大快乐也就是合于智

---

① 《老子》的第三十四章、第七十七章也有类似的表达。

② 参见王邦雄《老子〈道德经〉的现代解读》，吉林出版集团2011年版，第191—192页。笔者甚至论证，北大汉简《老子》“玄之又玄之”中的“玄”也许可以理解为具有否定意义的动词，参见曹峰《“玄之又玄之”和“损之又损之”——北大汉简〈老子〉研究的一个问题》，《中国哲学史》2013年第3期。许抗生说老子有六种“玄德”，即“敦厚朴实（朴德）”“谦虚处下（谦德）”“俭故能广（俭德）”“慈爱百姓（慈德）”“宽容乃大（宽德）”“言善信（信德）”。但这是把“玄德”理解为广义的美德了，和老子无为意义上的“玄德”有很大距离。参见许抗生《老子论圣人之玄德》，载方勇主编《诸子学刊》第五辑，上海古籍出版社2011年版。

③ 参见叶树勋《老子“玄德”思想及其所蕴形而上下的通贯性——基于通行本和简帛本〈老子〉的综合考察》，《文史哲》2014年第5期。

慧的活动。所以，哲学以其纯净和经久而具有惊人的快乐。”[①] 《老子》心目中的圣人所掌握的“玄德”，无疑也是这样一种德性活动。老子当然关注百姓的幸福，但因为百姓的幸福是圣人“玄德”的产物，所以，老子幸福观的重点其实放在了圣人的德性活动上。

结　语

在《老子》中，我们找不到这样一种幸福观，即幸福来自心理上对某种主宰物的归属和依赖，如果我们过分强调《老子》本体论，强调“道”对于万物具有的主宰性意义，那么，《老子》的幸福观就有可能解释为一种宗教信仰意义上的幸福，强调人的身心对于“道”的依赖，然而这种现象只有到了道教才会出现，在《老子》中，“道”并不是顶礼膜拜的对象，即便得道者内心的依托也不是外在的主宰，而是人自己。老子以此为前提，论述了在“玄德”作用下每个人主动性、积极性的充分开发。如前所述，在《老子》中存在着对百姓之乐的肯定和维护，洋溢着圣人因为实现“无不为”而产生的成就感，因此，《老子》中存在着我们称为“共乐”的幸福观。如果说儒家、墨家追求做至善的人，那么，道家就是追求至善的生活，把握至善的关系，对应到对幸福的理解上，在《老子》这里，就是通过“玄德”的作用，“无为”的方式，让百姓获得多种可能的、最大限度的快乐，同时将矛盾和痛苦降到最低点，即便导致快乐的原因在价值认同上相互冲突，《老子》也是认可的[②]。然而在儒家、墨家那里，由于对至善的理解有着单一的价值标准，很有可能导致有限的、排他的、自我中心的幸福观，即用一种幸福观去支配、控制其他的幸福观。在今天这样一个提倡价值多元的世界，《老子》的幸福观是否更有普世意义呢，这是值得我们思考的。

---

① ［古希腊］亚里士多德《尼各马科伦理学》，苗力田译，中国社会科学出版社 1990 年版，第 225 页。

② 《老子》有所谓“圣人常善救人，故无弃人。常善救物，故无弃物”（第二十七章）的说法。

基提翁的芝诺和庄子的德性与幸福

［希腊］帕诺斯·艾烈珀洛斯(Panos·Eliopoulos) 著 彭 荣 译

基提翁的斯多葛学派的芝诺和中国道家的庄子都生活在约公元前4世纪。除了碰巧生活在同一时代之外，他们似乎也分享了许多特点，这些特点主要集中在他们“自然是人类生命中的一个关键性的概念”这个作为一般性分析的基础的命题上，或者集中在由最初（因而颇有影响力）的认知所生发出来的精神或道德的行为上。希腊和中国的这两位哲学家，都同样关注主观主义、道或逻各斯（Logos）的神圣性质素、决定论、自由、作为自我实现的美德、逻辑区别的影响、真理的标准、和谐、简易的生活（euroia biou，即平静的生活）、作为限定性范畴的“然”或“不然”（尽管语境不同）、将某物区分成无关紧要者、利用圣人作为普通人的榜样，以及他们对人类若真正获得智慧则命运的变化不足以扰其心的观点的系统性的坚持，对安宁的强调，认为应该节制欲望和某些情绪，认为宇宙实际上是一体的，认为如果知识不能导致对世界以及如何生活的实际认知就是无效的，此外还有太多太多。

这些相似之处对所有的问题点而言并非决定性的，也不是囊括性的。这里当然还有更多的相似性。然而，需要澄清的是，在芝诺和庄子的思想里，相似性并不是唯一的，同时还具有许多不相似之处，而这种不相似之处也许具有更重要的意义，因为它们的起点便是这样一个主要的事实：二者的形上学和本体论是相当不同的，而他们对人类理性能力的理解在整体上也存在着鲜明的差异。更进一步说，大量的不相似性可能会归结为二者所处的文化环境的差异，这种差异即便不能对他们哲学理论的所有论点有决定性的影响，但至少也会决定他们的术语。本文中我将论证的观点是（尽管由于篇幅的限制而完全无法穷尽），这两位思想家对于我们对世界和人类行为诸现象的感知的精神性考量都有具体的认识，由此他们两人都认为，德性实践、至乐的状态或者说幸福，从根本上说是来自于我们的内心——一处最终无比接近于永恒和真实的所在。

庄子的思想之路同时也是他的生命之路。他的主要论述反映出这样一种需要，即对道的恒常的沉浸，对精神幸福和独立人格的恒久投入的需要。道实际上是一种境界（way），相当于一种绝对自由的状态。通过永恒的道，人类自由可以促成人类的自我实现，而这是生命的终极目的。① 在他的寓言所隐藏的方案中，关于道和圣人境界（the way of the sage）的多义性的哲学观念得到了彰显，而且经常是以一种诗意的方式进行，这就将仍然无言的部分提揭了出来。庄子希望教导与人之本性和宇宙有关的辩证法，而不是一味地阐明它。同时，他的工作为一种引人注目的对自然的审美体验所灌注。

对道家而言②，存在者的本性是各不相同的，正如《庄子·逍遥游》中的故事所讲的那样。更进一步说，它（他）们以不同的方式来活动与生存，因为它（他）们都简单地遵循各自的本性，而且通过各自内在的能力和功能去生活。寓言中的大鹏与蜩大小两个造物，都得到了同样的满足，尽管在层次上有高低之别。庄子强调“齐物”这一原则，将万物的平等视为他的哲学理论的基本原则。这一原则直接导致了一种知识论，而且导致此知识论在人类活动中的功用。这位中国哲学家表明，以本身不是由习惯所造就的惯常事物进行判断，我们会远离真相。③ 问题的关键在于，他对这样一个事实倾注了大量注意力：当我们从万物的相似性的角度去考虑它们时，所有生命似乎都分享的是同一个整体。在这个意义上，我们就不止不会凭借自己的感官而经验性地评价万物，而且会让我们的内心与精神体验到我们内在本性的和谐，并将注意力集中在美德的实现上。我们以此看待万物的统一，而不去寻找它们缺乏什么。④ 这是为

---

① Keping Wang（王柯平），*Chinese Way of Thinking*，Shanghai Brilliant Publishing House，2009，pp. 50 – 51.

② Keping Wang，*Eisagogi stin Kineziki Dianoisi*，translated（in Greek）by Kalliopi Tarasi，OCPC，Athens 2009，p. 45.

③ Chuang Tzu，Texts，translated（in Greek）by Andreas Tsakalis，Pyrinos Kosmos，Athens 1989，p. 58.

④ Chuang Tzu，Ibid，fourth chapter，p. 62.

自我实现和幸福的需要而奋斗的人的视角，也是一种不为典型的逻辑性的认识论所支持的知识。毋宁说，它的意涵被浓缩在对这样一些基本事实的强调上：死与生为一条，是（approval，然）与非（disapproval，不然）为一贯。[①]

在同样的语境下，他考察了至乐的可行性。对庄子来说，这里似乎存在着悖论：至乐无乐。这一悖论是基于庄子对乐的绝对状态与单纯的快乐的区分。为了能够理解“至乐”，我们首先需要了解“乐”。这种更简单的快乐是来自财富、荣誉、长寿、善良、美食等。芝诺也不会反对这一点，因为他将它们视为与德性无关的东西，但是由于对其他人来说很重要，所以这种不相干者在这里更可取一些。庄子意识到，这些包含了基本的“日常”快乐的东西，对于追寻自我实现的人来说无非是一种负担。他对这些物质上的善，以及物质上的快乐所带来的情感结果，持一种怀疑论立场，[②] 乃至于将之视为单纯的浮华，毫无意义的占有，因为它们完全超出了它们所自来的我们的生命的实际需要。成为这些所有物的占有者，即是成为这些东西的奴隶，意味着“乐”的一种难以捉摸的形式，这是庄子所无法忍受的。因此，至乐是说当事人不屈服于各种诱惑，不崇拜财货珍宝。实际上，“至乐”只有在相对性的快乐消失后才会出现。二者是不能并存的。凡夫俗子通常所理解的价值，并不是与“至乐”相配的价值。“至乐”是一种精神状态，是对所有欲望的净化，也是对所有限制的超脱。它的本质在于“无为”（taking no action），“无为”实际上意味着精神的独立。在“至乐”的境界中，人不能做出区分；无死无生，无成（prosperity）无毁（misery），[③] 这与“齐物”的原则是一致的。各种分别都不过是无尽的变易之流的一部分，参与变化之流当中去。由于强调不作区分，稳定性被消解了，而道则是解决这一问题的办法。[④] 由于个人之和谐不可能依赖于生存环境之类不可预测的东西，所以我们至少应该具备调动自身精神力量的能力，并且有能力参与真正引起

---

① Chuang Tzu, Ibid, p. 64.

② Cf. Steve Coutinho, *Zhuangzi and Early Chinese Philosophy: Vagueness, Transformation and Paradox*, Ashgate, Burlington VT 2004, chapter 4.

③ Keping Wang, *Eisagogi stin Kineziki Dianoisi*, p. 46.

④ Keping Wang, *Chinese Way of Thinking*, p. 55.

和谐的事物中去。法自然之道，不做任何分别，实际上就是“太一”（supreme one）的同义词。

对庄子来说，任何事都屈从于相对性原则。所有事物天生喜欢的都是它们自身的能力；要对它们进行比较是愚蠢的行为。高尚的人抛弃所有的社会规范，过一种平静的生活，摆脱干扰和野心，因为它们对一个自然的生命而言都是不必要的。天道和人道之间的关联，会使天人之间的联系道德化。[①] 二者为一，消除了为抬高人类之努力而作的所有分别。同时这也意味着美德的客观必然性，以及道德系统的不可变更性及历时性等特征。尽管这里有一个明显可见的形而上的基础，但庄子强调的是实际的生活艺术，圣人能选择并朝向“至乐”与“至德”。[②]

庄子的圣人观类似于斯多葛学派芝诺的圣人观。圣人之德是自我实现的；它不需要其他善便能自足。对这位道家思想者而言，凭借对自然的现象学的内在觉知，人类自然就能够幸福，只要他的天性不被阻碍。而即便他不做任何形式的节制，激情也不会是他的心理和精神的一部分。作为道的一种呈现方式，也即是作为德的一种方式，存在者满足于他自身的幸福经验，而这种好运气和自在状态是来自宁静，即是说，来自对某种烦恼的心理和精神上的解脱，而此烦恼是由存在本身所具有的冲突所引起。[③] 这在《庄子》文本中相当重要，以至于他将其视为能够照护其心的人必然具有的，而人之所以能照护其心，是通过哀乐不能入之的方式，以及培养对这种必然的无上美德的放任（按，即对“无待”的培养）。[④] “心”这个术语在《庄子》中频繁出现。他断言只有具有纯净之心的人（即有德者），才能体会到某些事无法改变，并且平静地接受命

---

① Chuang Tzu，Ibid，sixth chapter，p. 70. 值得注意的是，庄子描述一个知道什么样的行为属于天而什么样的行为属于人的人是怎样达成自我实现的。一个知道天的行为为何的人将他的生命与天合一。一个知道人的行为为何的人则会承认知识是他才智的一部分，并且由于他承认自身的无知，他会增进这些知识。一个人只有成为真正的人，然后才能获得真正的知识。在庄子看来，真人是一个全部知识都以道为目标的人。

② Cf. Lee Yearley，“The Perfected Person in the Radical Chuang Tzu”. In *Experimental Essays on the Chuang Tzu*，ed. Victor Mair，Three Pines Press，Dunedin FL 2010，pp. 126 – 136.

③ Chuang Tzu，Ibid，fourth chapter，p. 52.

④ Chuang Tzu，Ibid，p. 54.

运，这个时候庄子往往就会着重地回到“心”这一术语。①

如上所述，德并不导致外人所说的圣人的优越性。圣人以此而行，以便远离嫉妒而获得保全，不过他似乎也能以此而引导他人，如果他们认为需要的话。② 圣人这样做是为了避免自己受戕害，因为他不会试图以无用的方式反抗社会规范。然而，正如丑陋的哀骀它一样，有德之人也会得到每个人的接纳，而他的能力——尽管未经证明，因为没有任何可以为人所知的外在形式——也绝不会被质疑。③ 在我看来，对“接纳”的持续关注，表明了《庄子》寓言的说教倾向，他的实践导向已经超出了纯粹的理论基础的范围。

与情绪化和判断相关的讨论，在《庄子》文本中也同时得到了发展。这位道家思想的哲学家坚持认为，遵从道的人不会感情用事，因此正确或错误的判断并不会影响他。他自身的成就与天同在。④ 惠子怀疑这一点，并且质问庄子道，如果人们真的没有任何的感情用事，那么他们就完全没有情绪，又如何能被称为人类呢？庄子的精彩回答是，有人就是那样的，而道赋予他们行为举止和身形，何以不能将他们称为人类呢？对庄子而言，反应（response）的核心在于情绪的概念化解释，而人将这种解释当成“正确”或“错误”的基本意涵。没有那种意涵的人自然不会有那种情绪，他也就不会让自己的好恶对他的身体造成生理上的损害。他只会遵从自然而然发生的事情，不会盼着从生命那里得到什么好处。

芝诺的斯多葛主义与庄子的信念有着相当显著的一致性。作为苏格拉底思想的徒子徒孙，芝诺凸显德性在人类生活中的地位，他认为应该从理性和伦理的角度对人类世界进行实际分析，这与一般希腊人强调的目的论意义上的幸福毫无二致。对芝诺而言，我们必须从欲望和情感的暴虐统治中将自身解放出来，因为它们会让人找不到可靠的生活形式，也无法理解自我。按照自然而生活意味着人意识到必然性的限制，但与此同时，在这些限制里，他获得了对自由的澄澈的感知。芝诺认为，宇

---

① Chuang Tzu，Ibid，p. 63.

② Chuang Tzu，Ibid，p. 56.

③ Chuang Tzu，Ibid，p. 64.

④ Chuang Tzu，Ibid，pp. 66 – 67.

宙是一个有灵的存在，因为我们人类的灵魂是从它那里抽取出来的（apospasma），这一观点在其逻辑架构中是确凿无疑的。[①] 作为宇宙的一部分，人类在成熟地接受真实的世界时也会承认自由。因此，通过这种认知，斯多葛派的圣人被认为是在任何妨碍性的环境中都能将自由的行为通畅地保持下去。[②] 正如西塞罗（Cicero）在论善与恶的界限（《*De Finibus*》）中所说，正是这个真实的世界让芝诺领悟到，事物之间的差异性要素对于快乐或痛苦来说并不重要。尽管美德本身是好的，仍然有其他一些东西可以获得积极的价值，如健康，脱离疼痛，以及令闻、财富、喜爱。芝诺称为"值得选取的"（proegmena），以与"不值得选取的"（apoproegmena）相对，后者指的是疼痛、疾病、贫困等事物。斯托拜乌斯（Stobaeus）在 *Eclogai* 中阐明，对斯多葛学派的这位创始人来说，"值得选取的"并不有助于幸福，尽管在对抗那些无可避免的否定性价值的时候它是必须选择的。[③] 芝诺倾向于接受万物之间有统一性的观点。虽然物种之间存在一定的差异，但人类这里的逻各斯的进展会让他更接近于神圣的原则。自然本身不会在动物和植物之间有所分别。它们全都在寻找对它们而言适合的东西，就像《庄子》寓言里的大鹏和蜩这一大一小两种动物一样，但是对人来说，理性（reason）能让他辨别出哪些特征是独特而合适的，能让他以一种安全的方式生活。对人类来说，依据理性而生活意味着他们坚持依据他们自身的本性（physis）而生活。众所周知，斯多葛哲学中有一个三方公理（tripartite axiom）：按照理性而生活即是按照本性而生活，此即是按照德性而生活。芝诺所谓的德性很大程度上保留了荷马的男子气概念：人类的内在能力可以完成它自身，这非常像庄子的德观念。[④] 在第欧根尼·拉尔修（Diogenes Laertius）那里，这一点在第七章的第 86～88 页得到阐明。在第 127～128 页中，又说德性是自足

---

① Diogenes Laertius, *Lives of Eminent Philosophers*, VII. 143. Cf. Theodore Scaltsas (ed.), *The Philosophy of Zeno*: *Zeno of Citium and his Legacy*, Municipality of Larnaca, 2002, pp. 155－184.

② Diogenes Laertius, Ibid, VII. 121－122.

③ Stobaeus, *Eclogai*, II. 84, 18.

④ Cf. Theodore Scaltsas (ed.), *The Philosophy of Zeno*: *Zeno of Citium and his Legacy*, Municipality of Larnaca, 2002, pp. 259－290.

的，它不需要更多东西就能达到精神的幸福，因此他鄙薄其他任何事物。[①] 按照这三条原则而生活即是人生的终极目的，即是说，对人而言，生活就是按照他的恰当的本性而活，这与其他任何存在物是一样的，不过这里说的本性是他的理性本能。这是他自身独特的真实性，但是除此之外，除了真实性对于人生的象征意义以外，还会承认这种生活为简易性（easy flow）、不间断的连续性所塑造，而没有任何精神上或心理上的的混乱。安宁（ataraxia）的生命是人类的目标，由于命运的反复无常，它被陷在争议、冲突里，受制于存在之殇（existential trauma）。以主宰性原则的意志——神圣的逻各斯，为人类和万物所共享的神性，不过由于人类作为理性存在者能够最大限度地参与进来，所以人尤其具有此种神性——而生活，则此人的内在意志要与这种原则性意志达成和谐，这不仅是一种明智的决定，而且是一个自然而然且深思熟虑的选择。

这位斯多葛哲学家表明，德性与逻各斯相一致，是德性自身选择的结果，而不是由恐惧或希望的情绪或者其他外在于人类灵魂的因素所产生。斯多葛派的圣人是一直都不会有激情的。[②] 他不会为任务所占据，他会拒绝所有虚饰或伪造的外在表现形式。他属于他自己，远离悲伤或欣喜。[③] 幸福存在于德性所在之处，它不是与德性相对的一个概念，而是精神在自身领域中的一种状态。最完美的人不假装自己是快乐的，也不假装自己对自己的追随者善良或者仁慈；他的存在是自然而然的，因此他的德性是坚固的（anypovlitos），他总是使用他自己的完美灵魂。[④] 芝诺进一步论述说，德性是成全（teleiosis）、完满，是智力的细化——他将之称为审慎、实践智慧（pronesis）。[⑤] 与此同时，各种美德也是手段和目的。就它们是为了人类之幸福而言，美德是手段；就它们能完成幸福并且成为幸福的组成部分而言，美德是目的。在芝诺的独特评述里，拥有德性的人是达成了理性存在者之为理性存在者的自然完满的人。[⑥]

---

① Diogenes Laertius，Ibid，VII. 127 – 128.

② Diogenes Laertius，Ibid，VII. 117.

③ Diogenes Laertius，Ibid，VII. 118.

④ Diogenes Laertius，Ibid，VII. 128.

⑤ Diogenes Laertius，Ibid，VII. 90.

⑥ Diogenes Laertius，Ibid，VII. 94.

下面作一总结。与庄子所谓的“至人”（the perfect man）不同，斯多葛派的芝诺所说的完美的人是有自我（slef）的；他行为的起始于他的理性能力，这样他才有可能做出理性的决定（他称之为“kathekonta”，责任）和正确的推理，并对它们表示赞同（synkatathesis）。不过在我看来，荀子对庄子“蔽于天（the law of nature）而不知人”的批评，[①] 恐怕也适用于芝诺。但是，为了对他们的思想做出公允的评价，我们必须承认，在他们的学说里有一种非常明显的救世追求，而自然本性在一开始便占据了重要地位。除此之外，也要确定一个事实：事物的互相转化证明，事物之间的差异性对于基本的形而上的“并作”（concurrence）而言，并不是绝对性的。[②] 对芝诺和庄子来说，德性和幸福的观念是由我们对实在（reality）的主观感知所直接派生出来的。到目前为止我们都可以说，在这两种理论里，自然本性是作为常数参量而存在的。在芝诺的学说里，自然本性体现了逻各斯的性质，因此这两者最终是同义反复的。在庄子看来，永恒的“道”并不会激发人类的逻辑能力；相反，人是以存在本身来完成他的命运，而不是靠逻辑上做出分别，也不靠某些行为来做支撑。“彼”与“此”不再是互相反对的，这即是道的实质。即便对（是）与错（非）也处在不断的变化之中，因此庄子认为“莫若以明”（use the light of reason）。[③] 庄子和芝诺共同的看法是，人类生命现象中的不连贯性造成凌虐，而自由则独立于这种凌虐之外，导向一个解放性结局：人从他生命剧幕的布景中超脱出来。由于他具有了过真实、完满、自然的生活的精神力量，他可以超然物外，与永恒的质素完全相称，因而这是一个完美的生命，顺畅地达成德性与“至乐”。

---

① Keping Wang, *Ethos of Chinese culture*, Foreign Language Press, Beijing 2007, p. 175.

② Keping Wang, *Ethos of Chinese culture*, p. 181.

③ Chuang Tzu, Ibid, Nei pian, inner chapters.

老子学、道家和道教的新开展：王中江答记者问

王中江　张　博

编者按：围绕老子学、道家和道教的新开展，围绕华夏老子研究联合会的目标，王中江先生接受了澎湃新闻的采访。

澎湃新闻：转型期的中国，经历着一波波的传统文化复兴热潮，尤其是儒学，可谓轰轰烈烈。相比之下，道家安静许多。同样作为中国的传统哲学思想，道家与儒家是什么关系？

王中江：在迅速转变的当代中国，我们正经历着各种变化，这种变化的突出表现之一，是中国古典文化和传统得到了空前的认同和复兴，中国新文化创造的意志变得愈来愈坚定。但在这种认同和复兴中，在中国新文化的创造中，儒家及其文化，整体上确实获得了十分显要的位置，而老子、道家和道教文化的影响还远远没有达到它所应有的地位。历史上，儒道两家一方面相互批评，一方面相互影响。从它们的差异说，它们分别代表了中国哲学和文化中的人文主义与自然主义两大传统，并分别塑造了中国人精神气质的不同方面。中国文化如果缺少了道家，它就失去了许多情趣。

澎湃新闻：您同时还担任了中华孔子学会会长，是否会在今后的工作中有意识地推动儒道对话？

王中江：在文化和思想发展上，深刻和高级的相互对话和批评都是建设性的力量。历史上，儒道就有各种不同方式的对话和批评。正是由

此，两者都得到了发展的力量。中华孔子学会的主要任务是推动孔子、儒家传统和学说的研究，但它不能无视同它相互激发和竞争的老子和道家，在两者之间展开对话，既是儒道关系历史研究的一部分，也是通过两者的高级融合产生思想优势的重要方式之一。

澎湃新闻：“华夏老子学研究联合会”的名称中采用了“老子学”，而不是“道学”或“道教”，请问是出于什么考虑？

王中江：华夏老子学研究联合会的宗旨和目标不限于老子学和老子文化方面，它是以老子为象征来贯通道家和道教的世界。作为道家创始人的老子，作为诸子百家的道家或道学，作为宗教的道教，它们有很多不同，我们可以分别研究它们，但它们又有整体上的统一性和一贯性，我们同样要加以研究。不管在什么意义上，我们都需要一种联合。

事实上，现在我们已经初步实现了这种联合。从老子的故乡鹿邑周口，到老子的主要活动地洛阳和老君山，从中国道协和地方道协，从大学到研究所，从学界到商界，研究、传播老子学、老子文化及道家、道教的各种力量被凝聚起来。对于推动和促进老子学及道家、道教思想的研究和传播，对于促成老子及道家、道教的学说、智慧和精神在当代中国文化的发展中发挥出建设性的作用，这种联合意义深远。

澎湃新闻：目前国内关于道家或道教的学会、协会、研究机构等种类繁多，华夏老子学研究联合会的特色是什么？

王中江：说到华夏老子学研究联合会的某种特色，一是要尽量实现各种力量的凝聚。目前国内确实有一些道家和道教方面的机构。但整体上，一方面，它们同儒家相比还是少得多，另一方面，它们相对还是比较分散。我们希望结合起来从整体上来推动老子学、道家和道教的研究，在老子、道家和道教这一大概念中展开对话和讨论。

第二个特色是旨在进一步推动、提升老子学、道家和道教研究的同时，也努力推动老子、道家和道教在生活实践中的运用。当代世界哲学的一个转向和趋势是，哲学不再安逸于单纯地教导人们如何认识和解释这个世界，人们也不是单纯地接受这个世界的知识和信息。哲学必须在改变人的生活中发挥作用，必须在转变自我和心灵中发挥作用，简言之，它必须在促成人们过上一种好的生活上发挥作用。对老子、道家和道教的关怀，我们也要将它作为生命的学问去关怀，要从实践和塑造自己的生活上去关怀。

"理解与运用:老子及道家和道教的生活之道"学术研讨会会议综述

孙迎智

2016年12月10—11日,"理解与运用:老子及道家和道教的生活之道"学术研讨会暨"华夏老子学研究联合会"成立大会于北京邮电会议中心召开。随着社会对优秀传统文化重视程度的提高,儒学研究在国内已经越来越兴盛,而在历史上以及现实生活中对中国文化产生重大影响的道家、道教,不仅研究相对薄弱,而且缺乏对学术研究和思想传播加以整合的全国性机构。"华夏老子学研究联合会"的应运而生,正顺应了这样的时代需求。在这次会议上,与会代表选举了联合会的常设机构,王中江教授当选为联合会首任会长。同时,来自全国各地以及美国、德国、韩国、以色列等各国学者100余位齐聚一堂,对作为一种生活之道的道家、道教思想进行了多方面的探讨。

一 道家、道教思想通论以及对生活的启示

人性论问题的探讨在儒家研究中非常活跃,道家思想中也有这方面的丰富话题。北京大学的王中江教授的论文《"德性论"和"人情论"——从老子到庄子和黄老》从人性论的视角,分析了早期道家德性论的观念变迁,展示了一条演变路径——《老子》中的"德"等观念经过《庄子》的"德""天"和"性情"发展到黄老学说中"人情论"。他认为黄老学的"人情论"较前两者有很大不同。

关于道家的生活处世之道,中国人民大学的曹峰教授通过他的论文《道家与谦逊》提出,"谦逊就是道家的生活之道",他从整体性、平等性和关联性三个方面阐述,指出道家所说的谦逊较其他各家更为深刻,它

不仅仅是伦理层面的美德，而且具有本体论意义，主体践行谦逊之道，就会处于最佳状态，保持最强的创造力和生命力。

在“一切坚固的东西都烟消云散”的后现代语境下，道德的根基何在？中国社会科学院的陈霞研究员的论文《孔德之容，唯道是从——论道家道德哲学的根基及其特征》认为，老子的“孔德之容，唯道是从”给道德提供了更具超验性和形式性的基础。将天命作为根据的道德，具有强制性和负担性。而“孔德之容，唯道是从”给出的不是一种价值，而是一种普遍性的原则，具有道德形而上学的性质。

人与自然的关系，一直是哲学界探讨的热点。首都师范大学白奚教授的论文《道家的万物平等观》从先秦儒道两家处理人与万物关系的不同立场出发，认为道家思想超越了“人之道”而达到了“天之道”的视野，道家对人类中心主义的批判在当下具有重要意义。宁夏大学林冬子博士的论文《浅论老子的“人文自然”与现代人的身心和谐》结合历史学家尤瓦尔·赫拉利对人类文明的反思，开掘老子思想的当代意义。他指出人类为了自身的快乐而贪得无厌，将自身带入了危险境地。而古老的道家智慧“生而不辞，功成不名有，衣养万物而不为主”有助于纠正现代化大潮中的价值偏差，促进人们达到身心和谐、人与自然和谐。

“什么是道教文化的核心价值”，这个问题在当下的学术界有诸多不同的看法。中国人民大学的何建明教授的论文《中国传统儒家知识分子对道教文化核心价值的认知》认为，道教文化的核心不在于长生术，也不在于具体的道教科仪，核心就在于老子提出的“三宝”：慈、俭、谦。他别出心裁地从儒家知识分子看待道教的视角，分析相关文献，揭示“道教的根本，与其说是炼丹，不如说是修道，而这修道的要旨，就是老子所说的‘三宝’”。

二 《老子》文本的阐释与解读

关于《老子》文本整体性的理解，北京师范大学的美国学者 Thomas Michael 教授的论文《〈老子〉的融合性与整合性解读——兼论其可能起源》概述了西方汉学界对《老子》文本的两种不同解读路径：融合性解读与整合性解读。融合性解读是将《老子》一书视为不同来源的汇集，整合性解读是将《老子》视为自洽的整体。他主张，虽然当前融合性解读是英美学界主流，但是基于战国至汉代的诸多文献涉及《老子》的记述，《老子》当是一个整合性文本。

清华大学丁四新教授的论文《〈老子〉的分章观念及其检讨》探讨了历代老子传本及出土本的分章状况，分析其历史演变。他指出：吴澄、姚鼐倡导的以“文义”为依据的分章观念在当代获得肯定，但多与出土本不合；从汉代到宋代，分章依据以数术化的宇宙论为根据。丁四新划分了《老子》文本形成的三个阶段，并主张汉代存在经学性的定本（如汉简本）和子学性的定本（如严遵本）。

《老子》中“自然”“玄德”等关键概念一直是研究的热点。中国人民大学林光华副教授的论文《〈老子〉的“自然”及其当代诠释》将“自然”分为“无待自然”和“有待自然”：“无待自然”是道的自然，也是圣人的自然；“有待自然”是万物的自然，合于“道”才是自然。“无待自然”是存在论意义上的，而“有待自然”是价值论意义上的。从有待到无待的圣人境界，是人性的复归。

南开大学叶树勋博士的论文《老子“玄德”思想及其所蕴形而上下的通贯性》阐述了“玄德”思想具有多层次的义理，“玄德”不仅是道对万物的作用，也是圣人体道治国的方式，圣人效法的“玄德”还有工夫论的意义。上海师范大学袁青博士的论文《简帛〈老子〉“多闻数穷，不若守于中”辨析》分析《老子》第五章“多闻数穷，不若守于中”在传世本和简帛本中的差异，认为在文本流变中，强化了对儒家的批评，而所守的“中”，不应理解为“虚静”，而应解释为“公正”。中国政法大学刘黛博士的论文《〈老子〉第六章“谷神”阐微》通过对《老子》第六章和第三十九章对读，认为通常被解释为“谷之神”的“谷神”当解释为“谷与神”，其中包含了容受与伸展两种相对的意向。

三　道家文献的阐释与解读

老庄思想中的“无名论”与西方哲学的“逻辑—语言中心主义”立场截然相反，北京大学郑开教授的论文《道与言之间的张力：哲学真理能否诉诸语言表达和传达》从中西哲学比较的视野，展示了老庄思想中对语言与思想之间的张力的反省，正因为“道”超越了语言的思维世界，才拓展了新的境界。

“无为而治”是老子政治思想的核心，华北电力大学王威威教授的论文《庄子学派以道物关系为基础的政治哲学》注意到庄子及其后学一方面继承了老子的核心观念，另一方面，基于道物关系的不同解读，发展出不同方向的政治哲学：庄子主张百姓可以自我管理，君子应当注重内心的修养以体道；庄子后学则抬高“天”的地位，为世间的规范制度提供了形而上的依据。

天津中医药大学苏晓威博士的论文《郭店楚简〈语丛四〉的研究》对郭店楚简《语丛四》的文体结构和思想内容进行了详细的分析，指出本篇内容同道家、法家、兵家等都有关系，是体现道家“外王”思想的文本。杨朱的学说是战国中期的显学，论者通常将其视为黄老学派的代表，暨南大学的高华平教授的论文《先秦道家的养生学派——杨朱思想研究》从道家养生思想的形成与发展的视角出发，考察杨朱其人其说，主张杨朱的学说重点在于“贵己”的养生，与治国关涉不大，与黄老学派思想有别。

四　道家与诸子的思想互动

法家的产生与发展与道家思想有着密切的关系。南京师范大学的徐克谦教授的论文《老子思想在韩非子法治学说中的地位和作用》分析《老子》思想在韩非子学说中的地位和作用，他反驳了通常观点，即《老子》的影响主要在权谋之术上。他认为，影响的重点在于韩非子接受了《老子》以“道”为核心的哲学观，并将法家的法术与虚无的道结合起来；治国理念上，韩非子也承袭了《老子》中诸多观念，如《老子》中虚静无为的理想统治者形象，也是韩非子所说的能够“圣人执要，四方来效”的君王。

《韩非子》中《解老》《喻老》二篇开《老子》诠释之先河，然而二篇存在“解经体式的差异”，即《喻老》以故事说理，而《解老》似经书故训。有人据此认为二篇思想不一致，并进一步怀疑二篇为韩非子所著。复旦大学李若晖教授的论文《解经与治国：以战国至汉代儒道经学之互动为中心》从汉代经传的内外之别入手，认为《解老》《喻老》二篇具有解经与治国的“内外学/书”模式。

《庄子 · 天下》对战国晚期诸子思想有着极其精要的概括。中国人民大学罗安宪教授的论文《何谓“一阴阳之谓道”》，从《庄子 · 天下》篇中“《易》以道阴阳”的概括出发，阐发了《易传》中“一阴阳之谓道”的思想。

五　道教信仰与身心修炼传统

道教信仰的世俗化是道教的一大特征。西南大学高秀昌教授的论文《论道教的世俗性》分析了道教信仰的世俗化特性，认为道教“入世”有余而“超越”不足，面对过度世俗化的困境，高秀昌教授主张，道教应当强化出世性、救赎性的意义。洛阳理工学院扈耕田教授的论文《从现存碑刻看明清洛阳道教世俗化的表现》则从洛阳现存的道教碑刻出发，分析明清时期道教信仰中神明功能的变化与信徒功利性的增加，认为道教信仰中的伦理色彩不断增加，体现出入世的特征。

神秘性的宇宙图景是道教信仰的基础，北京大学程乐松副教授的论文《从政治神学到不死实践：宇宙图景的神秘化》分析了以阴阳五行为核心的两汉时期宇宙图景与以洞天福地为核心中古道教宇宙图景之间的变迁与张力，指出其背后体现了道家独特的神秘主义色彩。

中国的养生传统是在道家、道教的身心修炼实践中产生的。上海理工大学张荣明教授的论文《修炼之道：从老庄至道教》将道教的内丹之术回溯到先秦时期的导引术与《老子》《庄子》中的相关记述，展现了内丹修炼的源流。华东师范大学宋锡同教授的论文《〈周易参同契〉中的易理与丹道》则以《周易参同契》为中心，分析其由易理阐发丹道并建构起来的体现天人合一的生命哲学。南京大学孙亦平教授的论文《论道教的身心修炼传统》从道教思想中的身心关系入手，指出道教修炼具有“哲学式”和“医学式”的双重特征，个人的修炼始于净化身心，通过性命双修达到长生。这一过程不仅是个人境界的提升，也是向道复归的过程。

编后记

道家的理论以高深著称，道教的学说以玄妙闻名。但再高深再玄妙，最终一定会落实到具体的生活场景之中，转化为活泼泼的、简单易行的生活之道。所谓生活之道，就是在道家、道教的理论和学说指导下，对理想生活的向往、构建、论证、实践。这可以是对个体生命形体、心理、精神的修炼；可以是政治场合下对百姓生活整体幸福的经营；可以是对人与自然关系、人与神仙关系、人与人关系差异性、多样性的尊重与协调；可以是对合理的、诗意的居处环境的设计和安排。总之，小到人的一举一动、一言一行，大到宇宙的运行、时空的变幻，都可以在道家、道教生活之道中找到答案。道家、道教生活之道渗透、影响到了生存、死亡、欲望、追求、疾病、祸福、命运等人生经历的方方面面，并与民间信仰、民情风俗、地域文化、生产活动、技术运用、社会阶层、行业分工、思维方式、心理素质、生活习惯、伦理观念等交织在一起，成为一种灵动、有效、充实、趣味的生活方式。反过来，正因为道家、道教是一种活生生的生活之道，所以才能永葆活力和魅力。

有鉴于此，华夏老子学研究联合会成立后举办的第一场学术会议就以“理解与运用：老子及道家和道教的生活之道”为主旨，华夏老子学研究联合会会刊《老子学集刊》也选择以“生活之道”为创刊号的主题。因为这是一个永远新鲜的、永远说不尽的话题。一方面，我们从会议代表所提交的论文选取内容，另一方面，考虑到学界对此问题早已有多重的、深入的研究，所以我们也注意从已有的优秀成果，包括外国学者的成果中寻求内容。本专辑共收录了 15 篇论文，其中国外学者论文 5 篇，分别就“生活道教”“内丹学”“生命哲学”“养生之道”“人情论”“幸福观”等问题展开集中讨论。今后，我们将组织不同的专题，以此集中讨论老子学及道家道教理论中的重要问题，为学者关注这一话题提供参考。

在此交代一下选入本专辑各篇论文的出处。李刚：《从“生活道教”看古代中国人的宗教信仰》，见“理解与运用：老子及道家和道教的生活之道”国际学术会议论文，北京，2016 年 12 月；福永光司：《道教生命哲学及其在日本的影响》，朱越利译，载《哲学研究》1994 年第 4 期；葛兆光：《宇宙、身体、气与“假求于外物以自坚固”——道教的生命哲学》，载《中国哲学史》1999 年第 2 期；戈国龙：《道教内丹学及其现代诠释》，见“理解与运用：老子及道家和道教的生活之道”国际学术会议论文；池田知久：《〈老子〉的养生思想——以郭店楚简、马王堆帛书、北京大学藏竹书为中心》，曹峰译，载《华中师范大学学报》2016 年第 4 期；陈少明：《“庖丁解牛”申论》，载《哲学研究》2016 年第 11 期；罗汉·西克里：《养生之道：〈庄子〉中的哲学治疗》，王玉彬译，载《商丘师院学报》2015 年第 1 期；王中江：《“德性论”和“人情论”——从老子到庄子和黄老》，载《江南大学学报》（人文社会科学版）2012 年第 4 期；黄勇：《尊重不同的生活方式：〈庄子〉的差异伦理学》，收入上海社会科学院世界中国学研究所编《中国学》第 1 辑，上海人民出版社，2012 年；吴根友：《老、庄的养生思想及其现代启示意义》，载《贵州社会科学》2012 年第 7 期；詹福瑞：《庄子与〈列子〉生命观异同论》，载《哲学研究》2005 年第 3 期；王博：《心之逍遥与形之委蛇——庄子思想全生的主题》，收入氏著《庄子哲学》附录三，北京大学出版社，2004 年；加利亚·帕特－沙米尔：《忘却：分析过程中的转化体验——道家思想的心理学启示》，梁燕华译，载《商丘师范学院学报》2016 年第 7 期；曹峰：《〈老子〉的幸福观与“玄德”思想之间的关系》，载《中原文化研究》2014 年第 4 期；帕诺斯·艾烈珀洛斯：《基提翁的芝诺和庄子的德性与幸福》，彭荣译，《商丘师院学报》2015 年第 1 期。附录：王中江、张博：《老子学、道家和道教的新开展：王中江答记者问》，澎湃网《澎湃新闻》，2016 年 12 月 11 日；孙迎智：《“理解与运用：老子及道家和道教的生活之道”学术研讨会会议综述》，载《哲学动态》2017 年第 11 期。

老子学以及道家、道教是生命的活水源头，生活之道则是凝练后的精华。无论在学术上还是在日常生活中，老子学以及道家、道教的生活之道都将为学术生命与自然生命提供丰富的养分。希望我们这一辑能够为生活之道的发掘、阐释、弘扬、提升做出一点实际的贡献。

最后，我们对提供论文的各位作者、译者表示衷心的感谢！对抽出大量时间参与查找论文和帮助编辑、校对本专辑的中国人民大学博士生裴健智、俞风表示衷心的感谢！对热心学术事业，为我们积极提供出版服务的中国社会科学出版社表示衷心的感谢！

本期负责人：曹 峰

2017年9月25日

投稿须知

《老子学集刊》是由华夏老子学研究联合会主办的学术辑刊，每年出版一辑，每辑25万字左右，逢每年第四季度出版。为了便于编辑，来稿请注意以下事项：

一、来稿篇幅一般以8000字至15000字为宜。

二、来稿引文和注释格式，采用页下注，引文务请仔细核对原文，引用著作依次注出作者、论著名称、出版社和出版年、页码。引用论文依次注出作者、论文题目、刊名、出版年和期或号。

三、来稿请发来电子稿。

四、来稿请在文后注明作者详细地址、邮政编码、联系电话和电子信箱地址，以便及时联系。

五、来稿一经发表，即按统一的稿酬标准寄上稿酬。

六、本刊编辑将对采用的来稿进行必要的技术上的处理，一般不删改内容，如果需要将与作者联系。

《老子学集刊》竭诚欢迎国内和海外道学研究者来稿。

编辑部地址：（100872）北京市海淀区中关村大街59号中国人民大学人文楼622B室《老子学集刊》编辑部

联系人：曹峰　邮箱：caofeng2014@ruc.edu.cn